EUROPE IN THE GLOBAL AGE

ANTHONY GIDDENS

上海译文出版社

全球时代的欧洲

[英] 安东尼·吉登斯 著

潘华凌 译 郭忠华 校

目　录

推荐序
欧洲福利制度演化中的吉登斯

在吉登斯有关欧洲福利制度改革的专著《全球时代的欧洲》行将付梓之际,从历史演化角度考察欧洲福利制度的演化以此定位其福利思想在欧洲福利史上的地位,或许并不多余。在公民身份权利(citizenship rights)发展史上,福利权利又称作"社会权利"或"社会公民身份"(social citizenship)。①在 T·H·马歇尔那里,社会权利被看作继民事权利(civil rights)、政治权利(political rights)之后发展起来的一种旨在保证公民从享有某种程度的经济福利与安全到充分享有社会遗产,并依据社会通行的标准享受文明生活的权利。②如果把民事权利和政治权利分别看作"免于国家干预的自由"和"在国家中的自由"的话,那么,社会权利则可以被看作"通过国家获得的自由"。③社会权利的使命在于,通过建立福利、救济、保险、优抚等社会防护体系,提高公民抵御风险的能力,使其持续过上一种文明、体面和有尊严的生活。但是,这种防护体系能否建立或者能够建立得有多完善,显然依赖于多方面因素的存在和影响: 政治领导者发展福利的意念,国民经济的发展水平,社会化生产的方式,家庭分工模式,个体参与劳动市场的意念……这些因素的不同组合或者其中某些因素的支配性影响,都会使得福利制度的理念、形态和功能等迥然相异。综观欧洲福利制度的演化史,先后形成过德国俾斯麦时期威权主义的福利模式、自由资本主义的福利模式和福利国家背景下的福利模式。20 世纪末叶，通过《第三条道路》、《新平等主义》、《全球欧洲，社会欧洲》和《全球时代的欧洲》等著作，吉登斯系统提出其"积极福利"的思想，体现了对传统福利模式的反思与融合，企图在全球化、后工业化和后民族国家化的背景下将欧洲福利模式推进到新的发展阶段。

一、 德国威权主义时期的福利制度

福利国家尽管缘起于英国，但现代社会保障制度的系统建立却肇始于德国。因此，以德国作为分析的起点也就成为一种合理的选择。19 世纪中后期，通过对丹麦、奥地利和法国的三次"王朝战争"，分崩离析达数百年之久的德国终于实现了统一。但是，作为民族国家建设的后来者，统一后的德国同时也面临着一系列严重的问题：第一，德国是在普鲁士的主导下实现统一的，普鲁士仅仅是德国众多邦国当中实力较强的一员。如何使其他邦国服从普鲁士政府的领导，把它看作德国的中央政府，并培育出统一的、作为德国的国家认同，已成为俾斯麦领导下普鲁士政府的首要任务。第二，面对英、法等近邻出现的风起云涌的工人运动以及由此造成的政治动荡，面对本国工人运动不断高涨的苗头，如何避免重蹈其他国家的覆辙，提高本国的政治一体化水平，已成为普鲁士政府必须解决的问题。第三，德国的统一为推进工业化进程提供了契

---

① 在社会政策领域，福利权利常常被看作社会权利的同义词，指个体在教育、健康、住房、收入、就业和消费等领域合法拥有和国家必须满足的一种权利。参见莫里斯·罗奇：《重新思考公民身份：现代社会中的福利、意识形态和变迁》，郭忠华等译，北京：吉林出版集团北京分公司，2010 年，第 11 页。本序在含义上也未对它们加以区分，只是在与民事权利、政治权利联系使用的时候，才把它称作社会权利。

② Marshall, T. H./Bottonmore, T., *Citizenship and Social Class*. London/Concord. MA：Pluto, 1992, p.8.

③ Zygmunt Bauman, 'Freedom from, in and through the State：T. H. Marshall's Trinity of Rights Revisited', *Theoria*, 44 (108), 2005：13 - 27.

机，大批农村人口进入城市和工厂。但是，这一过程同时也带来了一系列严重的社会问题，如养老、失业、医疗、救济等。所有这些问题综合在一起，就集中体现在德国民族认同的建立、社会问题的消除和中央政府权威的加强上。俾斯麦及其后来的领导者清楚地认识到了这些问题，并采取各种行之有效的应对措施，这集中体现在：培育德国的民族主义情感以强化国家认同；建立完备的社会保障制度以消除由于工业化进程所带来的社会矛盾；压制其他公民身份权利（民事权利、政治权利）的发展，使容克地主阶级领导的中央政府免受其他阶级的挑战。

德国的统一给资产阶级和工人阶级的发展同时提供了契机。但与英、法等其他国家不同，德国资产阶级自产生之初，就经受着工人阶级和容克地主阶级势力的双重挤压，表现出明显的软弱性，不具有英、法资产阶级的革命性和进取精神。与此同时，在社会民主党的领导下，德国工人阶级的势力却开始蓬勃发展，并得到马克思、恩格斯等革命导师的指导。面对这种情形，以俾斯麦为首的中央政府娴熟地运用了胡萝卜加大棒的政策：首先，面对资产阶级的政治权利要求，表面上承认议会的合法地位，但却采用各种手段操纵和限制议会。例如，提高选举权的门槛，操纵选举过程，使议会或者被置于无足轻重的地位，或者成为服务于容克地主阶级政治统治的工具。面对工人阶级势力的高涨，则颁布《反社会主义非常法》等，打击社会民主党领导的革命运动。其次，以各种经济、社会保障政策拉拢资产阶级和工人阶级，使其满足于投靠容克地主阶级。例如，通过铁路、建筑等大规模基础建设，刺激民族经济的发展，使资产阶级在这一过程中尝到甜头，把资产阶级的经济利益与国家财政紧密地铰合在一起；对于工人阶级而言，则通过建立系统的社会保障制度来提高其政治认同和国家认同。1881 年，德国皇帝威廉一世颁布的《皇帝告谕》（又称《黄金诏书》）提出，工人因患病、事故、伤残和年老而出现经济困难时可以得到保障，有权得到救济，由此开启了社会保障制度建设的进程。在 1878—1911 这短短 33 年的时间里，德国政府还先后颁布了《童工法》（1878）、《医疗保险法》（1883）、《工伤事故保险法》（1884）、《伤残和养老保险法》（1889）、《女工法》（1891）、《遗族保险法》和《职员保险法》（1911）等。1911年，又将各种社会保险法合并在一起，统称为《帝国保障制度》。福利制度建设一时获得了长足的发展。

通过压制民事权利和政治权利的发展、推行民族主义的国民教育、推进社会保障制度建设，德国政府有效地化解了统一初期亟待解决的民族建设（nation-building）和国家建设（state-building）问题，但却使公民社会的发展置于病态的基础上。在正常情况下，民族国家的成长包括民族建设、国家建设和公民建设等三个维度。[1]国家建设使民族国家建立起统一的、有渗透力的行政管理体系；民族建设加强了国家一体化的文化维度，使国家成员在情感上有机地团结起来；公民建设则使国家政权建立在民主的基础上，同时给民族主义注入理性的因素。[2]但在19世纪下半叶和20世纪早期的德国，中央政府有意识地强化的仅仅是前两个方面，公民身份权利中的民事权利和政治权利则被看作"民主政治的毒药"而遭到有意识的抑制。由此导致的结果是：侵略性民族主义得到前所未有的发展、中央政权的集权化程度迅速提高。福利制度尽管在改善公民生活水平方面起到了积极的作用，但也成为中央政权换取政治合法性和民族狂热的工具。事实证明，中央集权的目标和民族主义的狂热如果没有受到公民身份权利的有效制约，由此导致的结果将很可能是灾难性的。就德国的情况而言，它们为法西斯主义的诞生提供了温床。法西斯主义是极权主义的表现形式之一，民族主义具有推动极权主义往"极"的方向发展的作用。[3]

时至今日，德国的情形已经发生了根本性改变。德国当时的情形曾

---

① William A. Barbieri Jr., *Ethics of Citizenship: Immigration and Group Rights in Germany*. Duke University Press，1998，p.10.

② 肖滨："民族主义的三个导向——从吉登斯民族主义的论述出发"，《开放时代》，2007（5）。

③ Anthony Giddens，*Nation-State and Violence*. Cambridge：Polity，1985，p.303.

经被马克思描述为"以议会形式粉饰门面、混杂着封建残余、同时已经受到资产阶级影响、按官僚制度组成、并以警察来保护的军事专制国家"。①如今，这种国家已演变成以真正公民权利和政治权利为基础的现代民主国家——尽管其以"血统原则"为基础的、充满种族主义色彩的公民身份仍未改变。无论如何，从福利发展的角度来看，德国的情形都代表了历史上福利权利的发展方式之一，其特殊性表现在：首先，发展动力方面，福利权利主要是中央政府自上而下有意识地授予的结果，来自底层的动力并不明显。其次，发展顺序方面，福利权利先于民事权利和政治权利而得到发展，从而不同于 T·H·马歇尔所刻画的民事权利、政治权利、社会权利依次发展的顺序。②最后，发展目标方面，福利权利的发展目标显得较为复杂，既有解决由于资本主义市场经济所带来问题的目的，更有转移公民对于其他公民身份权利的要求、提高威权主义政权合法性的意图。

德国的模式既给其他国家公民身份权利的发展提供了经验，也给公民身份研究提出了课题。从前一方面而言，德国的经验表明，福利权利是一种可以脱离民事权利和政治权利而单独得到发展的权利；与这一点相联系，福利权利的发展未必需要民主政治所铺就的舞台；同时，一种与民事权利和政治权利相脱离的福利权利，可以服务于威权乃至极权主义政权的需要。正因为如此，在理解 19 世纪德国福利权利的时候，必须避免形成这样一种误解，即认为那仅仅是一种局限于当时德国的孤例。不论是在 20 世纪传统的社会主义国家还是当今其他一些重要的威权主义国家，德国的情形都一再得到重复——尽管民族主义的炽烈程度可能比不上当时的德国，但在利用福利制度来巩固其威权政权方面却可能有过之而无不及。在那些国家，政治话语空间仅仅局限于社会权利领域，丝毫不能触及民事权利和政治权利，尤其是与之关联的国家政权领域。从

① 《马克思恩格斯选集》，第 3 卷，北京：人民出版社，1995 年，第 315 页。
② Derek Heater, *What is Citizenship?* Cambridge：Polity，2001，p. 13.

后一方面而言，德国的情形给公民身份研究提出的问题在于：社会权利与其他两种公民身份权利之间有着更加复杂的关系，它未必是个人自由逻辑的合理延伸。它不仅"可以脱离民事权利和政治权利而孤立地从其自身出发得到发展和施行"，①而且可以沦为专制统治者巩固国家政权、提高统治合法性的手段。

二、 自由资本主义时期的福利制度

如果说 19 世纪后期的德国所反映的是威权主义背景下，福利制度得到长足发展的情形的话，那么，19 世纪早期的英国所反映的则是自由资本主义背景下，福利制度被倒转的情形。从 17 世纪下半叶资产阶级革命完成到 18 世纪上半叶，英国处在自由资本主义的发展阶段。前面有关德国的分析表明了社会保障制度从无到有、从稀少到体系化的发展过程，但那一时期的英国所见证的却是一个相反的发展方向——传统社会保障制度不断遭到废除的过程。在卡尔·波兰尼（Karl Polanyi）看来，1834 年《新济贫法》的实施，标志着英国正式建立起竞争性的劳动力市场和作为一种社会体系的工业资本主义。②在此之前，英国已经存在着众多与社会保障相关的法律，如《技工法》（1563）、《伊丽莎白济贫法》（1601）、《居住权法》（1662）、《斯品汉姆兰法》（1795）、《学徒健康和道德法》（1802）、《工厂法》（1833）等。尤其是被波兰尼赋予"战略意义"的《斯品汉姆兰法》规定：只要工资收入低于该法律所规定的家庭收入数额，无论是否拥有工作，都可以获得工资形式的救济。在蓬勃发展的市场经济面前，它起到了保障人们"生存权利"的作用。"斯品汉姆兰制度旨在防止老百姓变成无产阶级，或者至少是为了放慢他们变

---

① 恩靳·伊辛、布雷恩·特纳：《公民权研究手册》，王小章译，浙江人民出版社，2007 年，第 98 页。

② 卡尔·波兰尼：《大转型：我们时代的起源》，冯钢、刘阳译，浙江人民出版社，2007 年，第 87 页。

成无产阶级的速度。"①但是，作为结果，"生存权利"终究没有抵挡住茁壮成长的市场，福利制度从其最初的阵地上如潮水般地退却下来：1795 年，《居住权法》被废止；1813—1814 年，《技工法》中有关工资的条款被废止；1834 年，《斯品汉姆兰法》正式被废除；同一年，《新济贫法》正式取代《伊丽莎白济贫法》等。资本主义正式越过"生存权利"的屏障，将所有社会个体卷入市场经济的惊涛骇浪中，让他们自己照顾自己。

　　但是，如果认为 1834 年以后至 20 世纪初的英国就是福利制度的蛮荒之地，那也是一种错误的理解。从本质上说，传统社会保障制度的废除不过是为正常的市场体系打通道路，因为通过这些制度建立起来的保护性行动与市场经济体系的自我调节之间形成了致命的冲突。与狂浪推进的市场力量相比较，"生存权利"尽管已大大退却，但并没有完全消失在历史的地平线之外。1834 年颁布的《新济贫法》在福利的理念、对象和管理方面进行了调整：在理念上，确立政府负有实施救济、保障公民生存的责任；在对象上，取消"斯品汉姆兰制度"的家内救济方式，把受救济者调整为被收容在习艺所中的贫民；在管理上，中央建立起三人委员会（后更名为济贫法部），在地方各教区、联合区组成济贫委员会，具体管理济贫事宜。《新济贫法》体现了福利制度变革的总体情形，《工厂法》则体现了工厂领域的福利建设，它促进了工作条件的改善。例如，限制童工的使用，为儿童提供受教育的机会；建立检查员制度（其中包括通风、温度和工作时间等规则）等。后来，该法案的保护对象还进一步扩大到妇女，检查的范围也扩大到照明、安全等领域。在劳动安全方面，1855 年英国颁布世界上第一部关于安全准则的通则，1860 年的《矿山管制和检察法》则对该通则做了进一步细化，比如，禁止 12 岁以下的儿童从事采矿工作等。这些措施使工人的工作条件得到改善，尤其是保障了妇女、儿童的权益。因此，总体而言，那一时期反映的实际上

---

① 卡尔·波兰尼：《大转型：我们时代的起源》，第 87 页。

更是社会保障制度从传统向现代的转型。通过这种转型，一方面为资本主义的发展扫清了道路。例如，《居住权法》的废止使劳动力的流动正式成为可能，《技工法》的废止打破了某些职业被限制在特定社会阶层的现象，《斯品汉姆兰法》的废除则使统一劳动力市场的建立最终成为可能。所有这些对于资本主义的发展都有着举足轻重的意义。另一方面，这种转型也推动福利制度迈入现代的轨道，使之更加符合市场经济发展的需要。

但是，从福利史的角度来看，这一转型同时也是一个充满痛苦感受的过程。随着《斯品汉姆兰法》等诸多法律被废除，随着《新济贫法》的颁行，许多曾经植根于乡村、社区、城镇和行会成员身份中的福利保障体系也土崩瓦解。《新济贫法》尽管表明了现代社会保障制度的理念和管理方式，但也放弃了一系列对于"生存权利"来说至关重要的东西，尤其是对于工资领域的管制。更加重要的是，《新济贫法》表现出一种将公民与福利救济剥离开来的底蕴：福利救济不是公民的应得权利，而是个体不再成为公民的标志。与权利所蕴含的神圣和应得观念相比，《新济贫法》中的福利和救济实际上更代表"羞辱"和"失格"（不再成为公民）。它把救济的对象调整为收容院的贫民，而不是社会中的普通公民，真正具有资格能力的公民是不能接受救济的，他必须以自身在市场中的成功来求得生存，接受救济也就意味着丧失作为公民的资格，成为与流浪汉、妇女、儿童等为伍的人。T·H·马歇尔指出："烙在贫困救济上的耻辱表明了这个民族的深层情感：谁接受救济，谁就是在跨越从公民共同体到流浪汉团伙的门槛。"① 《新济贫法》不是把公民与福利权利分离开来的唯一范例，《工厂法》等其他一些法律也表现出同样的倾向。如前所述，《工厂法》尽管使工人的劳动条件得到了改善，但是，这种保护并不是出于对公民地位的尊重，在保

---

① Marshall，T. H./Bottonmore，T.，1992，*Citizenship and Social Class*. London and Concord，MA：Pluto，p.8.

护对象上也更多偏向于作为非公民的妇女和儿童。对于公民来说，所能要求的至多是"自由的雇佣契约"得到强制性保护。"保护只限于妇女和儿童，并且妇女权利的捍卫者很快就发现这里暗含着侮辱：妇女受到保护就是因为她们不算公民。如果她们想享有完全的、可靠的公民身份，就必须放弃保护。"①其他诸如教育等领域的权利也表现出类似的倾向。

从《新济贫法》的实施到 20 世纪初，英国福利制度的发展情形给世人展示了一幅自由资本主义背景下福利制度的图景。在这一图景中，生存权利与市场经济的博弈以前者的败北和转型而告终，后者在打破前者桎梏的基础上获得长足的发展。综观这一时期，福利制度的特殊之处集中体现在以下几个方面：首先，与资本主义的关系方面，与此后许多学者所描述的社会权利和资本主义之间的"战争状态"相反，②那一时期的福利制度实际上反而促进了资本主义的发展。福利后面隐含着公民必须努力参与市场竞争，而不是依靠福利求得生存的理念，只有那些无力参与市场竞争的非公民(non-citizen)才是福利和救济的接受者。其次，在价值方面，福利蕴含着一种否定的价值。接受福利和救济是一件使人感到羞耻的事情，只有那些缺乏公民资格能力的人才会接受救济，真正的公民不仅不会寻求福利的保护，而且对救济持一种鄙视的态度。最后，发展动力方面，与前面所论述的德国自上而下的发展情形相反，当时英国的情形更表现为一种复合的动力：自下而上的破解以及由此而来的自上而下的调整。资本主义的发展首先打破了传统社会保障制度的束缚，国家再根据资本主义的发展需要重新进行调整。

与 19 世纪的情形相比，英国当代的福利制度已经发生根本性变革，

---

① Marshall, T. H./Bottonmore, T., ibid, p.17.

② Ian Gough, *The Political Economy of the Welfare State*. London：The Macmillan Press Ltd., 1979, p.11.

尤其是第二次世界大战之后，福利权利已从当年的消极形象转变成为一种"理所当然"的权利。[1]但是，与德国的情形一样，英国自由资本主义时期表现出来的福利模式也不是一种仅仅存在于当时英国的现象。在那些自由主义持续处于支配地位的国家，[2]在那些随着社会主义阵营解体而转向市场经济的国家，甚至是改革开放初的中国，英国当时的情形都一再被呈现出来，尽管其中蕴含的伦理理念可能会有所不同。从公民身份学术研究的角度来看，社会权利的这一历史模式提出的一个至关重要的问题在于：在以民事权利为载体的机会平等和以社会权利为载体的地位平等之间，应该如何实现二者的平衡。自由资本主义实践的是把前者置于支配地位的策略，由此带来的问题自不待言，但是，这并不意味着采取相反的策略就没有问题，接下来的内容将表明这一点。

三、 福利国家时期的福利制度

19世纪末以前自由资本主义的发展使社会财富在短时间得到充分涌流。马克思曾言："资产阶级在它的不到一百年的阶级统治中所创造的生产力，比过去一切世代创造的全部生产力还要多，还要大。"[3]但是，由于这种纯粹自由竞争的底板没有用社会权利的油彩加以涂抹，财富再分配(或者说社会不平等)问题从而变得越加严重。这一点从1825—1933年间资本主义经济危机的破坏力累进性提高这一事实中不断得到印证。社会不平等的加剧不仅危及资本主义本身的生存，而且不断催生极端平等倾向的社会主义运动，大有夷平整个资本主义大厦的趋势。在这种背

---

① Marshall, T. H., *The Right to Welfare and Other Essays.* Heinemann Educational Books, 1981, p. 83.

② 19世纪的美国也表现出类似的情形，史珂拉在有关美国当时的选举权和收入权的演讲集中表现了这一点：只有拥有选举权和收入权的人才是公民，否则将沦落到与黑人、印第安人、奴隶、妇女等非公民为伍，参见Judith N. Shklar, *American Citizenship: The Quest for Inclusion.* Harvard University Press, 1998。

③ 《马克思恩格斯选集》，第一卷，北京：人民出版社，2012年，第405页；

景下，社会权利在与资本主义的较量中获得主动权，以社会平等和社会权利为核心的福利国家主导了政治舞台的话语。在 1945—1975 年的 30 年间，福利国家在西方资本主义世界几乎普遍得到建立。资本主义被看作问题的渊薮，福利国家则被看作解决问题的答案。除少数像哈耶克这样顽固坚持保守自由主义立场的知识分子外，①不论是发达福利国家（如英国、瑞典等）的政治精英还是尚待建立这一制度的国家（如美国）的政治精英，政治斗争的焦点都不是福利国家是否合乎需要和功能上必不可少的问题，而是建立福利国家的速度和方式问题。②

实际上，福利国家是众多因素作用下的产物，其中，以下几种因素表现得尤其突出：首先，资本主义本身的原因。资本主义不能没有福利国家——尽管福利国家反过来可能使资本主义受到损害。"发达资本主义国家既需要、但又承受不起国家在福利领域不断增长的干预。"③这里的分析将主要集中在"需要"的一面。④显然，每一个社会成员都具有不同的市场参与能力，如果没有社会保障的屏障，自由竞争的市场终将走向其反面，形成垄断、阶级分化等反市场的倾向，并加剧政治上的阶级斗争。这从 1929—1933 年的世界经济大危机中已经得到了集中反映。要使所有社会成员都能积极地参与市场竞争，首先必须保证他们的生存底线，福利制度从而成为资本主义的必要因素。其次，更加直接的原因，战争推动了二战后福利权利的发展。20 世纪上半叶是一个见证两次世界大战的时期，在青壮年男子都被征召参战之后，国家就必须负担起对他们妻子、子女、老人等的保障。同时，战争产生的大量退伍和伤残军人，也为福利制度建设提供了理由。最后，尽管安东尼·吉登斯那双锐

---

① 参见 F·A·哈耶克：《通往奴役之路》，中国社会科学出版社，1998 年。

② Claus Offe, *Contradictions of the Welfare State*. London：Hutchinson，1984，p. 147.

③ Ian Gough, *The Political Economy of the Welfare State*. London：The Macmillan Press Ltd.，1979，p.14.

④ 有关福利国家与资本主义之间悖论性关系的专门分析，可参见郭忠华："从危机管理到管理危机——克劳斯·奥菲对福利国家政府管理的探究"，《武汉大学学报》，2008 年，第 1 期。

利的眼睛时刻在提示，不要把公民身份权利的发展看作一种"自然演进的过程"，或者"不可逆转的趋势"，①但还是有必要指出，福利权利的兴起与其他公民身份权利之间存在着逻辑上的关联。当公民的政治权利真正得到满足之后，应用政治权利来实现福利权利的要求显然是一种合理的选择，这表现在生产领域中罢工、组建工会、工资谈判等工业公民身份（industrial citizenship）的发展上，这些权利对于福利的改善和福利制度建设有着至关重要的意义。正是在这些强力因素的推动下，贝弗里奇、凯恩斯等决策者们塑造了福利国家的制度构架，而理查德·蒂特马斯和 T·H·马歇尔等研究者们则开创了反思福利国家的学术研究。

不论对福利国家的支持者还是反对者来说，以简单的笔法勾画福利国家的具象都并非易事。埃斯平-安德森曾将"福利资本主义世界"描绘成"自由-市场类型"、"保守-大陆类型"和"社会-民主类型"三种图景，②但这幅图景对于每一个国家来说实际上都更加复杂。然而，不论福利国家的表象如何，后面始终沉淀着一些共同的追求和政治哲学。首先，福利国家旨在改善工人阶级的境遇，使他们摆脱贝弗里奇所说的"五大巨人"，即需要、无知、贫困、失业和疾病，③过上一种体面的生活。蒂特马斯指出："作为一种逻辑上的结论，'福利国家'最终将转变成为一个'中产阶级国家'。"④其次是"行政性再商品化"（administrative recommodification）。古典自由主义的原则尽管曾经使资本主义充满活力，但历史表明，它也使资本主义的存在变得越来越不可

① Anthony Giddens, 'Class Conflict, Class Division and Citizenship Rights', in *Profiles and Critiques in Social Theory*. Berkeley: University of California Press, 1982, pp. 165 - 171.

② Gøsta Esping-Andersen, *The Three Worlds of Welfare Capitalism*. Cambridge: Polity Press, 1990.

③ Maurice Roche, *Rethinking Citizenship: Welfare Ideology, and Change in Modern Society*. Cambridge: Polity, 1992.

④ Richard M. Titmuss, *The Philosophy of Welfare*. Allen & Unwin (Publishers) Ltd., 1987, p. 40.

能。资本主义的存在以所有社会关系商品化作为前提，但资本主义的发展动力却使商品关系越来越趋于瘫痪。例如，自由竞争所导致的垄断阻碍了自由竞争本身，失业率的持续提高则使越来越大比率的劳动力持续撤出市场竞争。福利国家一方面希望通过全方位的社会保障政策把已经撤出商品关系的劳动者以人为的方式保护起来，使阶级斗争不至于尖锐到危及资本主义的存在；另一方面则希望通过劳动培训、政策刺激、公共建设投资等方式修复已经非商品化了的市场，以此重建资本主义国家的存在基础。最后，倒转古典自由主义有关政府与市场的假设，把国家从与资本主义的"消极从属"关系中解放出来，积极干预资本主义经济，以此消除其固有的弊病。

福利国家政策体现在健康、就业、劳动、家庭、住房等一系列广泛的领域，旨在为所有社会个体提供一张全面的、通过国家保障的安全网络。"伟大的日子终于到来了。你想要国家为个体公民承担更大的责任，你想要得到社会保障。从今往后，你已经拥有它们了"，①伴随着这样一种豪迈的宣言，社会权利以一种强有力的方式逆转了与社会阶级的关系。前文的论述表明，通过扭曲福利所负载的价值和伦理，福利制度在自由资本主义时期实际上发挥着服务于资本主义的功能。但是，现在，福利制度却把自身置于资本主义的对立面，开始以自身的方式改造资本主义。在福利国家的背景下，作为结果平等的财富再分配取代作为机会平等的自然权利而居于主导地位。与此同时，福利制度还产生出新的含义：在自由资本主义的背景下，福利制度的目的仅在于减少社会底层阶级所遭受的明显苦难，并没有触及社会的上层，整个社会依然维持着完整的资本主义结构。但是，福利国家的社会权利却开始改造整个资本主义的社会结构，使之从以不平等为表征的"摩天大楼"转变成以平等为表征的"平房"。社会权利"不再像从前一样只满足于提高作为社会大厦之根基的底层结构，而对上层结构原封不动；

---

① *Daily Mirror*，5 July 1948.

它开始重建整个大厦，哪怕这样做可能会以摩天大楼变成平房的结局告终也在所不惜"。①

福利国家堪称福利制度史上的特殊发展阶段，它以国家的力量把福利权利抬到历史的最高点。但是，与自由资本主义时期一样，这也不是没有问题的一种模式。到20世纪70年代末，福利国家在经历了短暂的荣光之后，便从"解决问题的答案"变成了"问题本身"，而且这种旨在治愈资本主义疾病的方法反过来比疾病本身更加有害。②20世纪末，政治光谱中的左右两翼同时对福利国家展开攻击。以新自由主义为代表的右派势力认为，福利国家既抑制了资本投资的动力，又抑制了工人工作的意愿。社会民主主义者则认为，福利国家对于解决工人阶级的问题来说是无效的，它不能从根本上消除工人阶级贫困的根源，同时，它还对工人阶级形成制度上的压制和意识形态上的欺骗。完全抹杀福利国家的成就显然是一种粗糙的做法，它不仅在实践上使社会底层的经济状况得到了巨大的改善，而且在理论上提出了有待进一步思考的问题：当把福利权利与市场经济的关系从自由资本主义的实践中倒转过来的时候，福利权利的至上性到底能够走得有多远？从福利制度史的角度来看，福利国家与自由资本主义所实践的实际上是同一个问题，只不过是为了彼此相反的目的而已。

四、 吉登斯再造福利制度的尝试

福利国家毕竟是二战后特定时代背景下的产物，反映了那一时期社会权利的主导范式。具体地说，构成这一范式的因素主要有：以民族国家作为分析视野；以工业主义作为社会背景，机器大生产是工业主义的

---

① T·H·马歇尔："公民身份与社会阶级"，载郭忠华、刘训练（编）：《公民身份与社会阶级》，江苏人民出版社，2007年，第24页。
② Claus Offe, *Contradictions of the Welfare State*, London: Hutchinson, 1984, p.126.

主要特征；以传统的家庭模式作为潜在假设（即男性作为养家糊口者，女性则作为家庭的照顾者）；在权利与义务的关系上，把权利置于考量的核心，忽视义务的重要性；主要关注由早期现代性所造成的问题，如贫困、失业、阶级冲突等。①但是，从 20 世纪 70 年代开始，主导范式所依凭的这些要素发生了巨大的变化。首先，与民族国家联系在一起的是全球化的发展。全球化不断打破传统政治、经济、文化在同一民族国家内一定程度上齐步成长的格局，尤其在经济领域，民族国家越来越不构成全球经济网络的要点。其次，与工业主义联系在一起的则是后工业主义的发展。曾经作为现代化标志的机器大生产在新的时代背景下越来越显得过时和笨重，以知识和信息交换等作为载体的"无重经济"（weightless economy）越来越成为当代经济的特色。②实际上，随着网络社会的发展，世界本身也越来越表现为"无重世界"，而不仅仅是经济。再次，与家庭联系在一起的则是社会结构的变化，妇女走出家庭而加入到就业市场，这在当今时代已成为普遍的现象。同时，与家庭结构变化联系在一起的还有核心家庭（nuclear family）、同性恋家庭等现象的兴起。所有这些在结构和伦理上都打破了传统福利制度赖以建立的家庭假设。最后，传统福利国家没有将女性运动、生态运动、和平运动等新社会运动所提出的问题纳入政策的视野。但在当今社会背景下，性别问题、气候变化问题、核扩散问题等显然已成为国家所不可忽视的问题。所有这一切表明，社会权利的福利国家范式已不能适应时代变化的要求，变革福利国家已成为大势所趋。

正是在这种时代巨变的背景下，对传统福利国家的批判之声不绝于耳，同时也出现众多重构福利制度的尝试。在这一方面，安东尼·吉登斯在继结构化理论、现代性理论、全球化理论等一系列理论创新之后，

①　Maurice Roche, *Exploring the Sociology of Europe*. London：Sage, 2009, pp. 161 – 166.

②　Danny Quah, 'The Weightless Economy in Economic Development', LSE working paper, 1999.

又站在了福利理论创新的浪尖和潮头。1998 年，他出版《第三条道路》专著，在批判传统社会民主主义的基础上，结合全球化、后工业化、后民族国家化和新社会运动等当代社会背景，提出建立"社会投资型国家"、"积极福利"、"新平等主义"、"情感民主"、"社区重构"、"多元文化主义"等一系列设想，并对当时英国首相托尼·布莱尔产生巨大的影响。吉登斯一时赢得"新工党精神领袖"、"布莱尔的精神导师"等美誉。他所倡导的社会民主主义的升级版也从英国蔓延到整个西欧和大洋彼岸的美国，吸引了克林顿、施罗德、达伽玛、若斯潘等大批政要加入。嗣后，他又出版《新平等主义》、《全球欧洲，社会欧洲》、《全球时代的欧洲》、《气候变化的政治》等一系列著作，将其新版本的社会民主主义思想体系化。"新平等主义"和"积极福利"思想是其重建的社会民主主义的核心组成部分，体现了欧洲传统福利制度在新的时代背景下的发展趋势。

新平等主义以当今社会背景作为出发点，以对"旧平等主义"的反思作为基础，有针对性地提出适应时代变化要求的平等主义主张，这些主要体现在以下五个方面：第一，在公平与效率问题上，旧平等主义主要关注前者，即经济上的保障和再分配，新平等主义则充分重视后者的重要性，认为对于政府来说，生产效率的提高对于收入和财富分配具有持续的影响。第二，在地位平等与机会平等问题上，旧平等主义关注的主要是前者，主张通过消除阶级差别来实现所有社会成员的地位平等，新平等主义则更加关注机会平等，包括代际之间的机会平等。第三，在视野上，旧平等主义主要追求在民族国家的范围内实现社会正义的目标，新平等主义则充分考虑当今全球化的影响，充分重视全球化背景下文化、种族多样性的问题。第四，在权利与责任问题上，旧平等主义倾向于把权利看作无条件的，忽视责任的重要性；新平等主义则充分重视责任这一端，把权利和责任同时引入福利制度改革中。第五，旧平等主义主要集中在收入再分配或者协议性工资政策上，即二次分配；新平等主义同时还关注财富和生产禀赋（productive endowment）

的初级分配。①从这种比较可以看出，新平等主义的理念一方面看到了旧平等主义存在的问题，另一方面也充分意识到了当今全球化等社会背景。尽管这种理念在实践中很可能使福利政策变得模棱两可，但其初衷无疑具有非常强的针对性。

秉承新平等主义理念的福利政策是一种"积极福利"的政策，它涵盖了一系列广泛的领域。首先，从"事后补救"的福利转变成"事前预防"的福利。"积极福利的态度应该是干预主义的或抢先性的，而不仅仅是补救性的。干预主义指的是在任何可能的情况下，把问题处理在源头上，而不是遵循经典福利国家的方式——弥补风险和事后收拾残局。"②其次，从对外在风险的应对转变为对人为风险（manufactured risks）的应对，并充分利用风险的积极面。传统福利针对的主要是外在风险，具有明显的事后性。积极福利政策充分重视人为风险在当今社会所具有的影响；同时，积极福利政策不仅着眼于降低风险或者保护人们免受风险的影响，而且还鼓励和帮助人们利用风险中所具有的积极而富有活力的一面，主动承担风险。③再次，改革公民与国家之间的责任分担机制，实行"无责任即无权利"的原则。也就是说，政府承认自己对于公民的责任，包括对弱者的保护，但同时也强调公民必须承担起相应的责任。最后，将福利政策的重点转移到对教育和培训的投资上来，不仅关注经济方面的利益，同时还重视心理利益的培育，在可能的情况下，尽量投资人力资本领域，而不是直接提供经济资助，建立在积极福利基础上的国家是"社会投资型国家"。另外，积极福利政策还充分重视后现代主义的问题。例如，必须关注后工业社会出现的"后匮乏"（post-scarcity）问题，包括肥胖问题以及由此带来的心脏病、糖尿病等发病率增

① Patrick Diamond and Anthony Giddens, 'The New Egalitarianism: Economic Inequality in the UK', in Anthony Giddens and Patrick Diamond, *The New Egalitarianism*. Cambridge: Polity, 2005, pp. 106 – 107.

② 参见本书边码第 100 页。

③ 安东尼·吉登斯：《第三条道路》，郑戈译，北京大学出版社，2000 年，第121 页。

高的问题，培养人们健康的生活方式。同时，还必须把气候变化问题纳入公共政策的议程，使气候变化政策与其他公共政策融合在一起，形成"政治融合"等。①

从上述理念和政策主张可以看出，与自由资本主义和福利国家时期相比较，新平等主义、积极福利的主张表现出明显的融合趋势：一方面，希望保持自由资本主义时期的经济增长活力，使福利权利具有持续可靠的物质基础；另一方面，又希望保持福利国家时期的社会正义，使所有社会个体都过上体面而有尊严的生活；同时，还充分重视当代社会变迁所带来的新问题，如全球气候变暖，以及肥胖、糖尿病增多等。总体而言，积极福利主张具有明显的折衷性和前沿色彩。对当今西方福利国家的改革来说，这种主张的确提出了许多有益的见解，如从对权利的强调转向对权利与义务的并重，将福利的重点转移到智力投资等领域上来等。当然，在实践中，这种带有明显折衷色彩的政策主张也不可避免地形成模糊不清、让人抓不住重点的感觉。左派人士认为，它声称"中左立场"，实际上是新自由主义，是左派光芒掩盖下"一位不提手提袋的撒切尔夫人"。②右派人士则认为，它实际上是传统社会民主主义政策的继续，没有什么新鲜可言。更有人认为，要想搞清第三条道路的政治哲学，就像"跟一个充气的玩具人摔跤一样，你一把抓住了一角，所有的热气又冲向另一角"。③然而，无论如何，积极福利思想都反映了时代变化背景下福利制度的发展方向。现实已经表明，全球化、后民族国家、后工业主义等浪潮已经冲破了福利权利的传统模式，探讨新的福利制度模式已势在必行，吉登斯的努力正是这种探索的体现。

---

① Anthony Giddens, *The Politics of Climate Change*. Cambridge：Polity Press，2009，pp. 69 - 70.

② Alan Ryan, 'Britain：Recycling the Third Way'，*Dissent*，Vol. 46，no. 2，Spring 1999：787 - 800.

③ 'Goldilocks politics'，*The Economist*，19 December 1998. p. 47.

五、 本书的地位和翻译

由此观之，欧洲福利制度不仅具有源远流长的历史，而且还随着时代变迁不断吐故纳新、跬步千里。每一次制度演化都锻造了一批思考者和政治家，在欧洲绚烂的福利制度光谱中，吉登斯的福利思想闪烁着光芒。通过《超越左与右》、《第三条道路》等著作，他不仅对传统社会民主主义进行了深切的反思，而且将传统福利制度带入了 21 世纪的晚期现代性社会，使之与全球化、后工业主义、后现代问题等结合在一起。每一个时期的福利模式都是其赖以生存之社会的晴雨表，反映了该社会的问题、任务、理念、生产方式、分工模式等。在这个知识经济、服务经济、全球移民、电子技术、情感民主、消费主义等越来越成为我们时代基础的社会，在这个单亲家庭、地区不平等、儿童贫困、全球变暖、肥胖、糖尿病等越来越成为我们时代问题的社会，吉登斯试图改变传统福利所瞄准的工人失业、阶级不平等、贫富分化等简单现代性问题，使之跟上后现代社会的发展节拍。从这一角度而言，吉登斯是一位站在现代与后现代转折点上的思想家，其福利思想传承了现代，开启了后现代。

如果吉登斯的福利思想在欧洲福利制度史上具有如此重要地位的话，那么，本书的重要性也就自不待言。在《超越左与右》、《第三条道路》等著作中，吉登斯尽管对传统福利制度进行了深切反思，并且提出了积极福利、社会投资型国家等思想，但作为一种宏观的政治理念，它们所要处理的问题更加广泛。或者说，它们更是在对现代性问题进行深切反思之后，吉登斯给我们展现的一幅重建现代性社会的图景，福利思想仅仅是其中的重要组成部分。相比之下，《全球时代的欧洲》具有更加明显的针对性，它以晚期现代性社会作为思考背景，并以欧盟作为政治框架，将吉登斯对福利制度的思考完整而系统地呈现在我们的面前。从这一意义上说，要理解当代欧洲福利制度的发展走向和吉登斯的社会福利思想，本书都是不可或缺的敲门砖。在本书中，吉登斯宏观概览了欧洲福利国家的得失、探讨了当代社会变化产生的新问题及其对福利制度提出的新要求、分析了欧盟的当前缺陷和力量之源、提出了欧洲社会模式的未来之路，堪为对欧洲福利制度的一次系统检视和展望。

　　从吉登斯本身的思想发展来看，本书的地位也不容忽视。从20世纪60年代末投身于学术研究至今，吉登斯的学术生涯已逾40年。期间先后研究过一系列重要的主题：对马克思、涂尔干、韦伯等经典社会学家著作的反思，对社会学研究方法的重构，对全球化、现代性等理论的建构，第三条道路理论的提出等。围绕"现代性"这一主题，这些理论要素表现出一种内在的连贯性。或者如他自己所言，"20世纪70—80年代我所提出的各种理论，是我后来写作《第三条道路》（包括有关自我认同和个人生活的著作）等政治著作的背景。"①在时序上，《全球时代的欧洲》尽管出版于2007年，属吉登斯的晚期著作，内容上旨在为重建高度现代性社会提供对策，但其思想来源明显与其早期著作联系在一起。可以说，没有对现代性问题的反思，也就没有其重建现代性社会的理论体系。更具体地说，吉登斯重建现代性社会的尝试表现在诸多方面，如哲学定位、宏观图景、福利改革、亲密关系、气候变化政治等，本书有关欧洲社会模式的思考至少构成了其中的重要组成部分。

　　我谨对为本书翻译提供了诸多帮助的师友和亲人表示由衷的感谢。安东尼·吉登斯在获知将由本人组织翻译本书时，不仅表现出极大的信任和关心，而且对我们在翻译过程中提出的问题细心作答。2009年，在笔者留学英国期间，他曾多次接受我的专访，就本书所涉及的某些内容和问题进行过探讨、解答。吉登斯的支持无疑给我们提供了宝贵的智力

---

　　①　安东尼·吉登斯：序言，载郭忠华：《现代性理论脉络中的社会与政治：吉登斯思想地形图》，上海人民出版社，2010年。

支持和精神动力。我也对我的老师并曾多次携手合作①的潘华凌先生表示诚挚的谢意。潘先生很早就译出了初稿，但由于杂务缠身，笔者被迫将校译工作一再拖延。他不仅表现出极大的耐心，而且始终鼓励我在翻译的道路上走得更远。在潘先生初译稿的基础上，笔者对整个文本进行了逐字校对，故凡文中出现的问题和错误均由笔者承担，我也诚恳请求各路方家不吝批评和指正。我对上海译文出版社的张吉人先生表示由衷的谢意。他不仅在第一时间安排购买了本书的版权，而且对笔者的一再拖延表现出理解和宽容。与吉人兄的合作凡五年，期间充满了欢乐与信任。最后，我也感谢我相知、相恤的家人，正是她们让我在这凡俗的人生路上体会到关爱和幸福。

郭忠华

中山大学

---

① 在过去数年里，笔者先后与潘华凌先生合作翻译《资本主义与现代社会理论》（上海译文出版社，2007 年出版，2013 年再版）和《心灵的炼金术：理性与情感》（中国人民大学出版社，2010 年）等著作。

前　言

2005 年 6 月，英国时任首相托尼·布莱尔在欧洲议会做了一次演 讲，本书受其演讲中某些评论的启发而成稿。布莱尔在演讲中强调其对于欧洲工程（European Project）和欧洲"社会模式"（Social model）的承诺。但他反问道，这是一种什么样的社会模式，竟已导致欧盟近 2 000 万人失业？欧洲的福利体制需要彻底的改革。

这次给整个欧洲留下深刻印象的演讲正是在英国开始担任 2005 年 7 月 1 日至 12 月 31 日欧盟轮值主席之前做出的。一个与该轮值主席的工作存在松散联系的小组建立起来，并着手分析欧洲社会模式的健康状况和提出可能的改革建议。其目的不是要提倡一种"盎格鲁-撒克逊"式的方法，而是以一种中立的方式看待问题。约有 20 名来自各欧洲国家的人参与了该项目，并且所有人都提交了论文。政策网络（Policy Network）思想库也在许多欧洲国家组织专题研讨会，与会者包括政治领导者和学者。

迄今，该项努力已促成了两部重要著作的出版：一部是由我、帕特里克·戴蒙德（Patrick Diamond）和罗杰·利德尔（Roger Liddle）编辑的《全球欧洲，社会欧洲》（*Global Europe*，*Social Europe*，Polity，2006）；另一部则是《汉普顿法院议程：一种针对欧洲的社会模式》（*The Hampton Court Agenda: A Social Model for Europe*，Policy Network，

2006）。本书首章与《全球欧洲，社会欧洲》的首章大部分雷同。

本研究深受我与同事诸多讨论的影响。尽管本书代表的是个人而非集体的观点，但我广泛参考了他们此后写作的文献。

我的论述虽然主要集中在欧洲，但我相信其蕴意要广泛得多。所有发达国家均面临一系列类似的问题，这些问题与全球社会和经济变迁联系在一起，也与工作、家庭和日常生活的重大转型联系在一起。因此，我希望我这里所讨论的问题同样能引起其他地区的兴趣。我还会将欠发达国家包括在内。那些尚无有效福利体制的国家——包括正日益崛起成为世界强国的中国和印度——倘使要建立一个整合而包容的社会，有效的福利体制将是必不可少的。在实现这一目标的过程中，它们可以借鉴较先进国家的得失。

本书的目的是多重的。首先是确定欧洲经济和社会政策的前锋（cutting-edge）并从中吸取教训。在考虑这一问题时我将不单独局限于欧盟，还将参照世界其他地方的经验。欧洲社会模式到底是促进了竞争优势还是相反成为了经济障碍，这是一个持续已久并引起激烈争论的问题。实际上，欧洲社会模式存在着各种形式，其中有些远比其他成功得多。证据表明，能够实施改革的国家在全球市场上运作得更好，并且能维持高水平的社会公正。它们并非彼此妨碍，而是相互支撑的。欧洲的未来——甚至是欧盟作为一支主要力量的持续存在——有赖于这改革的普遍化。

此类改革尽管至关重要，但却仍然不够，我们仍须有更大胆的设想。围绕出现在欧洲的知识经济（knowledge-based economy）所进行的集中讨论与有关社会变迁的分析尚不匹配。离开了后者，我们就很难指望制订出体现社会公正和社会福利的有效方案。

欧洲面临的某些挑战适合于所有发达社会。其他一些挑战则更加针对欧洲特定的情境——尤其是东欧苏维埃式社会解体后的情境。我们不应假装1989年之后的欧盟仅仅是先前版本的放大。当欧盟边界越来越东扩——也越来越南扩之后，欧盟的认同将不可能与过去相同。

欧洲社会模式的特征很大程度上是通过比照苏联和东欧这一方以及美国自由市场自由主义这一方来界定的。这种自我界定已不再符合今天的情况。在考虑改革和变化时，我们不仅要考虑 1989 年，而且要对催生它的力量和影响做出反应，后者尤其与不断强化的全球化有关。这也正是我继马丁·阿尔布劳（Martin Albrow）之后把本书命名为《全球时代的欧洲》的原因。①全球时代（global age）是一种事态，是标志我们生活中诸多变化的一组社会条件。相比之下，全球化（globalization）则是一种或者一系列涉及了导致这些变化的力量和影响的复杂进程。

今天，存在着一场所谓的"欧洲争夺战"（struggle for Europe），该术语有着不止一种含义。欧盟该代表什么，欧盟将去向何方，对此存在着不同的观念之争。但欧盟还将为在一个全方位变革的世界中维护自身而跻身于另一场争斗。我是欧盟支持者，我希望欧盟繁荣昌盛，并且相信它能够做到。但事情不会一帆风顺，而且也不存在任何保证。如果本书能够对目前热议的欧盟应该何去何从的讨论有些许贡献，我就已经心满意足了。

我要对所有参加研讨和讨论的人士致以诚挚的谢意，尤其对自始至终发挥了关键作用的安妮·德塞伊拉（Anne de Sayrah）表示感谢，这种感激之情同时还献给让-弗朗索瓦·德罗莱特（Jean-François Drolet），感谢其卓越而热诚的工作。内尔·金诺克（Neil Kinnock）、雪利·威廉斯（Shirley Williams）、戴维·赫尔德（David Held）、罗杰·利德尔、帕特里克·戴蒙德、马特·布朗（Matt Browne）和弗朗索瓦·拉丰（François Lafond）等诸多人士对前期文稿进行过评阅。弗朗索瓦在组织政策网络的专题研讨会方面发挥了关键作用，同时约翰娜·尤塞柳斯（Johanna Juselius）也给予了有力的帮助。我也感谢他们在政策网络的所有同事。维克多·菲利普·达达雷赫（Victor Phillip Dahdaleh）不仅资助了我们全部的会议，而且积极参

X

---

① Martin Albrow, *The Global Age*. Cambridge：Polity，1996.

与了其中的许多会议。萨拉·丹西（Sarah Dancy）卓越地完成了文稿的编辑工作。在感谢政策网络所有人士的同时，如往常一样，爱玛·哈钦森（Emma Hutchinson）和她在政体出版社（Polity Press）的同事们出色地完成了本书的出版工作。

本书使用术语表

激活劳动市场政策（**Activating labour market policy**）：旨在帮助人们成 xi
功地掌握人生过程中各种转型的政策。

积极信任（**Active trust**）：以一种持续和开放的方式监控他者的诚实性为
基础的信任。

坚定的多边主义（**Assertive multilateralism**）：一种以使用各种力量并以
潜在武力为支撑的多边主义。

受阻社会（**Blocked societies**）：一种被既得利益或者结构性保守主义（或
两者同时）抑制了必要变革的社会。

公民消费者（**Citizen-consumers**）：公民在诸如医疗保健或教育等非市场
领域具有选择权，但服务的质量和效率须由公共机构来保证。

消费者公民（**Consumer-citizens**）：通过强迫制造商进行质量和价格上的
竞争，市场背景下的选择成为驱动质量控制的机制。

保证型国家（**Ensuring state**）：国家试图授权给公民，但同时提供一个保
证框架，如最低工资。

欧洲虚伪（**Euro-hypocrisy**）：不适当地宣传"欧洲价值"，而没有考虑
欧洲变化无常的过去和当前政策与这些价值存在不一致的事实。

xii **欧洲现实主义**（Eurorealism）： 对欧洲的社会地缘政治能力持一种冷静而又雄心勃勃的态度（我指的不是国际关系中更具有技术意义的现实主义）。

日常生活民主化（Everyday democratization）： 实质性自由在日常生活中的进展。

全球化（Globalization）： 个体、国家和地区之间日益提高的相互依赖。不仅仅指经济上的相互依赖。包括不断加速的、普遍性的交往，并涉及政治和文化维度。

知识/服务经济（Knowledge/service economy）： 一种只有少部分人在制造业和农业中工作的经济；大多数人从事以知识为基础的职业和服务业。

生活方式的改变（Lifestyle change）： 表现为改变有害的日常生活习惯的积极福利。

新平等主义（New egalitarianism）： 尽可能将进一步促进平等与不断提高经济发展动力相结合的政策。

消极信任（Passive trust）： 基于既定的权威象征并由习惯或传统确立起来的信任。

二次机会的政治（Politics of second chances）： 为人们在不同生活领域能够"重新开始"而提供资源的政策。

积极福利（Positive welfare）： 旨在促进积极生活目标而不只是为了把风险降到最低的福利。

后工业社会（Post-industrial society）： 一种以日常生活民主化、个体主义和文化多样性为标志的社会；知识或服务业在其中占据主导地位。

预防性福利（Preventative welfare）： 旨在从源头上干预而不仅仅是等到出现问题之后才启动的福利政策。

社会投资型国家（Social investment state）： 由国家提供或调节的人力或 xiii
者社会资本投资。

转变期劳动力市场（Transitional labour markets）： 从生命周期中的转变
的角度加以分析的劳动力市场。

"年轻化社会"（'Youthing society'）： 老年人的生活习惯与年轻人的
生活习惯相结合的社会。

第一章

社会模式

欧洲的福利体制往往被看作皇冠上的明珠——或许是成就欧洲社会特殊品质的主要特征。2003年5月，在伊拉克战争开始之后，于尔根·哈贝马斯(Jürgen Habermas)和雅克·德里达(Jacques Derrida)这两位欧洲最杰出的知识分子就欧洲认同的未来写了一封公开信。福利国家"社会保障的保证措施"和"欧洲人对国家文明化力量的信赖"在很大程度上已融会贯通。①其他大多数赞同欧盟计划的观察家都会同意这一点。欧洲社会模式(ESM)是——或者已成为——欧洲形象的基础部分。

把"ESM"输入谷歌页面进行检索，有5 580万个条目出现！如此大量的信息或许反映了这样一个事实：像有关欧盟的许多其他情况一样，欧洲社会模式本质上是一个有争议的概念。虽然事实上该概念处于中心地位，但当我们试图要明确地阐述它时，却多少有点难以捉摸。已有人指出，欧洲社会模式不独是欧洲的，不完全是社会的，也不完全是一种模式。②如果它是指有效的福利制度、有限的不公平，那么，其他国家也恰恰与欧洲国家一样先进。例如，澳大利亚和加拿大超过了葡萄牙和希腊，更不要提扩大的欧盟25国中新加入的国家了。欧洲社会模式不纯粹是社会的，由于不管它被如何定义，它从根本上依赖于经济的繁荣和再分配。它不是一种单一的模式，因为在其福利体制方面，欧洲国家之间存在巨大差异。

关于欧洲社会模式，存在着众多不同的定义，尽管它们都导向福利国家。例如，丹尼尔·沃恩-怀特黑德(Daniel Vaughan-Whitehead)列举了欧洲社会模式不下15种要素。③我们或许应该得出这样的结论：欧洲社会模式不是一个单一的概念，而是价值、成就和抱负的混合，在欧洲国家之中其实现的形式和程度各有不同。我的版本如下：

- 一个发达的、奉行干预主义的国家，由相对高水平的税收提供资金来源；
- 一种健全的福利体制，它在某种相当高的程度上为全体公民，但尤其为最需要的公民，提供有效的保障；
- 限制或阻止经济或其他形式的不平等。

维持这些制度的一个关键角色是"社会伙伴"（social partners）、工会组织和其他促进工人权利的机构。每一种特征都必须与扩大整体经济繁荣和（理想上）全员就业相伴相随。

构成欧洲社会模式基础的是这样一套总体价值观：全社会共担风险，共享机会；培育社会团结或凝聚力；通过积极的社会干预，保护最弱势的社会成员；鼓励工业领域中的协商而不是对抗；为全部人口提供一个丰富的社会、经济公民权利框架。

压 力 与 重 负

3　　包括支持者和反对者在内的几乎所有人都赞同，欧洲社会模式目前处在极度紧张的重负之下，甚至正在衰败。福利国家冲突不断。大约 30 年以前，它似乎能提供稳定与保障，但它现在已如明日黄花。然而，我

---

① Jürgen Habermas and Jacques Derrida, 'February 15, or, what binds Europeans together', in Daniel Levy et al. (eds.), *Old Europe, New Europe, Core Europe*. London: Verso, 2005.

② Anna Diamantopoulou, 'The European social model-myth or reality?' 2003 年 9 月 29 日在波恩茅斯工党大会上的演讲。

③ Daniel Vaughan-Whitehead, *EU Enlargement versus Social Europe?* London: Elgar, 2003.

们应该把这种情况与其背景联系起来考察。有些人说，20 世纪 60—70 年代是福利国家的"黄金时代"，当时，经济稳定增长、失业率低，所有人都享有社会保障——而且公民的感觉比现在要踏实得多。从这个角度看，欧洲社会模式已受到外力的"攻击"，尤其是与全球化相关的力量，而且不断遭到削弱，甚至部分瓦解。

现实更加复杂。对于诸如西班牙、葡萄牙、希腊以及后来加入欧盟的成员国而言，因为福利供给的无力和不足，根本不存在黄金时代。即便在那些具备先进福利体制的国家，黄金时代也远非一切皆黄金。在那个时代，批量生产和官僚统治占主导，管理方式往往独断专行，大量工人从事流水生产线上的工作。妇女极少从业；只有一小部分年轻人接受继续教育或高等教育；提供的医疗保健服务等级也远比现在低；老年人在严厉的退休年龄规定下被迫离职。与时代官僚的精神特质相一致的是，国家一般把民众当作被动的臣民而不是积极主动的公民。过去 30 年间福利体制中的某些变化旨在纠正这些缺陷，因此具有进步意义和必要性。

当然，"黄金时代"以来，世界发生了巨变。欧洲社会模式和欧盟本身在很大程度上是一个两极世界的产物——这是本书反复出现的一个主题。柏林墙的倒塌——托马斯·弗里德曼（Thomas Friedman）称之为欧洲的"11·9"①——几乎完全改变了欧盟的性质，并且引起了悬而未决的认同问题——而且确实反映在法兰西人和荷兰人拒绝接受欧盟宪法的情形中。

凯恩斯主义（Keynesianism）在西方的消亡和苏联的解体是由种种相同的趋势造成的——加速发展的全球化、一种世界范围内兴起的信息秩序、制造业的萎缩（及其向欠发达国家的转移），加上新型个人主义和消费者权力的兴起。它们并非漂浮不定的变化，其影响不断地急速扩大。

① Thomas Friedman, *The World is Flat: A Brief History of the Twenty-First Century*. New York: Allen Lane, 2005. [柏林墙倒塌发生于 1989 年 11 月 9 日。——译者]

20 年前，发展中国家生产出的产品占世界制造品总额的 10%。该比率现在已上升到 25%，如果保持目前的势头，到 2020 年将达到 50%。以购买力衡量，中国近期已超过日本，成为世界第二大经济体。在 5 年之内，以市场交易值衡量，它很有可能超过日本经济。①1980 年，欧盟现在的 25 个成员国占据了世界制造业产量的 26%。到 2003 年，该比率缩减到 22%，到 2015 年，可能不会超过 17%。

大公司已不再限于向全国提供商品和服务，而是向全世界，既强化贸易，也强化地方特殊性。2003—2004 年，世界贸易在增速上是全球产出的两倍。以印度为龙头，服务行业的跨国贸易正在快速推进。用现金计算，印度的服务业出口值从 1990 年的 50 亿美元增长到 2004 年的 400 亿美元。

来自发展中经济体的竞争不再仅仅集中在低成本商品上。中国和印度对技术给予了大规模投资，尤其是信息通信技术（ICT），两国每年各有 400 万大学毕业生。谁也不知道服务项目外包的情形将会走多远，考虑到其动力部分来自计算机技术的发展与普及。然而，能够实行外包的服务的复杂性正在迅速提高。金融、法律、高技术、新闻和医疗等服务属于最有可能直接受到影响的领域。我拟在第二章更加详尽地讨论这些问题。

社会模式有赖于整体经济的繁荣，理想地说，它对后者应该是贡献良多。然而，在过去 20 年左右的时间里，欧盟的经济运作已导致了反复出现的焦虑。根据衡量经济成功的标准，欧盟已落后于美国。（西）欧曾经是社会和经济变化的前驱；现在，欧盟有被历史抛在后面的危险。单一市场巩固所带来的进步和欧元的启用并没有导致经济的复兴。

我们根据调查结果知道，在法国和荷兰的全民公决中，选民集中关注的事实上主要不是宪法的问题。在法国，参加公投的人中约有 75%，包括足足有 66% 投"反对"票的选民，相信一部欧洲宪法仍然是必要

① Gordon Brown, *Global Europe*. London：Treasury, 2005, p.4.

的。荷兰的局面更加复杂，因为部分投"反对"票的选民担心，小国会过于受大国的控制。但是，在这两个国家，对社会和经济的关注是首要的——主要担心工作问题和福利不足。欧盟所发生的变化——尤其是其规模扩大方面的变化——被认为有可能使已经很困难的局面变得更糟。

部分评论者往往淡化欧洲面临的经济困难，尤其是在把欧盟与美国相比较的时候。[①]他们认为，欧洲人已经做出了生活方式选择，他们换来了比大多数美国人所能享受到的更多的闲暇增长水平。然而，一些欧盟国家的生产力与美国不相上下。确切地说，由于欧洲有更加健全的福利体制，在欧盟国家，有工作的穷人（working poor）比美国要少。

但是，正如其他人已经表明的那样，这些观点不能令人信服。[②]从20 世纪 80 年代以来，欧盟 15 国在相关方面的平均增长率逐年降低。在这一时期，人均 GDP 没有超出美国水平的 70%。美国不仅有更高的增长率，而且在这段时间也有更加稳定的宏观经济。与美国在人均 GDP 上的差异大约三分之一源于更低平均劳动生产率，三分之一源于更短的工时，剩下的三分之一源于更低的就业率。这些都不是由选择造成的，但所有这些方面都影响了欧洲社会模式的切实可行性。欧盟的失业率比美国的要高得多，60 岁以下的经济不活跃者有 9 300 万，远高于美国。

在欧洲，有许多人——包括许多年轻人和 60 岁以上的人——想要工作但却不能工作。这个论断也适用于移民。美国在将移民融入其劳动力市场方面比欧洲国家做得更好。2002 年，欧盟 15 国的非国民（nonnationals）的失业率高于国民失业率两倍。在美国，这两方面的比率几乎相同。10 个新成员国的加盟随之带来了一系列问题，这些问题与"偏爱闲暇"无关。它使欧盟的人口增加了 20%，但 GDP 却只增加 5%。无论是作为整体的欧盟，还是在成员国内部，都遇到了更加严重的不平等和

---

① Jeremy Rifkin, *The European Dream.* Cambridge：Polity, 2004.

② André Sapir et al., *An Agenda for a Growing Europe: Report of the High-Level Study Group.* Brussels：European Commission, July 2003.

凝聚力问题。

全球化

这些都是欧洲能够并且必须做出反应的挑战，它们对于社会模式具有某些重要影响。然而，在着眼于影响福利体制的重负时，单纯聚焦在全球化上面是一个错误。欧洲福利国家面临的一些核心问题源于内生的结构变化。这些变化与全球化存在直接的联系（尽管所有变化几乎都是），但并不完全是由它驱使的。这是一个需要注意的要点，因为一些评论者完全求助于全球化这个幽灵来解释本国出现的问题及延搁的改革。

变化时代的欧洲形象是个恰当的例子。在今天的欧盟，60 岁以上的人有大概 7 000 万，占了总人口的 20%。50 岁或以上者超过 30%。一般来说，造成人口老龄的一个因素是人们比过去更加长寿。然而，低出生率是一个首要的附加原因。如果我们拿欧盟与美国进行比较，这个事实就很容易理解了。随其最近的扩张，欧盟有 4.55 亿人口，而美国只有 2.95 亿。不过，按目前的势头，到本世纪中叶，双方的人口实际上将会一样。①在美国，出生率处于置换水平。相比之下，在欧盟 25 国，出生率平均每 1 000 个妇女只有 1.5，而在一些国家甚至低至 1.2。例如，在意大利，如果不发生任何变化，工作年龄内（19—65 岁）的人口数到 2035 年将减少 20%。

在欧盟国家，从事制造业工作的人数急遽下降，这是由于工业向发展中国家转移，因此也是受全球化的影响造成的。但主要原因并不在此。正是技术变化的影响，许多产业或者减少了对人类劳动力的需求，或者干脆把许多传统生产工序淘汰掉。例如，汽车制造几乎完全实现了自动化；煤炭工业在大部分国家萎缩了，主要是由于广泛转向天然气的结果。当然，"内在"和"外在"影响的相互作用也很重要。由于竞争

---

① *The Economist*，30 September 2004.

的加剧，技术变化也加速了。

再举一个例子。贫困和社会排斥的形式虽然肯定受到了全球化的影响，但也受内生变化特别是家庭结构变化的影响。在大多数欧盟国家，离婚率比过去更高，而结婚率则更低。家庭更具有流动性，可能缺乏曾经是社会支持之源的血缘关系延伸，同时还出现了"非传统的家庭"——妇女单身抚养孩子、同性配偶生活在一起等等。这些趋势很复杂，往往难以解释，但它们强烈影响了贫穷的性质和其他剥削形式。在大多数欧盟国家的"新穷人"中，妇女和儿童占了很高的百分比。

何谓全球化，这需要恰当地加以理解。全球化经常仅被看作一种经济现象，甚至一些涉及这一主题的资深评论者也这么认为。例如，马丁·沃尔夫（Martin Wolf）把它定义为"通过市场形成的经济活动跨国一体化"。① 这个定义不能说完全不正确，但太过偏颇。全球化很明显不仅仅是经济的，很难想象有哪个人会真的不同意这一点。

例如，考虑一下通讯媒体的作用。这个世界通过电子设备相互联系在了一起，这对几十年前的人们来说都完全是不可想象的事情。实际上，我将把全球时代的开端上溯到 20 世纪 60 年代后期或 70 年代初期，当时，一个有效的卫星系统第一次被送上太空，使得在世界的任何一点都可与其他任何地方进行即时性沟通。互联网的普及只是 20 世纪 90 年代后期的事情，它也被纳入这一进程。欧盟国家中的社会和经济生活的许多方面——如同在别的地区一样——因这些发展而变化了。例如，移居的性质可以说发生了改变，因为移居者现在可以随时与其原先的国家保持联系。

人们常说，"欧盟必须对全球化做出反应。"诚然如此，但全球化是一系列双向的进程。欧盟不能仅仅对全球化"做出反应"，因为，在当今它既是手段又是其表现。全球化——以其各种不同形式——不仅仅

① Martin Wolf, *Why Globalization Works*. New Haven, CT: Yale University Press, 2004, p.14.

来自外部。我每次打开电脑、发送邮件、查看互联网上的信息，打开电视或收音机，在我利用全球化的同时，我也积极地为它做出了贡献。

在这种语境下，"对抗全球化"或创造"一张人文面孔的全球化"的说法毫无意义。全球化的某些方面往往需要在地方、国家和跨国层面上加以控制。但是，全球化，而且往往是日益加速的全球化，通常是这样做的手段。这种观点符合世界市场，就像符合气候变化、新式恐怖主义、洗钱或有组织的犯罪一样。

全球市场上的竞争力是欧洲未来的基础，也是社会模式得以存在的

9 基础。印度、中国以及欠发达世界中其他国家的兴起决定性地表明，对于西方而言，全球化不单纯是控制其他地方的一种手段。我们还必须考虑全球化影响欧盟和被欧盟影响的许多其他方面。例如，中国取得的经济进步对地缘政治有直接的影响——并且由此向其他领域转移。例如，中国对石油的需求使之与伊朗产生密切关系。伊朗看起来决心要获得核武器。由于对石油的依赖，中国不大可能参与其他国家对它的有效制裁。有核的伊朗会成为一个新的强国，或许成为极度危险的国家，扼守从中东到中亚的欧洲能源供应要冲。单个国家不可能解决这些问题。

社会模式的类型

显然，欧洲不存在单一的社会模式。尽管有过许多欲把欧洲的福利国家归为不同类型的尝试，但迄今为止，最广为运用的是丹麦社会科学家格斯塔·埃斯平-安德森（Gøsta Esping-Andersen）所做的分类。他区分了"福利资本主义"的三种主要类型。①它们是：北欧（Nordic）类型，建立在高税收和福利国家内部提供广泛就业机会的基础上；保守的或组合主

---

① Gøsta Esping-Andersen, *The Three Worlds of Welfare Capitalism*. Cambridge：Polity, 1990.

义类型（德国、法国、意大利），主要建立在工资供款（payroll contributions）的基础之上；以及自由的或盎格鲁-撒克逊类型，以英国和爱尔兰为代表，这是一种更大程度上是"残余的"福利体制形式，以更低的税收为基础，运用更具目标性的政策。在埃斯平-安德森的基础上，其他人加上了第四种——地中海类型（西班牙、葡萄牙、希腊），它也以相当低的税收为基础，而且大大依赖于来自家庭的供给。①现在，我们还得收入第五种类型，即后社会主义类型，指努力发展西方福利国家的前东欧国家。

　　埃斯平-安德森在发展其类型学的同时，还致力于阐明"服务经济的三难困境"——该概念最初是由托本·艾弗森（Torben Iversen）和安妮·雷恩（Anne Wren）提出的。②这种"三难困境"表明了埃斯平-安德森所认为的三种福利体制之间存在分歧的主要原因，因为它限制了它们之间存在通用政策的可能性。也就是说，在现代经济中，要同时实现平衡预算、低度经济不平等和高度就业是不可能的。政府可以在任何时间内成功地实现其中两者，但不可能同时实现三者。之所以对不同类型的体制加以区分，部分在于它们选择了不同的组合方式。

　　埃斯平-安德森指出，在北欧国家，福利国家以雇主的方式行事，提供了大量公共部门的服务岗位，从而降低了失业率；然而，课税很高，这种情形给借贷造成持续的重负。英国以及欧盟之外的澳大利亚和加拿大这些盎格鲁-撒克逊国家已创造了大量私有部门的工作岗位，维持了财政纪律，但存在明显高水平的贫困。相比之下，在组合主义的类型中，诸如德国和法国，存在限制不平等和（至少直到最近）控制预算的承诺；然而，这些国家却深陷于低就业增长的泥沼。

　　但是，"三难困境"是否确有其事？安东·赫梅尔赖克（Anton

10

----

① Maurizio Ferrera 似乎是第一个确认这第四种类型的人，参见其 *Le trappole del welfare*. Bologna：Il Mulino，1998。

② Torben Iversen and Anne Wren，'Equality，employment and budgetary restraint：the trilemma of the service economy'，*World Politics*，50（1998）.

Hemerijck)和他的同事有力地指出,它的经验证据"令人吃惊地可疑"。①斯堪的纳维亚近年历史表明,事实上,同时拥有健全的公共财政、低度不平等和高水平的就业是可能的。反之,只拥有三者之一似乎也是可能的。例如,德国现在出现了高水平的失业和迅速增长的公共债务。此外,不同"类型"之间也不是界限分明的,北欧国家在某些方面彼此差异迥然。德国和法国作为一种单一类型也不甚明显。英国被认为是"残余的"福利国家,由市场主导,但其纯税收水平现在与德国大体相当。此外,在塑造国家医疗服务(NHS)这方面,英国拥有欧洲最"社会化"的医疗体制。②赫梅尔赖克的结论指出,最适应变化情况的福利国家创立了一种"杂交模式",各个部分可以四处借鉴。我发现这是一个有说服力的例证,下文我将提出,大量的相互学习是有可能的。埃斯平-安德森的类型学还是很有用的(后面将会表明)——首先,它只被认为是一系列理想类型——但是类型之间的界限实际上是模糊的,而且越来越如此。

优秀的运作者与拙劣的运作者

在经济和社会两方面,一些欧盟国家在20世纪90年代初期到中期比另一些运作得要好得多。说各个地方的福利国家均已衰颓实际上是一个错误。将运作良好的国家与运作不那么良好的国家相比,会产生一些有趣的结果。根据诸如GDP增长、通货膨胀和经济稳定性的水平这类经济标准衡量,该时期最引人注目的国家是丹麦、芬兰和瑞典。它们都发展成了福利国家。效率最差的三个是欧陆经济大国:德国、法国和意大利。奥地利经济学家卡尔·艾金格(Karl Aiginger)对这两组国家进行了详

---

① Anton Hemerijck, 'The self-transformation of the European social model(s)', in Gøsta Esping-Andersen (ed.), *Why We Need a New Welfare State*. Oxford: Oxford University Press, 2002.

② Katinka Barysch, 'Liberal versus social Europe', *Centre for European Reform Bulletin*. August/September 2005.

细的比较。①

艾金格指出，20 世纪 90 年代和 21 世纪初，三个北欧国家的平均增 12
长率为 2.9%，非常接近于美国的水平。德国、法国和意大利只勉强达到
平均 1.6%。在整个 1990 年代，北欧国家的生产力增加了 2.4%，而德
国、法国和意大利的则仅为 0.9%。2002 年，两组国家的就业率分别为
71% 和 62%。前者的预算处于平衡或顺差状态，而三个欧陆国家则出现
高额赤字。与更大的国家相比，北欧国家高度开放，并以市场为导向。
世界经济论坛和类似组织列举了一些最佳贸易国家的名单，芬兰和丹麦
一直稳居榜首。

他们的成功似乎受到众多因素的影响。不过，最重要的是他们所遵
循的社会投资模式。三个国家都向技术和教育的创新投入了大量的资
金。丹麦的策略包括普及 IT 技术和建立成功的技术群。芬兰甚至更加广
泛地把 IT 技术运用到经济重构和政府上，其 IT 化程度远高于美国。

斯堪的纳维亚②国家用于研发（R&D）的开支是三个欧陆国家的两
倍。总的教育开支——尤其是用于高等教育的——还要大得多。而且这
些国家在教育成就国际排名中一直名列前茅。③

北欧国家的经济不平等程度世界最低，儿童的贫困程度也很低。他
们在诸如幸福、健康等其他大多数指数方面都表现良好。这些成就不是
源于拒绝改革，而是源于支持改革。三个社会都调整了自身的劳动力市
场——"弹性保障"（flexicurity：flexibility + security）起源于瑞典，但以
不同的形式被丹麦和芬兰所采用。失业者如果一时找不到工作，就必须

---

① Karl Aiginger, 'Towards a new European model of a reformed welfare state', *United
Nations Economic Survey of Europe*, 1 (2005). 关于另一篇重要文章，参见 Joakim Palme,
'Why the Scandinavian experience is relevant for the reform of the ESM'；可通过如下网址获
得：http://www.progressive-governance.net/php/article.php? aid =501&sid =7。

② 我将交替使用"北欧"（Nordic）和"斯堪的纳维亚"（Scandinavian）这两个概念，
尽管从技术上说，"Scandinavia"和"Scandinavian"是更受限制的术语——丹麦不在斯堪的
纳维亚半岛上。

③ Aiginger, 'Towards a new European model'.

接受培训，并且接受提供给他们的工作。

13　　20 世纪 90 年代初，这些国家为了实现预算平衡，实行削减国家开支的办法，但并没有显著加剧贫困或整体经济不平等。他们适应变化的一个关键部分是采取有利于家庭的政策。他们的经验表明，有利于商贸和有利于家庭的政策并非互不相容，尤其是在兼职工作维持了全职工作的大部分地位和特权的条件下。尽管斯堪的纳维亚的性别分隔程度很高，部分是由于许多妇女供职于国家部门所致，但一般来说，妇女和儿童的处境都相当良好。

工作被置于优先考虑的地位——以便制造较高的就业率，当然也是由于一份体面的工作是脱离贫困的最佳途径。这条规律既适合于男性，也适合于女性。例如，在丹麦，90% 的单身母亲有工作。学校后教育和培训极为普及。就公共（以国家为基础）服务而言，北欧国家不仅是改良主义者，而且是实验者——这一方面远胜于运作拙劣的社会。（许多政策一开始就存在着强烈的争议。）教育和保健变得极为非中央化，而且引入了竞争机制以提高效率。基金医院（foundation hospitals）——非营利机构对其预算和保健计划有很高的控制程度——在丹麦和瑞典得到试办。

艾金格指出，北欧国家的平等主义性质更多来源于对儿童和妇女地位改善的社会投入，而非直接再分配等诸如此类的东西。父权尚未消失，但没有大多数其他国家严重。作为结果——加上福利改革，妇女和儿童比欧洲任何别的地方都更不依赖于男性养家糊口者的薪水。与别的地方相比，单身母亲或离异妇女的收入损失比男性更少。

拿欧盟的标准衡量，斯堪的纳维亚的出生率相当高。在三个欧陆大国，只有法国的出生率能与其大致相当。法国为儿童保育提供资金，而且还有一个援助母亲的救济体系，不管她们是已婚的还是处于同居状态

14（在使她们得到工作或保住工作方面，似乎效果不佳）。相比之下，德国和意大利的类似体制主要依赖于传统家庭，因为人们相信，在出现经济困难或其他问题时，家庭将使他们重归常态。然而，随着家庭中两性间明确的劳动分工以及各种不同的相互关系形式的出现，传统家庭到处都

趋于消失。无论如何，它不能给未婚母亲或离异妇女提供真正的地位。

斯堪的纳维亚国家改革了养老金制度，以维持长久的稳定。他们也采取了鼓励老年人或继续工作或重返劳动力队伍的措施。例如，瑞典在20世纪90年代推行的基本养老金改革。与收入相关的旧有救济体制被一种固定的捐资体制所代替。存在着得到普遍保证的养老金，但保证额度的大小要根据收入水平来定。该制度有效地控制了成本，而且将它与终身收入联系在一起，同时还刺激了储蓄。①

在瑞典，一种某种程度上为丹麦所仿效的基本举措是，在国立学校系统中引入选择机制。在1992年瑞典推行的政策中，除传统国立学校之外，还设立了独立营利和非营利学校，它们以所有学生都具有同等的财政条件作为基础。家长可使用教育券选择他们心仪的学校。研究表明，该方案很成功——尽管仍存在争议。学校系统的整体运行得到了改善，不能毕业的学生也更少了。②

在过去的15年间，斯堪的纳维亚国家并非唯一运作良好的欧洲国家，爱尔兰、英国、荷兰和西班牙等其他国家也取得了类似的成绩。他们都有共同的特点：整体的改革定位，高水平的结构性投资，以及劳动力市场的自由化。我将在下文更加详尽地讨论这些国家。

有些人认为，对于欧洲的其他国家而言，几乎没有什么可向北欧国家学习的。他们都是小国——一般来说，小国不同于大国，而且无论如何都更容易变革。税收高于其他欧盟国家，这些方面很重要，但没人会建议整个地输出"北欧模式"，关键是要识别能够用于别处的政策。

今天的成功可能是明天的失败，所以，当前最佳实践的经验应该慎重对待。毕竟，就在不久之前，德国"共识资本主义"（consensus capitalism）被广泛地看作欧洲整体的进步之路；现在却滑到了天平的另一

15

---

① Palme, 'Why the Scandinavian experience is relevant for reform of the ESM'.

② 相关分析可参见 Swedish National Institute for Education, *Schools like any Other?* Stockholm, 2005；以及同一作者：*Equity Trends in the Swedish School System*, Stockholm, 2005。

端。但如果认为从运作最成功的国家那儿没有什么值得学习的经验，那的确反常。不仅其政策，而且其某些变化的机制可能存在重大的意义。斯堪的纳维亚国家中的工会运动对于促进变化和改革起了重要的作用。当社会伙伴（雇主以及工会）确实在以社会伙伴的角色行事，并寻求建设性的改革而不是企图保护部门利益时，结果对于劳动力而言可能是积极的。

里斯本及其后

应该采取什么措施使欧盟运作欠佳的地区恢复常态，并且总体上使欧盟国家更具竞争力，这些方面的建议我们并不缺乏，其中绝大部分集中在 2000 年 5 月欧洲领导人所承诺的《里斯本议程》（Lisbon Agenda）上。那时，欧盟为自己设定了一系列 10 年战略目标：“成为世界上最具活力和竞争力的知识经济，保持持续性经济增长，提供更多、更好的就业岗位，加强社会凝聚力，尊重环境。”到 2010 年，年平均增长率要达到 3%，平均就业率达到 70%。人们认为，要实现这些已公之于众的目标，各成员国之间必须齐心协力，协调行动。由于欧盟缺乏进行大部分改革所必需的直接干预力量，欧盟发明了“开放协调法”（OMC），实质上就是基准（benchmark）的运用。按照开放协调法，成员国同意自愿寻求既定的目标范围，按要求行事，以满足知识经济对它产生的特殊需要。

16

迄今为止，结果远未达到预期的目标——以至于，到 2010 年成为世界上最具竞争力的经济体这一雄心壮志受到广泛的冷嘲热讽。《里斯本议程》公布之后，两年的世界经济衰退几乎是立即随之而至，在这中间，美国受到了影响，但欧盟所受影响更大。总的说来，最关注《里斯本议程》的国家是那些最不需要它的国家，即前文提到的“最佳运作者”。在更大的欧陆国家里，该议程受到冷遇，至少直到最近还是如此。

2005 年，欧盟 15 国的人均 GDP 平均较美国低 27%——跟 2000 年的情形完全一致。此外，1999—2005 年，美国的生产力增长每年都比欧盟高 1%。[1]欧盟 25 国中，有 12 国目前预算赤字达到或超出 1997 年《稳定与增长公约》中规定的 3% 的极限。换句话说，他们没多少钱或根本就没钱向《里斯本议程》涵盖的领域投资。

2000 年以来取得了一些进步。在欧盟 15 国，平均就业率从 1999 年的 62.5% 上升到 2004 年的 63.3%。同是在 2004 年，55 至 64 岁的人当中，有 41% 的人就业，而 2000 年为 36.6%。妇女的参与率有了大幅度增长，达到 55.7%。这些平均数掩盖了不同国家之间巨大的差异。例如，在希腊和意大利，只有 45% 的妇女有工作，而马耳他只有 33%。欧盟东扩意味着，至少在短时间内，目标越来越难以达到——尽管这种情况可能会由新成员国更高的增长率加以弥补。在东扩之际，欧盟的平均就业率下降了 1.5%。

鉴于其缓慢的进展，加上更一般意义上的欧洲经济疲软，《里斯本议程》经受了一系列修订，而且在几乎没完没了的报告中受到密切监督和批评。最重要的报告是由两个"高级别团体"递交的：一个由维姆·科克（Wim Kok，1994—2002 年任荷兰总理）主持，另一个由比利时经济学家安德烈·萨皮尔（André Sapir）主持。

《科克报告》（Kok Report）赞同《里斯本议程》的目标，而且坚称到 2010 年有可能实现那些目标。然而，报告也提出一系列批评，如最初的策略过于宽泛，变革的责任规定得太不详尽等。在一段广为引用的陈述中，《科克报告》评价说："《里斯本议程》面面俱到，结果面面不到。人人负责，结果无人负责。"[2]该报告有力地强调完善单一市场的必要性。继续向商品和服务开放欧洲市场，虽然将受到贸易保护主义的抵制，但这对于欧洲经济的前景却至关重要。报告指出，在被认为是自由

17

---

[1]　Aurore Wanlin, *The Lisbon Scorecard VI*. London：Centre for European Reform, 2006.

[2]　Wim Kok, *Facing the Challenge*. Report of the High Level Group, November 2004, p. 16.

化了的部门，诸如公共事业部门，国家经营者往往还被给予了特权地位。电力和天然气市场到 2007 年 7 月要全部开放，并且要求成员国履行这一义务，尽管前景看起来明显不可能。

略早出版的《萨皮尔报告》（Sapir Report）得出了类似的结论。整个欧洲的增长率令人沮丧，照例就是创造就业之类的东西——"欧洲好像已陷入成规旧习中"。①该报告非常全面，涉及欧盟的经济前景，以及改善其前景可采取的措施。这是近些年来递交的最有分量的一份报告，它集中在亟待变革的六个方面：

（一）使单一市场（Single Market）更具活力。服务行业必须引入竞争，控制要放宽，竞争政策要改变，以便为新的企业提供更优的市场准入。需要有一种针对欧洲劳动力流动的前瞻性策略。

（二）增加对知识领域的投入：增加国家和欧盟对研究和研究生教育的开支，推行税额抵免优惠（tax credits）措施，以鼓励私营部门的研发。

（三）改善经济与货币联盟（EMU）的宏观经济框架——从根本上说，激励各国在良好时期建立顺差，而在更为困难的时期提供更多弹性。

（四）重新制定趋同和调整政策。给予低收入国家的趋同基金（convergence fund）应该集中在制度建设、人力资本和物质资本的投资上。作为对国家政策的补充，对于失去了工作而又需要接受再培训的工人，应该由欧盟对他们给予调整上的扶助。

（五）对欧盟决策过程与国家决策过程之间的关系有一个更加明确的定义，巩固协同开放法的效果，以取得更为有效的决策和调控。

（六）把为农业筹措的资金转移到成员国，以改变欧盟的专款重点用于农业开支的状况。把这笔专款首先用作增长、趋同和调整的基金。

---

① Sapir, *An Agenda for a Growing Europe.*

2005 年 3 月，在《里斯本议程》发展到中途的时候，欧洲议会对其进行了一次评估。根据《科克报告》的建议，该方案进行了精简和明晰，把重点放在了经济增长和就业上。包括促进社会团结、减少社会排斥在内的其他目标没有删除，但与环保目标一道，放在了更不重要的地位。他们认为，既然这些目标需要投入，经济增长和就业必须放在首位。该委员会提出了新的指导方针，以确保分配给较低收入的国家和地区的基金用在追求《里斯本议程》的目标上。

然而，截止到 2005 年 12 月，预算分配实际上没有体现上述方针，尽管对开支的全面审核定在 2008 年。照现在的情况，这笔预算意味着，在 2007—2013 年这段时间内，有不到 10% 的欧盟开支将用于《里斯本议程》中规定的优先考虑项目。欧盟的某些困难在有关预算的谈判中得到了充分体现。领导们迎合他们国家的国民，首先捍卫他们国家的利益。似乎不大有为了集体利益而做出牺牲的观念；相反，这样的态度还往往会被人看作软弱的标志。

毫不奇怪，《里斯本议程》中的各种"联盟一览表"与各欧盟国家的成绩记录极为一致。丹麦、瑞典、奥地利和英国占据了一览表中的前四位。法国位居第八，德国第十，意大利低至第二十三。新加入的成员低至接近尾位，要赶上去的话，任重而道远。

有关欧盟在创造就业和经济增长时成绩不佳的原因，整个欧洲存在着两种截然不同的观点。《里斯本议程》（以及本书）的态度是，缺乏结构性改革，尤其是在某些主要国家，这是主要的解释。革新和改革是基本的，而且大都必须在国家层面上进行。

另一种观点是，可以从宏观经济政策的缺陷以及这些缺陷到了需要补救的程度这两个角度对欧洲运作欠佳的状况做出最好的解释。持这种观点的人认为，欧洲央行过于强调价格稳定，对刺激经济增长强调不够，并认为，凯恩斯主义政策在欧洲层面上还是能够起作用的，尽管这类政策不再适用于国家层面。因此，可以打造一个施行"宏大计划"（grands projects）的欧洲——例如，对新的交通线路进行大规模投资——

19

这有助于创造就业岗位，恢复更高水平的经济增长。这种观点的支持者往往认为，欧盟层面上的政策可以更加有效地创造社会公正。例如，欧洲范围内最低工资理念已经得到了广泛的宣传。①

如果能够找到适当的资金来源，一个施行"宏大计划"的欧洲可能会是非常有价值的。但是，作为一种创造就业岗位和恢复经济增长的途径，它会因为凯恩斯主义政策已在国家层面上失败的同样原因而失败。投资者今天只是预测了新项目的结果，但却忽视了它们对需求所造成的影响。由于成员国的繁荣水平存在很大的差异，最低欧洲工资不是一个严肃的选择，它至多只是一个可能的方案，用来衡量成员国收入水平的一个比例；但是，差异会很大，所以在大体上没有什么意义。

现行欧元区的银行规章已经创立，以便建立单一货币的可信性，也防止对欧洲央行的决策实行政治干预。欧盟的财经纪律框架肯定会引起人们的质疑。然而，对本框架的任何改革都首先必须承认，财经责任是货币联盟的一个基本特征。如果激进地认为，两种观点之间只会相互排斥，这肯定是错误的。宏观经济政策可以进一步指向帮助在各成员国内创设对生产力和经济增长有重大影响的条件。这事实上正是《萨皮尔报告》所提出的观点，②我拟在第六章再回过来论述其中的某些问题。

几点思考

至此，我要对已经讨论过的材料的含义进行归纳。欧洲运作良好的国家的经验，加上与运作不佳国家的比较，给了我们一个能够广泛运用

---

① European Foundation for the Improvement of Living and Working Conditions, 'Minimum wages in Europe', July 2005. 可通过如下网址获得：http://www.eiro.eurofound.ie/2005/07/study/tn0507101s.html。

② Jean Pisani-Ferry, 'Growth policies for Europe', in Policy Network, *Where Now for European Social Democracy?* London, 2004; Sapir, *An Agenda for a Growing Europe.*

的政策框架。以下的评论提出了一些源自这一分析的政策导向。

首先，一个有效的社会模式必须把经济增长和就业放在首位，就像运作最佳国家所做的那样，尽管当然不排斥其他的方面。高水平的就业，出于不止一种理由，一份高出最低工资的体面工作很是可取。就业比率越高，就可以将更多的钱——在其他条件不变的情况下——用于社会投入和社会保障。拥有一份工作也是摆脱贫困的最佳途径。《里斯本议程》中提出的平均70%或更高比率的劳动力就业，原则上不是一个不切实际的目标。但是，在那些就业率大大低于这个数字的国家中，一切皆取决于改革的愿望。当然，有许多因素对开创更多的净就业发挥作用。然而，在欧洲，所有就业率超过70%的国家都有积极的劳动市场政策，这不可能是偶然的。

第二，政治光谱中的右翼人士认为，只有低税的经济才能够在一个强调竞争的世界中取得繁荣。不过，相反的证据似乎也确凿无疑。作为GDP一部分的税收与经济增长或创造就业之间不存在直接的关系。或许有个上限，正如瑞典的情形所表明的那样，那儿有一段时间在工业国中税率最高，但在相关方面，人均收入水平明显下滑。然而，比国家规模更加重要的是，国家制度如何起作用，所追求的社会和经济政策的性质如何。

第三，劳动力市场的弹性(flexibility)是成功国家中政策框架的一个非常重要的部分。它不是指美国式的受雇和解雇。在一个加速技术变革的时代，"可雇佣性"(employability)——愿意并且能够变换工作岗位——成了最重要的因素。"保护工作者，而不是工作岗位"，这句丹麦劳动市场改革中的口号，正是经济不稳定的世界中的核心原则。由于技术变革的重要性，"变换岗位"(Moving on)的事常常会在同一份工作中发生。据估计，在欧盟15国中，1995—2005年间使用的技术有80%持续不到10年。然而，80%的劳动力却是在10多年前接受培训的。

弹性有一个不好的名声，尤其是在一些左派人士那里。对他们而言，它意味着劳动力的需求屈从于资本主义竞争的要求。但是，劳动力

21

市场监管的性质至少跟其规模一样重要。许多劳动权利能够而且应该保留，它们包括代表和磋商的权利、对劳动条件的监控、反歧视的法规等。爱尔兰在贯彻所有相关劳动法规的同时，出现了显著的经济增长。①

22　　　许多雇员事实上想要弹性工作方式和兼职工作，以方便家庭的需要。从很大程度上说，弹性也与现代社会日常生活中更广泛的趋势相得益彰。与上一辈人相比，大多数公民习惯于广泛得多的生活方式选择，对他们而言，如果可能，包括工作的时间、地点和种类（下文对此还将有更详尽的论述）。

　　第四，连篇累牍的"知识经济"不单纯是一个空洞的术语，或《里斯本议程》的一个创造，当".com"的泡沫破灭之后，便失去了它的重要意义。它应该更加准确地被称为知识与服务经济，因为绝非所有的服务都需要高水平的培训。在欧盟15国，现在平均只有16%的劳动力从事制造业工作，而且这个比率还在下降。反过来说，超过80%的人现在要从事以知识为基础或服务性工作来谋生。

　　在知识/服务经济中，完全或接近完全就业是可能的——它在上述经济运作良好的国家达到了，但需要付出代价。知识经济中开辟的工作有三分之二以上是技术性的——而且越来越充足。1995—2004年期间，欧盟15国中需要有高级资格的工作的比率由20%上升到24%。

　　低技术含量的工作由34%下降到25%，但有许多人仍必须在这类岗位上——商店、超市、加油站或咖啡馆——工作。最低工资水平不可能设得很高，以致把这类工作岗位排除在外，否则我们也会失去随之而来的需要更高技术含量的工作。我们必须尽力保证，在任何特定的国家情境中，要将其设定在恰当的水准上，避免出现有工作的穷人；同时确保当人们想要变换工作岗位时，尽可能使他们不至于限制在那些岗位上。

　　第五，教育的投入、大学的拓展和信息通信技术（ICT）方面的普及是

---

① James Wickham, *The End of the European Social Model Before it Began?* Dublin: Irish Congress of Trade Unions, 2004.

欧洲社会模式现代化的关键部分。芬兰是在 ICT 方面领先并拥有健全福利体制的社会的有趣例证。正如曼努埃尔·卡斯特利斯（Manuel Castells）和佩卡·希马宁（Pekka Himanen）所指出的那样，该国的情况表明，高技术经济必须仿效硅谷——一种解除了监控的商业环境——这一论点是错误的。①芬兰的 IT 普及程度比美国更高，其 1996—2000 年的增长率为 5.1%，按社会公正标准来衡量，在所有发达国家中也是名列前茅，而且有很高的税收基础。卡斯特利斯的结论认为，该国的成功给其他国家带来了希望。在四五代人以前，芬兰还是一个贫穷的、主要依靠农业的社会。

23

瑞典未来研究所（Institute for Futures Studies in Sweden）有关欧洲变化数据的分析表明，在关于技术和对获得技术的态度方面，斯堪的纳维亚国家与欧洲大多数其他国家之间存在着明显的差异。②斯堪的纳维亚国家具有下列明显特征：

- 很小的"技术差距"：声称不具备对自身职业生涯而言很重要的技术的人群所占比例很小；
- 很小的"证件差异"：声称持有证明对自身职业生涯很重要的技术证件；
- 近期参加了学习或培训的人群所占比例很大；
- 确认参加这类培训不存在任何障碍的人群所占比例很大；
- 只有很小百分比的人说，不存在激发他们进一步接受教育或培训的因素。

第六，在过去 30 年间，收入不平等在大多数工业国家上升了，但是

---

① Manuel Castells and Pekka Himanen, *The Information Society and the Welfare State*. Oxford: Oxford University Press, 2002.

② Palme, 'Why the Scandinavian experience is relevant for the reform of the ESM'.

有迹象表明，这个过程现在日趋平稳。一些国家已设法保持明显的平等，斯堪的纳维亚国家又走在了前列。①他们的经验是，当其他地方改革欧洲社会模式时，我们必须大力宣传平等和包容的价值观。我们并不是一定要提高税率才能这样做。除别的政策之外，我们在前期大力投资教育，因为这时候要储存大量的潜力。早期教育和儿童保育的投入是降低儿童贫困程度的关键因素。

第七，养老金改革非常根本。斯堪的纳维亚国家在这一方面又是领先。瑞典、丹麦和芬兰都改革了养老金制度，使其具有长远的可持续性。必须说服年轻一点的人多进行储蓄。国家应该帮助提供激励措施，鼓励人们多要孩子，确保正当类型的福利措施恰当到位。

无论采取什么创新措施来帮助或迫使人们储蓄，要解决支付不起养老金应付款项的问题，只有一种主要的途径。我们必须说服或激励人们在工作岗位上呆更长时间。该目标肯定不是一个单纯的消极目标。我们必须对在工作场所内外歧视老年人的现象提出质疑。即使"老龄"是指超过 55 岁、65 岁甚或 70 岁，它也不像以前那样是使人被认为缺乏能力的一个因素。

最后，对于欧洲社会模式的未来而言，国家本身以及公共服务事业持续的改革与上面所强调的任何因素一样重要。在有需要的地方，权力分散和多样化改革是当今通行的律令。当然，权力分散和多样化改革与融合之间必须保持平衡。公共服务事业对其服务对象的需求应该像商业组织一样敏感(在某些方面，要更加敏感)。

超越最佳实践

最佳实践只能带我们走这么远，这不仅是因为前面谈到的那个原

---

① André Sapir，'Globalization and the reform of European social models'. 欧洲经济及财政部长理事会(ECOFIN)2005 年 9 月 9 日曼彻斯特会议的背景文献，可通过如下网址获得：http://www.bfruegel.org。

因，被仿效的国家也有起伏兴衰，而且还存在种种连斯堪的纳维亚国家和其他目前运作成功的国家都未能有效解决的问题。我们需要超越现状进行认真思考，对此，我拟在本书后面的篇幅中详细论述。

- 如果把高就业水平理解为每个能够工作的人都有工作，那么，就连拥有高就业水平的国家都没有完全克服就业不足（under-employment）的问题。大多数国家遭遇了长期疾病和残疾的比率增长。例如，在瑞典，到 2004 年，因上述原因离岗的人从 1999 年以来翻了一番。实际上，由于制造业和诸如采矿这类行业的萎缩，机器设备造成事故或繁重体力劳动导致身体衰竭的情况应该减少，但事实却与此相反。我们还不知道，疾病和残疾比率的上升在多大程度上是"真实的"，或在多大程度上是失业的一种伪装形式。然而，在残疾的情形中，很明显，应该给能够工作的残疾人提供足够的资源，以便使他们能够进入或重新进入劳动力市场。

- 作为协调社会保护和适应变革的途径，弹性保障极为重要。然而，单凭这个是不够的。它的主要问题是，只有当人们失去工作时它才会起作用。我们还应该寻求在人们失业之前有所帮助的政策。

- 繁荣的经济和运作良好的福利体制不能保证移民或少数族裔立刻同化。在丹麦和芬兰，右翼平民主义和反移民情绪开始积蓄力量（尽管瑞典的情况不那么严重）。荷兰兴起了由荷兰政客皮姆·福尔图因（Pym Fortuyn，2002 年被谋杀）领导的运动，其标语为"荷兰已满"。2004 年，电影制片人特奥·凡·高（Theo van Gogh）被谋杀的案件毁坏了这个国家社会安定和宽容大度的美名。这些情况以及它们反映和助长的更加普遍的担忧和焦虑显然影响了 2005 年荷兰对欧盟宪法公投的结果。

- 主要建立在供应经济学政策基础上的福利体制——当前运作最佳

25

国家的福利体制便是如此——有潜在的脆弱性。如果没有足够工作分配给人们，这些社会在经济衰退时期怎么有效地受到保护？此外，过于强调工作的首要地位可能会引起其他问题。例如，因疾病引起的离岗率上升可能在一定程度上反映出一种围绕工作构成的生活所带来的心理压力。没有哪个国家能够说完全解决了工作与生活之间的平衡问题。有证据表明，某些形式的心理疾病在近几十年中显著增加。①

26

● 战后时期的社会性流动建立在结构变化的基础上。换句话说，自我改善的机会主要源自工作分配方面的变化。那个时期经历了白领和专门职业的持续扩张，那是以损害农业和工业职业为代价的。因此，许多来自体力劳动或蓝领阶层背景的人们能够流向更高层次的职业。然而，供职于制造业的劳动力的比例现在已降得很低了，不可能再往下走太多。机会的结构性来源正在减少，而且似乎还会继续减少，除非有迄今尚未预料到的新动力在劳动力市场上出现。我们的社会可能会出现比过去更多的"无方向性"流动。

● 10 个新成员国加入欧盟引起了新的问题。人们广泛地表露出了对新成员国可能会给更富裕国家造成影响的担忧——而这些担忧又一次影响了对宪法公投的结果。与原先欧盟国家中他们的同行相比，这些国家的工人——包括高技术工人在内——愿意拿更低的工资干同样的工作。他们的出现——尤其他们在整个欧洲流动——会给工资结构造成破坏性影响吗？各种工业会从更富裕国家转移到这些新成员国而随之把工作岗位也带走吗？

● 不管所有欧盟国家近期获得了多大的成功，国际竞争强度的加大给他们造成了威胁。在这一方面，小国可能比大国家更加脆弱。

---

① BBC, 'Mental health linked to diet', BBC 新闻；可通过如下网址获得：http://news.bbc.co.uk/2hi/health/4610070.stm。

例如，芬兰这样的国家，它的成功部分建立在高技术产业基础上，如果新来的竞争者有能力降低价格，或者技术变革突然破坏了市场，那就可能造成损失。

在下面的章节中，我拟提出解决这些不同问题的途径。我要强调的主要论点是：　　　　　　　　　　　　　　　　　　　　　　27

（一）《里斯本议程》（很正确地）强调了席卷发达社会的经济的惊人变化。数年前，断言存在知识/服务经济会引起争议。人们现在已普遍认可，这种新经济已成现实，而且正在这儿持续着，但对随这些巨变而来的社会转型所进行的分析却几乎没有。广大社会以及其中人们的日常生活正像经济秩序一样经历着剧烈变化。我们必须确认这些变化，并且思考它们对政策的影响。

（二）我们必须把社会公正这个概念置于有关《里斯本议程》讨论的核心。像诸多欧盟官方文献那样，对减少社会排斥做出一些不切实际的陈述，那是不够的。对变化中的社会公正形式缺乏有深度的分析，这是《里斯本议程》难以实施的原因之一。站在国家立场上反对它的人们往往基于这样的理由：它以损害不怎么富有的国家为代价来推动市场。我们必须主动——用证据——证明，改革会促进社会公正，而不是损害它。

（三）《里斯本议程》认可福利风险正在发生变化。例如，在许多国家，儿童的贫困加剧了。然而，这种重新思考还不够深远。我们必须转变这种福利观念，同时也转变随之而来的关于福利国家的成见。福利不单纯是避免风险的，它越来越与积极的生活方式的变化有关。我们需要积极福利这个概念来解决这个问题。

（四）文化多样性的问题必须置于福利争论的核心。它是一个关系社会模式改革的基本要素。然而，我将试图表明，多元文化主义

28

（multiculturalism）思想及其政策结果被广泛误解了。它不含有或不应该含有这个意思：移民或少数族裔单独过着他们认为合适的属于他们自己的生活。情况几乎相反：多元文化主义意味着寻求直接将多样性与主流价值观联系起来的途径。

所有这些问题与欧盟现在的情形和应该变成的情形有直接关系。欧洲的"11：9"不仅是又一次扩张，而且也把欧盟置于与过去本质上不同的境地。

结论：全世界最好的？

人们常常会问这样的问题：欧洲能否担负得起它的社会模式？但是，我们或许应该反过来问：欧洲能否担负得起不拥有其社会模式的情形？在未来的岁月中，存在于美国的不平等程度可能给这个国家带来严重的问题。例如，美国可能拥有世界上最好的大学，但它在工业国家中文盲率最高。根据国际评估计划（Programme for International Assessment）的结果，美国的15岁学生在29个相比较的国家中排名都不高于第24位；而在解决问题技能的测试中，只排第24位。在一个知识经济本身全球化的时代，改革后的欧洲社会模式或许意味着，欧洲可能走在美国的前面。

呈现在世界面前的欧洲将会是：

芬兰的ICT普及水平

德国的工业生产能力

瑞典的平等程度

丹麦的就业水平

爱尔兰的经济增长

意大利的美食，和着匈牙利的酒一起享用（悠着点喝）

　　捷克的文化教育水平

　　法国的卫生保健水平

　　卢森堡的人均 GDP 水平

　　挪威的教育水平（虽然该国尚未加入欧盟）

29

　　英国的世界主义

　　塞浦路斯的天气

　　我要向被排除在这份多少带有随意性的清单之外的国家表示歉意！我无意让大家过于认真地对待它。当然，我们无力综合所有这些因素。毫无疑问，有些因素与其他一些因素无论如何都无法兼容。然而，除了天气之外，彼此向所有这些维度学习是可能的，这份清单至少清楚地显示了欧洲存在那么丰富的特质。

　　欧洲面临的一个主要问题是，如何协调其各种不同的特征而又不损害它们。拥护欧盟的人应该对欧盟充满抱负，但这种抱负必须要有节制。我把这种态度称作欧洲现实主义（eurorealism）——欧洲可以成为世界上的一支主要力量，但再也难以成为世界上唯一一支主要力量。

第二章

欧洲的变化与创新

30   进一步改革欧洲社会模式并不容易，所需创新大部分都必须在国家层面上推行。某些国家比另一些关系更加重大，这不仅仅是因为欧盟过去的历史，而且还因为这些国家的规模以及他们对整体经济的贡献。除英国和西班牙之外，所有近期运作良好的国家都是小国。我已指出，该事实并不是说其他国家不能学习他们的政策，而是说他们对欧盟整体经济健康状况的影响很有限。大概有三分之二的欧盟失业者在德国、法国和意大利——更确切地说，主要集中于上述国家的这样一些地区：德国的东部、法国的北部和意大利的南部。

　　欧洲的战后历史表明，各国具有深远意义的结构性改革通常只发生在危机感加剧之后。斯堪的纳维亚国家的创新首先是在20世纪80年代末和90年代初严重经济困难的背景下发生的。发生在英国的改革还是在很长的一个时期之后，那一期间英国是"欧洲病夫"。荷兰的情况也非常相似，其经济很长时间处于艰难境地。

　　当前，一个主要的问题是，欧盟运作不佳的经济大国是否存在强烈的危机感来产生变革的推动力。近些年的事态表明，这种危机感可能存在。法国在欧洲宪法公投中的"否决"票在一定意义上表明赞成维持现状——"不要再淡化欧洲社会模式了！"——但它也明显是失望的呐喊。2005年岁末发生在法国城市的暴乱则是这种情绪更剧烈的表露。

　　德国的政治动荡没有为政府指明方向，但或许倒是有了比长期以来更加强烈的创新欲望。意大利是否也是如此，还很不明朗，如2006年，该国的经济指数在欧盟15个成员国中是垫底的。

　　不管有些人的情绪反应如何，这些国家对于欧洲社会模式的捍卫不可能意味着它们要维持现状。在此，我们必须重申全球化这一点。外部世界的事态只是这些社会所面临困难的一个来源。从某种程度说上，一代人以前行之有效的东西现在却不起作用了。

　　这"三个运作不佳的大国"不可能在所有方面都受到指责。大量困难也存在于其他核心欧洲国家。从 20 世纪 90 年代初以来，用购买力比率标准来衡量的个人富足程度在英国上升了 33%，但在法国只有 20%，在意大利为 17%，在德国为 16%。英国虽然获得了成功，但仍存在诸多问题。足足有四分之一的人口是以初等教育程度离开学校的。该国虽然在降低儿童贫困程度方面有了进展，但在这样一个至关重要的指标上面，仍然排在欧盟 15 国的第 11 位。经济生产力还顽固地停留在德国或法国之后，更不用说美国。

　　西班牙从加入欧盟以来，无论在经济上，还是在政治和文化上，都取得了非凡的进步——这在很大程度上说，确实是加入欧盟的结果。然而，失业率虽然显著降低了，但其程度仍然很高，就业水平比较低。教育体制方面的问题也很严重，而劳动力市场的改革未能取得足够进展来防止局内人-局外人分化的现象。西班牙在《里斯本议程》式的改革方面排位很后。

　　我将在本章开头部分探讨在德国、法国和意大利实行改革的可能性。德国的经济结构最庞大，是整个欧洲最重要的国家。然而，在相当短的时期内，整个欧盟经济若要回归正轨，三国中或许至少要有两个需要出现突破性的进展。

　　接下来要探讨的是前东欧的(现在广泛称为中东欧)新成员国的地位问题，由于其加盟引起了原有成员国的普遍焦虑。这类焦虑与更普遍感觉到的对新形式全球竞争的焦虑交织在一起，而我们有必要对这个至关重要的问题加以审视。最后，通过分析与这类焦虑直接相关的一场争论，即对把单一市场延伸到服务行业的企图的争论，我拟探讨它们具有多大程度的合理性。

32

受 阻 社 会

德国、法国和意大利总共有约 2 亿人口，占欧盟总人口约 40%。当然，前两国是多年来欧盟一体化的主要推动者。德国过去被看作"经济奇迹"，是其他国家竞相仿效的成功范例。现在，这三个国家似乎成了欧洲受阻社会(blocked societies)的重要例证。[1]我对于受阻社会的定义是：在这种社会中，不仅许多公民而且绝大多数有见地的观察家都认为，变革的必要性是显而易见的——然而，其中固有的保守主义或既得利益者，或两者，会阻碍必要改革的实行。阻力越大，进行重大改革所需的危机感就越深刻。

德国

受阻社会不是一成不变的社会，所有三个社会都经历着显著的变化。德国的公司——尤其是大公司——正在表现出比前些年更大的适应性。金融公司已由服务于制造公司的旧角色转变到更大的投资策略上。由于德国银行重组而呈现出一种全球的形象，其 50% 的雇员现在住在德国之外。到 2000 年，德国 100 家最大公司中有三分之一上了国际证券交易的名单，而且该比率后来还上升了。[2]

20 世纪 90 年代中期的工会运动是抵制改革的主要来源之一，但其影响已经衰减，而且已变得不再那么不可调和了。在大多数大型制造公司，厂级商谈现在也在进行，更具弹性的工作方式扩展到了大多数经济

33

---

[1] Wolfgang Merkel, 'How the welfare state can tackle new inequalities', in Patrick Diamond and Matt Browne (ed.), *Rethinking Social Democracy*. London：Policy Network, 2004.

[2] Anke Hassel and Hugh Williamson, *The Evolution of the German Model*. London：Anglo-German Foundation, 2004.

领域。一度为德国工会主义骄傲的每周 35 小时工作制现在在其缺席的情况下实行了。例如，冶金工会（I. G. Metall）这个大型的工程工会正与雇主商谈一个为期两年的协议，据此，两年内平均每周工作 35 小时。但是，大多数德国雇员实际工作时间更长——大多数白领雇员现在每周工作达 40 小时。

《2010 年议程》（Agenda 2010）这个劳动力市场改革的一揽子计划实施得太晚了，以至于无法拯救格哈德·施罗德（Gerhard Schröder）政府，但由议程草拟时担任部长的安杰拉·默克尔（Angela Merkel）领导的联合政府会从中受益。《2010 年议程》包括了大量改革，但它基本上是适应德国具体情况的弹性保障。在德国的情境中，它体现了对先前政策的激进逆转。如今人们领取失业救助金是有条件的，这旨在树立人们积极寻找工作的个体责任。把失业救助金与原先的收入联系起来这个传统社会保障体制中的关键因素已被废除了。阻碍就业的非工资劳动成本已经随消费税的增加而最终被减少了。《议程》中很严肃地写入了养老金改革。改革的建议措施中包括退休年龄缓慢增加，从 2011 年起，每年增加一个月，最终增加到 67 岁。正在酝酿吸引老年人进入劳动力市场或使他们继续待在那儿的政策——加上控制成本的大范围保健改革，尽管这里面的问题很尖锐。

这些改革是否意味着德国社会模式出现了具有重要意义的现代化？不错，从原则上来说是这样，但要进一步落实，这在很大程度上有赖于政治领导层，也有赖于东德有目标的改革。由于被抑制的创新压力，当一个受阻社会确已开始改革时，可以很快发生变化。大联合政府被其支持者标榜为"命运的同伴"，但目前，它的有效性和持久性还是个未知数。

有必要进行基本的福利改革，但这尚未成为德国争论中的中心议题。德国在老年人身上花费过多，而在年轻人身上花费却不够——拟议的养老金改革不足以深刻改变这种状况。与其他欧盟 15 国比起来，只有比率很低的妇女进入劳动力队伍。德国的福利体制仍然在很大程度上依

34

赖于传统家庭，尽管具有明确男女角色分工的传统家庭正在日渐减少。

在最初的问题之后，德国似乎从货币联盟中获得了利益。其秘诀就是适度。1996 年，劳动力成本预计被高估了大概 20%。然而，从那以后，德国的工资膨胀一直保持在欧盟平均水平以下，这大大有利于竞争。欧洲的其他地方正在焦虑地观望和等待。但如果德国没有恢复增长，没有创造出更高的就业水平，欧洲整体经济形势向前飞跃的希望就不大。

法国

法国至少有一个主要情况是与德国一样的——其大型公司的成功。法国常常被认为是经济民族主义（economic nationalism）的故乡。然而，就其最重要的公司而言，法国非常熟悉全球化。例如，达能集团（Danone）是世界上最大的乳制品和瓶装水经销商，产品销往 120 个国家，销售额大约达到 140 亿欧元。①在 2003 年《福布斯》杂志的全世界大公司最佳经营排名中，法国名列第 2 位，居美国之后，但在日本、英国和德国之前。

法国每七个雇员中就有一个供职于外国公司的子公司，这个数据在 1994 年和 2003 年之间几乎翻了一倍。这个数字等同于在非国有部门的劳动力的 16%——这个比率比英国或美国都高。外国公司占了多数，控制了巴黎证券交易所列大公司的 42%——相比之下英国只占 33%。法国是世界上第三个最受欢迎的外国直接投资目的地，仅列美国和中国之后。

像德国一样，法国对全球化的信奉在很大程度上是"秘密"进行的。但与德国不同的是，全球化在法国普遍被等同为美国化（Americanization），而批评全球化则是一个很吸引人的政治信息。②反全球化运动在法国存在

---

① Sophie Meunier, 'France and globalization in 2003'. US-France Analysis series, Brookings Institution, May 2003.

② Philip H. Gordon and Sophie Meunier, *The French Challenge: Adapting to Globalization*. Wahington: Brookings Institution Press, 2001.

杰出的斗士，并开创了一种不同于大多数其他欧洲国家的政治氛围。这些差异在民意测验中反映出来了。2002 年进行的一次民意测验表明，63%的法国人对全球化感到"忧虑"。只有 10%的人表示自己"有信心"，仅仅 2%的人对全球化"充满热情"。因此，法国对全球化的态度从最乐观的一面看是相互矛盾的，而从最坏的一面看则是抵制的。同样的情况也适合于其文化多样性——甚至直到 2005 年的法国城市暴乱都是如此。法国是欧洲最大的信仰伊斯兰教的少数族裔的家，也是许多其他少数族群和移民群体的家。然而，它把自己看作单一文化社会。像全球化一样，多元文化主义与"盎格鲁-撒克逊"世界有着密切的关系。①

在某些领域，法国有一流的福利服务。例如，儿童保育设施远比德国的高级——正如已经提到的，这也是出生率高得多的主要原因之一。其卫生保健水平非常优秀，尽管如德国一样，其卫生保健体制如果按现行方式运行下去，国家将无法承担。然而，高等教育总体上没有改革（德国的情况也是如此）。法国的失业率与德国不相上下，法国失业者中有相当高比率是长期失业者。就业水平相对低下——远低于《里斯本议程》中设立的就业劳动力达到 70%的目标。法国的主要问题是劳动力市场分化，与之相应的是年轻人失业比率很高，少数族裔则最明显。

法国用于社会政策上的开支实际上与瑞典的一样多，但贫困程度却是瑞典的三到四倍。蒂莫西·史密斯（Timothy Smith）在其《危机中的法国》（*France in Crisis*）一书中阐明，法国的社会政策没有实现再分配——大部分社会性开支实际上增加了现行的不平等。②

失业率在 1983 年上升到了 10%，后来一直围绕该比率上下波动。尽管出现了这种情况，法国政府还是对劳动力市场采取了一系列旨在保护就业的合法干预措施。现在有高达 25%的失业人员走上法庭。为避免法

36

---

① Jeremy Jennings, 'Citizenship, republicanism and multiculturalism in contemporary France', *British Journal of Political Studies*, 30(2000).

② Timothy Smith, *France in Crisis: Welfare, Inequality and Globalization Since 1980*. Cambridge：Cambridge University Press, 2004.

律诉讼程序，雇主往往支付比法律规定更高的解雇金。其主要结果是进一步强化了分化的劳动力市场，加剧了整体经济不平等。许多年轻人，如果要找工作，便会干有固定合同期限的工作——或者到第二产业经济部门工作。所有新受雇者当中有70%的人在有固定合同期限的工作岗位上工作，失业期平均为13个月。

2006年初推行的改革——尽管很简单——是一次与过去进行具有重要意义的决裂。《新雇佣合同》（CNE）针对小公司；《初次雇佣合同》（CPE）则针对大公司。它们有效地废除了涉及雇用年轻人工作头两年的现行劳动法规的整体框架，后者使雇主能够在雇员工作的头两年任意解雇他们，只要提前两周告知即可。西班牙则是一个由政府提供担保的例证，那里广泛使用临时合同，这在提高就业水平方面发挥了作用。

恰恰是被认为要从变革中受益的年轻人，成群结队地走上街头，抵制改革。抗议者们不相信这些改革方案会在机会方面给他们带来预期的回报。或许他们是对的，由于改革丝毫未触动局内人的特权——局内人指持有安全保障合同的人员，主要是国家雇员或在大公司工作的人。法国需要自己版本的《2010年议程》，以便聚焦在整体劳动力市场上，为就业再培训提供资源。然而，要在法国建立认真考虑此类改革的政治氛围甚至比在德国还要困难。

意大利

尽管德国和法国的问题很严重，但仍远远不如意大利的严重——这是个欧洲受阻社会中的受阻社会。1987年，意大利官方宣布，其GDP水平超过英国。从那以后的这些年间，意大利的经济增长率是欧洲最低的，居德国和法国之后。虽然包括了规模相当大的第二产业经济，但意大利的经济现在大概只有英国总量的80%。2005年，其经济增长率接近于零。

公债已超出GDP的100%，该国每年要拿出总收入的4.5%用于支付利息。意大利的繁荣建立在难以抵挡来自国外的竞争的工业上，诸如纺织、服装和家具。它落后于《里斯本议程》中的大多数标准，包括教育和对 IT 的投入。55 岁以上的在岗者极少。2003 年，欧洲委员会进行了一次分析，审核了 8 个结构性指数，该分析把意大利列在成员国的最后。其基本竞争力被认为比在这方面的落后者葡萄牙和希腊的还要低。

与德国的情况不一样，工资成本没有被减少或受到控制。西班牙单位劳动的成本从 1995 年以来下降了 15%，而意大利却上升了 40%。意大利没有德国和法国那样的发展中的大型企业的先锋派。在很长一段时间内，该国靠货币贬值的手段勉强维持(与早些时候的英国一样)。这些措施导致了竞争力暂时恢复，但却意味着，急需的改革干脆被无限期地延搁了。意大利在加入了单一货币之后，其潜在的结构上的薄弱环节才得以充分显现出来。

意大利的福利体制是依靠传统家庭的极端例子，传统家庭在其他发达国家中正摇摇欲坠。劳动力市场上妇女所占比例相当小。意大利的出生率是世界上最低的，每 1 000 人中为 1.2(而 20 世纪 60 年代则为 2.7)。待在家里的儿子是意大利家庭中的常见形象。年龄在 18—30 岁的男人中有超过 80% 的人仍与父母住在一起。意大利男人养第一个孩子时的平均年龄为 33 岁。

因为手续繁杂，要在意大利开办企业非常困难。任何人想要开办企业，必须经过 16 道程序，需要花上 62 个工作日。法国办同样的手续需要 53 天，德国 45 天——而在丹麦只需要 3 天。劳动力市场跟欧洲任何地方一样分化了，局内人受到很好的保护。所有新开辟的实际就业都在未受保护的部门和规模较大的第二产业经济领域。正是这第二产业经济给了社会以生命力、更大的弹性和适应力，尽管它们被官方的统计数字给掩饰了。

与法国一样，意大利有大量工人待在临时合同岗位上。不存在有关失业保险的综合体制。政府提供的支出根据逐个情况来决定，而且一般不涉及小型公司——而这些公司创造了意大利 GDP 的 70%。新继任的中

38

左派政府提出了一个方案，该方案对在一个工作岗位上停留时间更长的工人增加保护，而不是像法国所试行的那样，签订新的劳动合同。

39   意大利退休的正式年龄为男性 65 岁，女性 60 岁。但实际的两性平均退休年龄是 57 岁。贝卢斯科尼（Berlusconi）政府推行各种计划，通过减少早退休人员的养老金，到 2010 年，平均实际退休年龄提高到 60 岁。然而，最终进行的改革比这个还更缺少雄心。

意大利的大学人满为患，几乎没有进行什么有效的改革，用于研发的开支也很低。由于没有机构上的改变，该国无法投资。由于第二产业经济的规模——主要集中在南部，那不勒斯是其"首都"——每年有接近 1 000 亿欧元的物品逃税。意大利被比作一只放进冷水中的青蛙。"火已点燃，这只青蛙最终将会在不知不觉中愉快地死去。"①这种看法有一定道理。在德国和法国显而易见的危机在意大利似乎不存在。这个国家或许对危机、对政府的更迭过于习惯了，所以也不会对目前的绝境太过认真。

然而，无论用何种定义来界定，这个国家的确面临紧迫的困难。即便在相当短的时期内，其生存方式也已经失效了。由于传统的货币贬值的应急措施不能再用了，除了某种具有深远意义的结构性改革之外，别无选择。但是，由于该国有复杂的联盟和扎根其中的既得利益者，其政治体制似乎不具备释放出必要的政治影响力的能力。在当前的形势下，鉴于现政府在 2006 年 4 月选举中只是以极其微弱的票数差胜出，这个问题显得更加严重。

不进行一场强有力的改革，意大利的困境将可能直接影响到欧盟的其他地方。从原则上说，欧洲货币联盟的成员资格可以迫使这个国家正视其困难，并采取积极的措施予以解决。但它会这么做吗？继续无动于衷的代价可能就是退出欧洲货币联盟，而那样当然会影响到货币一体化的地位。

---

①　Francesco Giavazzi, 'Italy: the frog in cold water', *Telos-EU*(1 April 2006), p.2.

当我们注意设法进行了改革的社会时，我们看到，正如人们所预料的那样，其政治体制的性质是一个关键因素。允许或便于改革的政治体制大概有两种类型。一种是，即使面对有分歧的问题，在共识政治的体制下，改革也会得到成功的施行。在这样的社会中，劳动力流动往往很厉害，但人们习惯于为政府和企业工作。①可能会有激烈的争论，并且出现很严重的分歧，但也有足够的相互妥协和让步，从而达成总体上一致的改革意见。北欧国家、荷兰和其他一些小国似乎能够以这种方式变革——尽管在现阶段，其中几个国家在少数族裔和移居问题这方面分歧严重。

在一些更大的国家，共识型体制能够有效地运行——例如，20 世纪 60 年代和 70 年代的西德——但也会转变为结构性保守主义。当共识破裂时，则很难形成有效的领导层。西德的"波恩模式"（Bonn model）是一个成功的例证，但是，其凝聚力在一定程度上是由于该国在冷战期间担当了西方"前线"国家的结果。当时，联邦制运行良好，但统一后是否还能这样则不明朗。如 20 世纪 90 年代的情形所表明的那样，60%的联邦立法需要上议院批准，因为它拥有绝对的否决权。2006 年初推行的改革旨在把这个比率减少到 35%—40%，但在某些方面，这可能使决策变得更加困难。

在另一些国家，阻碍机制很不相同。这些国家中的工会组织程度低，但工会对国家部门有影响，而且有激进主义传统。政府领导人的领导能力受到"街道否决力量"的限制——部门性团体（sectional groups）鼓动阻碍改革措施实施的直接行动能力。法国、意大利和希腊是欧洲的主要例子。2006 年法国《初次雇佣合同》的短暂寿命恰恰表明了街道否决力量可能有多么强大。

---

① 参见 Geoffrey Ingham 的经典著作，*Strikes and Industrial Conflict: Britain and Scandinavia*. London：Macmillan，1974。

前 东 欧

前社会主义国家的问题则又有所不同。对于许多西欧国家而言，这
41 些新的成员国与低税和不公平竞争有关系——这些是在宪法公投中表现
得很强烈的问题。然而，这些观点实际上在很大程度上并不正确。欧盟
内4个原先的东欧国家——拉脱维亚、立陶宛、斯洛文尼亚和斯洛伐
克——推行了单一所得税。然而，推行这类税制背后的逻辑不是要征收
更少的税，而是要征收更多。在历史上逃税程度极高的国家中，不论是
欧盟内还是欧盟外的国家，都建立了单一所得税。无论如何，10个加盟
国的平均税率事实上比西欧国家的平均数低不了多少。2003年，其平均
税率是 GDP 的36%，而原先欧盟15国的为40%多一点。

匈牙利和波兰这两个最大的前社会主义的欧盟成员国的整体征税水
平很接近欧盟15国的平均数，但他们所面临的困难实际上或许比欧盟15
个成员国中除意大利之外的任何国家都更加严重，因为他们兼有进行广
泛福利改革的必要性和低水平的工业竞争力。波兰这个最大的新成员国
近期在欧盟国家中的就业率是最低的，为总劳动力的51%。具有国际竞
争力的企业极少，而市场经济的转型则意味着许多国有企业倒闭。在一
些地区，失业率超过30%，而在25岁以下的年轻人中，足足有45%的人
没有工作。因此，福利体制承受着巨大的压力，但改革却未真正反映形
势的需要。社会福利接受者主要是老年人和传统失业救济金的受益者。

在社会主义时代，东欧的福利体制适用于通过集中工资制来"建设
社会主义"的目标，适用于保障就业和与国家控制企业相关的政策。加
入劳动力队伍是获得福利资格的首要基础。在更加发达的国家中，如匈
牙利，这种体制早在1989—1990年转变期之前就已开始变革了。传统的
福利政策被经济情况调查措施(means-tested measures)所取代。

匈牙利仍在朝着现代化目标继续努力，但处在一种许多人向往着过
42 去时光的怀旧情境中。现政府很重视与公民社会群体的对话，这与共产

党时期有很大的不同，当时，尽管大谈伙伴关系，大部分福利措施都是自上而下强力推行的。政府持续改革过程的目的很明确是要适应欧盟15国的改革目标，但其声明的目标则是要实现里斯本战略，包括增强社会凝聚力的雄心。①

原欧盟国家的人应该意识到新成员国所面临的问题，包括政治领袖和公民在内的前东欧许多人对1989年后的变革或加入欧盟的结果都不再抱有幻想。正如亚诺什·科尔奈（Janos Kornai）所言，曾经"毫无希望的白日梦"——他们的社会将摆脱苏联的束缚，成为民主的市场经济社会——"已经变成现实了"。然而，在取得曾经似乎不可能的业绩之后，"许多人沮丧痛苦"。②

新成员国自身及所处的经济背景实际上令人鼓舞。科尔奈深入研究了8个国家：捷克共和国、爱沙尼亚、波兰、拉脱维亚、立陶宛、匈牙利、斯洛伐克和斯洛文尼亚。其中6国的增长率在1990—2000年间明显高于1990年之前的10年。1995年以来，人均GDP和劳动生产力的增长比欧盟15国的要快得多，劳动生产力的增长幅度是原先欧盟国家的四倍。

然而，转变过程不是完全没有痛苦的。1990年以前，相当高比率的人口生活在贫困之中，而现在有些人甚至更加贫困了。另一些人的收入则每况愈下。③经济不平等的整体程度上升了。或许最重要的是，一度存在的经济保障——"我们假装工作，你们假装付我们工钱"——已消失了。在社会主义时期，即使是基本物品，长期短缺和等待清单都是常有的事。但每个人都有工作保障。失业的情况现在被公开了，而不像过去那样遮掩着。

理所当然的工作岗位占有权的消失伴有几个方面的新风险。有些与别处是同样的，但对于习惯了事物的不同秩序的人们来说，它们更加令

43

---

①　'The wild East', *New York Times*. 13 December 2005.

②　Janos Kornai, 'The great transformation of Central Eastern Europe'. 2005 年 8 月第 14 届 IEA 世界大会的主席演讲。

③　Ibid, pp. 26 – 28.

人不安。例如，过去商店里的价格在很长时期内是固定的，而现在价格在持续变化。国家控制的公司在预期中是固定的实体——现在的公司转瞬即逝。腐败一度是制度化的，而且避开了公众视线；现在却存在于所有不同种类的交易当中，从个体到政府层面。

还存在其他怨恨，有些指向了欧盟——包括加盟之后可能带来的空虚感。毕竟在加入之前，要有非常多的变化，而变化一旦实现，带来的东西似乎微乎其微。许多人盼望即刻的好处，可偏偏没有到来。最后还有相对剥夺的现象。人们如何感受其生活，在很大程度上取决于他们跟谁比较。在先前的时代，东欧的公民用那些属于苏联的人来衬托他们的生活环境。可现在，他们的参照点变成了如瑞典或奥地利这样的国家，而这些国家的人比他们要富裕得多。①

社 会 倾 销

人们必须谨慎从事，以确保扩大欧盟所旨在消除的欧洲分化不会再一次出现。只有英国、瑞典和芬兰允许在 2004 年新成员国加入欧盟后其公民可以立刻拥有流动自由。"社会倾销"（social dumping）作为整个欧洲的一个主要问题出现了，从表面上看，原欧盟国家的利益与新成员国的利益相对抗。这是个容易引起情绪的术语，有几种不同的意思。一种意思是，对东欧廉价劳动力的利用将给更富裕的国家带来降低工资的压力。另一种是，新成员国的低税率将给予他们相对整体税率水平更高的国家而言不公平的竞争优势。然而还有一种意思是，工业将转向新的成员国，因为这些国家可以用这种方式减少成本。针对这些问题，我们还应担心的是，来自欧洲之外的发展中国家的低成本竞争。在人们心目中，对这一方面的忧虑与对欧盟扩大的忧虑交织在一起，尽管这两者相互之间毫无直接关系。

---

① Janos Kornai, ibid, pp. 30 - 31.

现在,波兰管子工的著名形象在法国公投中起了主要作用——当然是在其缺席的情况下,因为实际上在法国极少有波兰管子工。对于"社会倾销"的忧虑不仅仅体现在普通公众的层面上,而且也体现在政治领导的层面上。这类忧虑要求在课税和对欧洲委员会于 2004 年 1 月开始实施的《服务指南》(Services Directive)的担心之间进行协调(参见下文)。

然而,有根据的忧虑与无根据的忧虑之间迫切需要加以区分,暂不考虑政治问题以及平民主义的压力。较贫穷国家的加盟在多大程度上对欧盟较富裕国家的生活水平真正造成了威胁? 由此,可以在欧盟内开始一场"底线竞争"(a race to the bottom)吗? 最近出现了一个相当新而又相关的问题,尽管在欧洲尚未像在美国那样引起人们的广泛注意——向更贫穷国家提供以知识和服务为基础的工作岗位,在这些岗位上,向员工支付的工资比在西方要低得多。

随着欧盟的扩张,对潜在的底线竞争的担心可能广泛存在,但这种竞争并没有出现。这类忧虑以前在两种情境中表露过:一种是普遍强化的全球竞争,另一种是早些时候欧盟的扩张,当时,希腊、西班牙和葡萄牙被接受为成员国(希腊是 1981 年,西班牙和葡萄牙是 1986 年)。数年前,许多人担心,经济全球化将会导致欧洲福利国家强行削减福利措施。但这种担心最终证明几乎完全是无根据的。作为 GDP 一部分的税收实际上在所有工业国家中都保持稳定,没有逐步增长,尽管存在少数例 45 外,例如英国。正如前面提到的,欧洲社会模式面临的一些极为重要的困难无论如何从源头上说主要是内在的而非外在的。

关于葡萄牙、西班牙和希腊加入欧盟后在经济上的影响,研究表明,对原先欧盟国家的影响是积极的而非消极的。在这三个国家,为了形成一种更加有利的竞争地位,福利项目的开发没有受到约束。相反,从 20 世纪 80 年代发展起来的福利体系明显带有强大的扩展趋势。①在这

---

① Ana M. Guillen and Manos Matsaganis, 'Testing the "social dumping" hypothesis in Southern Europe', *Journal of European Social Policy*, 10(2000).

3 个地中海国家加入欧盟之际,许多人认为,欧盟国家之间会形成进一步分化——富裕国家会变得更加富裕,而新加入的成员国则会相对更加贫困。这种观点最终证明不是这么回事。①当然,也许有人认为,在眼下这一轮的扩张中,新加盟的国家在一定程度上说比葡萄牙、西班牙或希腊当时更贫穷,而且采纳了更多积极的税务政策。然而,差距几乎不像整个世界范围内发达国家与贫困国家之间的差距那么大。

还有一些重要的错误观念需要纠正。②首先,实际的东扩已开始了很多年。贸易壁垒于 20 世纪 90 年代初开始去除。到世纪之交,制造品贸易的关税和配额没有了。正是这种壁垒的消除有助于东欧经济的复兴。在那个时刻,东欧大一些的国家已经在将其产品的 60% 以上出口到欧盟,有一两个国家多达 75%。在这些国家,公司投资也早在实际加入之前就已经出现了。贸易壁垒降低,加上东欧国家行将成为欧盟成员国的事实,足以说服公司把生产设施迁往那儿。在 2004 年加盟的 10 国中,各大公司在正式加盟前的投资大约为 1 500 亿欧元。

20 世纪 90 年代末以来,东欧国家经济的增长率大大超过了欧盟的平均数。难道这些成就是以牺牲西欧国家的就业岗位为代价取得的吗? 简洁的回答为,不是。从东西欧之间恢复真正意义上的贸易开始,西欧就一直处于贸易顺差的地位。根据一项研究,到 2000 年,共同贸易在欧盟 15 国取得了 10 万个工作岗位的纯收益。③把工厂迁到东欧去的公司则造成了工作岗位的流失,因为在西欧的办事处和工厂都已经关闭了。然而,除非公司整体搬迁到东欧——这样的情况极少——在原先的欧盟国家,受保护的工作岗位比失去的要多。其理由是,一些或大多数公司如果不转移部分生产便不可能取得繁荣,甚至不能生存下去。

---

① Loukas Tsoukalis, *What Kind of Europe?* Oxford: Oxford University Press, 2005, p.55.

② Katinka Barysch, 'East versus West? The European economic and social model after enlargement', in Anthony Giddens, Patrick Diamond and Roger Liddle (ed.), *Global Europe*, *Social Europe*. Cambridge: Polity, 2006.

③ Ibid.

　　没有进行足够改革而且失业率居高不下的原欧盟国家，正是那些其政府和公民最担心"社会倾销"的国家。允许流动自由之前需要一个很长的过渡期，德国和法国在这方面名列前茅。许多工人来到三个已经开放边境的国家，这些国家实际上在这个过程中受益了，尤其是因为来的许多人当中是有技术的。例如，在爱尔兰，东扩后的第一年就来了8.5万人，相较于其人口规模而言，比率是最高的。然而，爱尔兰人还在积极地招募更多的人，由于出现了劳动力和技术短缺。在英国，2004年5月和2005年3月之间，有17.5万来自这些新成员国的人登记了工作，其中40%的人先前到过该国。他们被迅速地纳入了劳动力市场，但劳动力依然短缺。

　　就欧盟的容量而言，东扩的整体影响实际上必然是很小的。新成员国的GDP仅占欧盟总数的5%。但是，正是为了欧盟的整体利益，他们应该繁荣发展，而且有一个快速经济增长的时期。如果原欧盟国家自己能够改革，这种形势将不会给他们造成任何严重的问题。危险的是，相互的误解和怨恨可能产生相反的结果。那些处于新成员国的人仍然有像二等公民的感觉，而在较富裕的欧盟国家中，他们可能造成的威胁则阻碍了需要进行的改革。 47

全球化：中国与印度

　　经济全球化的早期阶段可能不会引起广泛担心的底线竞争，但在离岸(off-shoring)和外包(outsourcing)方面的新进展怎么样呢？把迅速崛起的中国作为世界制造业的中心和印度作为服务外包的集散地联系起来，会对欧洲造成什么样的影响？正如东扩一样，意识形态的影响已经很大。保护主义(protectionism)在欧盟和美国卷土重来。看起来，向别人宣称自由贸易的价值是一回事，而反过来对富裕国家产生影响时又是另一回事。一般来说，中国、印度和其他发展中国家在经济上日益增加的重要性应该受到欢迎。从整个世界的福利来说——如果我们排除环境问题：一个巨大的"如果"——全球层面上的财富净收益是巨大的。此外，很显然，西方产品原则上也有了新的出口市场。

当发展中国家首次大规模进入世界经济时，他们或以农产品、或以诸如服装和纺织品这类劳动力密集的制造品为代表出现。在这个阶段，国内经济出现了张力。随着市场的开放，本土工业处于来自较发达国家的产品的压力之下，后者更高的产品价格因其比本土产品更优的质量而得到了弥补。因此，要跨越这个阶段很困难，而一些发展中国家仍未能跨越。

48　　中国和印度很成功，因为现在他们在这方面取得了进展。换句话说，他们不再以更低廉的工资为基础，而是以日益上升的质量和技术水平参与竞争。越来越多的中国和印度国内公司处于或接近全球最佳运作模式的境界。[1]中国在欧盟进口电子产品中的市场份额 1995—2000 年间由 5% 增加到 10%，然后到 2003 年又翻番至 20%。像电视机或电脑游戏这样的电子消费产品，在 1998 年占中国向欧盟电子产品出口的 80%，但到 2003 年，只占这类产品出口的 20%。现在其他的出口品为更高水平的产品，诸如办公电脑和远程通讯设备等。

在印度，高技术群不仅出现在主要城市地区，而且也出现在次要城市地区。[2]印度有声誉卓著的大学和研究机构，但是，日益增多的第二等级的新机构可能在中期内更具影响力。中国也有类似的创新行动，有些极为前卫。例如，北京有个大型科技园，其中包括由中国科学院协调的56 所大学和 232 个研究所的参与。有些运行中的创新项目是与国外的大学和公司合作的。西方的公司在包括药品、生物技术以及计算机硬件和软件等领域采取外包的做法——但不仅仅外包给印度和中国。例如，英

① John Sutton, 'Globalization: a European perspective', in Anthony Giddens, Patrick Diamond and Roger Liddle (ed.), *Global Europe*, *Social Europe*. Cambridge: Polity, 2006.

② A. D. Bardhan and Dwight Jaffee, *Innovation*, *R&D and Offsboring*. Fisher Centre for Real Estate and Urban Economics, Fall, 2005.

特尔公司就在俄罗斯的新西伯利亚和圣彼得堡建立了实验室，承担微处理器设计中的尖端部分的工作。

欧洲经济——以及公司——如何才能应对这种直接的竞争？我们可以从肖特（Schott）和伯纳德（Bernard）在美国进行的一项研究中得到启示，在美国，来自中国的高水平竞争比在欧洲出现得更早。[1]肖特和伯纳德把在美国从 20 世纪 90 年代以来这段时期内生存下来的公司与倒闭的公司进行了比较。他们指出，成功的公司设法占据了有利的地位。也就是说，他们有足够的适应力，能够将产品类型从在国外竞争日趋激烈的产业转向新产品或邻近产业，将劳动力市场的弹性与管理的创造性结合起来以取得成功。然而，即使在美国的情境中，弹性也意味着培训和再培训，而不单纯是不稳定的劳动力。运作得好的公司帮助其雇员增强适应力。

在美国和欧盟，那些因制造厂家迁往国外而受到最直接影响的人，一直到最近都是不那么富裕的人——主要是体力劳动者。在外包方面，领先的是印度而不是中国。外包的新形式影响了不同的群体。他们真正关注的是发达经济体完全依赖于其所开辟的就业领域——广阔的服务业领域。医学专家、计算机软件工程师、财会人员或新闻记者这样的专业人员过去到国外不愁没工作，的确，他们从开放贸易和制造业改进所取得的更廉价物品中获益。[2]但他们现在必须犯愁了。在美国进行的调查表明，专业人员过去支持自由贸易的比率极高，可随着其工作进入解雇范围，这个比率正急剧下降。

对于国际外包的出现，反应各有不同。美国新闻报刊上的惊恐新闻连篇累牍。例如，2005 年 8 月《财富》杂志把《"美国有能力竞争吗？"是国家头号担心的事》作为封面文章。[3]《纽约时报》记者托马斯·弗里德曼指出，我们在 2000 年进入了一个新时代——与其说是千年

49

---

①　Sutton，'Globalization：a European perspective'.

②　Mary Amiti and Shang-Jin Wei，'Fears of service outsouring'，*Economic Policy*，April 2005.

③　'America isn't ready'，*Fortune*，8 August 2005.

之交，不如说是"世界扁平化"的时刻，"平得像荧光屏，（商业领袖）可以在上面主持其整个全球供货链会议"。①通讯技术的发展，尤其是该技术的低廉化，赋予全世界的个人和团体以力量——不仅仅是大型公司，小型供货商也可以直接进入世界市场。

目前，超过50%的制造业产品进入全球贸易，而服务业仅为10%。服务业贸易的数量一定会进一步上升，甚至可能上升得很快。经济理论中的贸易被认为会带来共同的利益。新国际劳动分工原则上不应有什么不同。外包应该使公司能够降低其价格，帮助消费者，而且也为进一步投资带来收入。更低的价格应该使需求得到恢复，反过来创造新的就业。美国的一项近期研究反映了这种循环的操作过程。研究者分析了美国IT软件生产和20世纪90年代远程通讯公司外包的情况。作为这个过程的一种结果，10年时间内，计算机和其他IT产品的价格降幅在10%至30%之间。那么，更低的价格刺激了IT中的投资热，也提升了利用这种技术的产业的生产力。作为直接的结果，美国的经济增长提高了0.3%，这也使得美国IT工作岗位迅速增加。②

然而，在所有这类过程中，总是有工人失去工作，并被迫重新找工作。对受到影响的人而言，失去工作基本上总是一件令人头痛的事。只要失业的人很快找到新的工作，而且大体上保持其失去工作的水平，对经济就有一种整体上的纯利益。麦金西(Mckinsey)进行的一项研究揭示了美国与欧盟之间存在的巨大差距。外包到印度的每一美元商业服务给美国经济带来的净利润为1.14美元，另外加上给印度经济带来的0.33美元利润。与美国比起来，德国经济可能会因每一欧元的服务外包而损失0.15欧元。③原

① Thomas Friedman, *The World is Flat: A Brief History of the Twenty-First Century*. New York: Allen Lane, 2005, p.7.

② Simon Commander, Axel Heitmueller and Laura Tyson, 'Migrating workers and jobs: a challenge to the European social model?', in Anthony Giddens, Patrick Diamond and Roger Liddle (ed.), *Global Europe*, *Social Europe*. Cambridge: Polity, 2006.

③ McKinsey & Co., 'How offshoring of services could benefit France'. McKinsey Global Institute, June 2005.

因是找到新工作的劳动力比率更低。

　　在欧盟，要从外包中获得共同收益，必须进行劳动力市场改革，但不是必须要朝着美国式的解除管制（deregulation）的方向改革。相反，欧洲国家应该使解除管制的计划适应受影响工人的需要，以达到维持工作岗位和收入水平的目的。再培训将会很重要，但对于那些有高技术水平的人而言，可能需要更加具体的项目——很大程度上取决于其拥有的技术具有多大的普遍性和可适应性（第三章会更详细地论述这些问题）。外包业务仍处在早期阶段，迄今为止，对西方经济造成的影响极小——将来可能会有大得多的影响，应该对这种前景有所准备。

　　当然，还不能肯定，中国和印度的崛起是否会继续——因为与大多数其他发展中国家一样，两个国家都有重大的结构性困难需要克服。印度目前在经济上疾速向前，但交通基础设施混乱，还有家庭和地区水平的巨大不平等。中国的经济不平等也几乎一样巨大。领导干部持续处于支配地位在某一阶段也许将成为基本障碍。中国在出口市场上取得了巨大的成功，但国内经济效益很低。除非大多数国家控制的公司进一步自由化，否则，中国奇迹很可能——就像先前的许多"经济奇迹"一样——会出毛病。

　　有人说，只有1%的中国公司服从独立查账。在中国的银行系统中，无偿还能力的资金总额多达5 000亿美元。中国的银行无力把自己的业务处理妥当，因为它们只创造平均0.2%的资产偿还率。其原因在于，直到最近，银行仍然通过给国有企业提供资金来满足政府的政策需求，而不考虑利润或风险。

　　此外，该国还在日益加剧的环境危机这一重负下拼搏——这是广大世界的重大后果之一，但在中国，它正在威胁经济发展进程。每年有超过800万的中国农民移居城市。中国现在有90个中心城市的人口超过100万，其中大部分笼罩在老式工厂、燃煤电厂和挤满了机动车辆的街道所制造的污染中。重庆是世界上最大的城市，人口超过3 000万。①在世界

---

　　①　作者使用的资料疑有误，请读者注意鉴别。——译者

大城市中，正在产生污染和已经遭受污染的城市有 60% 位于中国：重庆则居榜首。它被巨大的垃圾坑包围着。最大的坑超过 20 米深，覆盖面积达 35 万平方米；垃圾完全没有得到回收利用。①

《服务指南》

至此，本章所讨论的问题有许多是以象征的形式复现了围绕《服务指南》所形成的争论。很明显，在一种服务/知识经济中，单一市场必须包括服务行业，因为绝大多数劳动力现在都供职于该行业。单一市场迄今取得的进步给成员国带来了明显的收益。从 1993 年首个单一市场计划完成以来，作为去除竞争和交易壁垒的一种结果，欧盟 15 国开辟了 250万个全新的就业岗位。在这期间，同样原因导致的财富增加达 9 000 亿欧元，相当于欧盟每个家庭获得 6 000 欧元。然而，这些收益绝大多数是通过商品市场获得的。2002 年 7 月出版了欧洲委员会递交的关于内部服务市场的报告，该报告得出的结论说，想象中一体化的欧盟经济与本质上分割的服务行业之间存在着巨大的差距，大多数服务行业应该开放竞争。

《服务指南》是对这种诊断的反应。它的最初文本涵盖了种类繁多的服务项目，包括金融和商业服务（管理咨询和招聘）、贸易（法律咨询和经销业）、消费事务/休闲、旅游以及某些健康和福利服务。如果该指南得到完全实施，则会降低价格，鼓励生产性收益，并且给欧盟经济提供重大和整体性刺激。有关这个问题的一项重要研究表明，在其他情况同等的条件下，欧盟可取得 60 万个就业岗位的净增长。② 60 万个新工作岗位净增长的估计是个最低数，因为该分析用的是保守假设，而且只包括

53

---

① Jonathan Watts， 'Invisible city'， *Guardian*， 15 March 2006.

② Copenhagen Economics， *Economic Assessment of the Bariers to the Internal Market for Services*. Final Report， Copenhagen， 2005.

了三个服务行业——受管制的行业、经销业和商业服务。①工作岗位净增长的真正水平可能是这个数的两倍或更多。

根据最初草案的指南，确立新服务行业的各种手续比当时各成员国之间通行的要简单。所有手续利用电子手段实行"单点联系"就能完成。该服务向成员国提供服务的公司开放，它们在最初一个时期，只受公司所在国的法规的约束——即所谓"原属国原则"。

《服务指南》的颁布在一些地方受到了欢迎，但在其他地方却激起了愤怒的反应。一些工会组织，还有其他一些批评家，要求对该方案进行重大修改，甚至是全盘废除。英国的公共服务业工会联盟提出了三条"关键要求"，作为对该《指南》做出的反应。第一条要求从《指南》中完全删除公共服务行业，理由是"该《指南》以自由化和私有化的方式威胁着公共行业，有损其在确保每一个人而不只是那些出得起钱的人享有高质量公共服务中所起的关键作用"。②第二条是，不应削弱就业法或集体商谈权。公共服务业工会联盟指出，按照实际情况，该《指南》恰恰违背了这一点。像服务公司那样流动的跨国界员工——"派驻员工"（posted workers）——只能受到去向国劳动法的保护。他们原来的国家失去了按国家法律保护他们权利的能力。

最后，公共服务业工会联盟强烈反对原属国原则。工会组织声称，如果该原则得到认可，欧洲内部将会出现底线竞争，各家公司为了削减成本，竞相把总部迁往监控程度最低的国家。如此发展趋势不仅会降低工资，还会对健康、安全和环境保护产生重大的影响。其他批评家的态度则更加激烈：这些提议被称为"来自地狱的指南"。

2005 年初，欧盟政治领导们要求欧洲委员会重新审视《服务指南》，因为担心《指南》可能会反过来影响社会模式。连瑞典这样通常

①　Anders Sejeroe et al.，'The Copenhagen Economics study on the economic impact of the Services Directive'，*Intereconomics*，May/June 2005.

②　Unison，'Defending public services in Europe：stop the Services Directive'，*Unison International*，5 November 2005.

赞成市场自由化的国家的领导人都表露出他们的犹豫。瑞典贸易部长托马斯·厄斯特罗斯(Thomas Östros)表示其政府想要看到的结果"与我们瑞典坚持的社会和生活价值相一致"。他承认,瑞典通过在欧洲开创更加有效的服务业获得巨额的收益。瑞典已经向世界开放了贸易领域,其幅度或许比欧洲任何其他国家都要大。然而,他继续强调说,瑞典的福利体制绝不能因实施变革而有所削弱。①如果福利服务是在远低于瑞典坚持的管制标准之下提供的,情况会怎么样呢?

《服务指南》于2006年2月由欧洲议会批准,但做出了重大修改。原属国原则被删除——服务提供者要受被服务国家的法规的约束。取代原属国原则的是一些对小公司有利的条件。因此,服务提供者不必在接受国设立办事处。包括保健在内的一些行业类型被排除在外。成员国在健康、公共安全和环境等领域仍然能管制市场,也可以施行全国和地方性劳动法规。

55　　离获得最后签署还有一定的距离,但结果看起来不令人满意。这标志着欧洲有关社会公正和市场作用的更广泛争论有许多在性质上存在缺陷。主张在服务领域广泛竞争的人主要强调经济上的有利方面,似乎不关注因此产生的社会后果。有些人则限制市场重组,而且继续怀有自满自得的贸易保护主义思想,他们摆出一副捍卫社会模式的姿态。结果是谁也不满意的微弱妥协——而且最要紧的是,它对解决欧洲所面临的问题几乎毫无帮助。正如美国学者吉恩·斯珀林(Gene Sperling)指出的那样:"贸易保护主义者不面向未来,而自由贸易主义者则不考虑当前。"②

竞争力与社会公正之间的关系远比这种僵持所表明的情况要复杂:

---

① Thomas Östros, 'The EU Services Directive must be adapted to the Swedish context', Government Office of Sweden, 25 November 2004, 可通过如下网址获得: http://www. sweden. gov. se/sb/d/3212/a/34984。

② Gene Sperling, *The Pro-Growth Progressive: An Economic Strategy for Shared Prosperity*. New York: Simon & Schuster, 2005, p.73.

（一）鉴于业已指出的原因，对社会倾销的担心被过分夸大了。除了在竞争方面，原属国原则不会对当地生产者造成威胁。"社会倾销"在很大程度上成了用来替贸易保护主义辩护的一个口实。为何《服务指南》没有激起一场冲顶（to the top）竞争而是一场底线竞争？在欧盟社会中，基于质量、效率和顾客服务的竞争可能远比仅基于成本的竞争更加重要。此外，欧洲范围内关于消费者权益保护、健康、安全和最低休息时间的规定已经处于一个很高的水准。

（二）只要贸易保护主义保持不变，结果往往就会强化分裂的劳动力市场，带来更少的社会公正，而不是更多。

（三）原属国原则旨在开辟阵线来对抗以国家和市场垄断为基础的经济。该原则的关键不是要降低标准，由于它仅运用于供应商开始进入的时刻。反对者将其理由集中在最终消费者（法国的波兰管子工）或公共服务水平下降（瑞典的拉脱维亚护工）方面。更加激进形式的《服务指南》主要会影响到中小型企业。除了在接近边境的地区，雇用个体波兰管子工的自然成本是高昂的。较大公司的注意力可能对以国家为基础的服务行业产生影响，它们大都至少能够建立由服务供应商所组成的网络。①

（四）对于那些现在被排除在《服务指南》之外的领域，其不断增强的竞争有助于某些重要类别的人。例如，在儿童保育、家政服务或老弱者保健服务的费用被人为拉高的地方，可能会影响到妇女兼顾工作和家庭的机会。

（五）正如上文讨论过的那样，制造厂商搬迁到前东欧国家，当产品在欧洲其他地方出售时，便有了成本上的优势。但在这个过程以相反情况发生的地方，正如在最初的《服务指南》中一定

56

---

① Patrick A. Messerlin, 'Liberalising services trade in the EU', *Intereconomics*, May/June 2005.

程度上会发生的情况那样，这种竞争优势便受阻了。难怪东欧的政治领导者们会对削弱最初版本的行动如此高调地进行抵制。

（六）社会公正意味着关心失业者，而不仅仅是有工作的人。更激烈的竞争会开辟出更多全新的工作岗位。认为所有新工作岗位都意味着摧毁旧的，或竞争总是会把工资压低，这样的看法是没有根据的。前面描述的有效循环适用于许多甚至大多数情境。

（七）假定国际外包进一步推进，来自一些重要服务行业的低成本供应者的竞争无论如何都会发生。某些可能因先前国内市场创造了更高效率而生存下来的生产者，可能会被淘汰出局。

57　（八）失业者享有保护权，但这种保护必须表现出弹性的保障形式。然而，我们必须对那些弱势群体给予特别的关注，诸如缺乏技术者或年老的工人。我拟在第三章对这个问题加以讨论。

结　论

对经济全球化的担心——更确切地说，尤其是左派对于《服务指南》的担心——往往与对于全球资本力量的更加广泛的忧虑糅合在一起。然而，认为这种资本本质上具有毁灭性的人应该细想一下芬兰诺基亚的情况。诺基亚以及在一定程度上仿效它的其他芬兰公司在芬兰的成功中——包括其社会模式的成功——起到了举足轻重的作用。

诺基亚总经理约尔马·奥利拉（Jorma Ollila）说过：“登上1994年纽约证券交易所的榜单，这一步远远比我们以为的更重要。使用资本不如这样亮相来得重要。”[1]在全球资本市场上亮相有助于一家公司赢得可信

---

① Risto Tainio et al., ‘Global investors meet local managers: share-holder value in the Finnish context’, in Marie-Laure Djelic and Sigrid Quack(ed.), *Globalization and Institutions*, Cheltenham: Elgat, 2003, p.7.

度，而且提供了一条发展品牌身份的明确途径。直到 20 世纪 90 年代，外国资本在芬兰都是受到严格控制的。1993 年，这种状况彻底改变了，芬兰公司的股票可以自由买卖。这种变化实际上为芬兰成为欧盟的成员国做好了准备，加盟发生在 1995 年初。

诺基亚是主要的受益者。在 20 世纪 90 年代初，它处在严重的危机当中。该公司需要大量的资金注入，这意味着要走向美国的资本市场。但是，美国投资者对当时的诺基亚并不感兴趣，它只是一家从事橡胶、电缆、纸张和电视机生产的公司。为了上市，这家公司创立了一种新的理念——"集中、全球、远程通信导向、附加值"。① 这是诺基亚腾飞的开始；5 年内，其股份值增长了 2 300%。诺基亚超过 90% 的股份现在由外国投资者持有。诺基亚的成功意味着，外国投资者把新的资本带向了其他芬兰公司。

存在着各种张力和问题。外国投资者迫使芬兰经营者追求更高的股份值回报和更低的成本，因而与受到失业威胁的地方社区产生了冲突。从另一方面来说，也出现了相反的结果——投资者增强了对国家和地方关注点的理解。探索这些情况的研究者们已表明，不存在一个权力或影响的简单的单向流动。相反，存在"一种外国投资者和本地行动者之间的相互关系，这种关系同时努力遵循共同的规则和使世界保持多样化"。他们得出结论说，认为利用全球资本明显会摧毁欧洲商业的特质，这种想法是不符合实际的，就像一切观念都必须符合"盎格鲁-撒克逊"框架一样不切实际。他们说："对共同股份持有者原则的反应可能到头来会使国家和地方的差异永久保持下去，或者甚至导致跨国和跨地区差异比今天所能看到的更大。"②

58

---

① Risto Tainio et al.，ibid，p. 39.
② Ibid，p. 54.

第三章

社会公正与社会分化

59 　　《里斯本议程》很正确地强调，伴随着制造业的萎缩，经济已经发生革命性的变化。仅仅在一代人以前，发达社会中有接近40%的劳动力在从事制造业或相关产业。在一些国家，那时仍有超过10%的劳动力在从事农业。欧盟15国的这些比率现在分别下降至平均16%和2%—3%。正如前面强调的那样，超过80%的工人必须通过从事以知识为基础或服务行业的工作来谋生。说我们需要与工业时代很不相同的投资策略和经济政策，这无疑是正确的。

　　但对于发生在广大社会中的相关变化，或这些变化对不平等和社会保护的影响，却没有进行过比较性的和深入的研究。例如，考虑一下欧洲委员会最近关于"社会议程"的声明。作为《里斯本议程》和可持续发展战略的一部分，该声明指出："委员会将致力于实现欧洲社会模式的现代化和发展，同时提高社会凝聚力。"①

　　但是，关于阶级、不平等和社会分化的变化模式，给出了多少分析呢？就事实而论，至少在这份声明中完全没有。对于如何把里斯本战略与欧盟国家的社会公正和福利改革协调起来，提出了什么样的具体建议60 呢？即使有，也极少。人们说，社会议程"旨在通过提高集体行动的能力和为所有人提供新的机会来使欧洲社会模式现代化"。如何实现？所提供的只是公开表明的意向：作为"全球性目标，在所有层面上"促进"体面的工作"；提高工人的适应能力；以及"在劳动力市场落实包容性措施"。当然，在欧盟层面上已经存在涉及工作和工作条件的立法，那就是《社会宪章》（Social Charter）和《社会篇章》（Social Chapter）。

《社会宪章》于 1989 年在斯特拉斯堡获得批准。英国一开始拒绝签署，而且后来否决了 17 条关于就业的《指南》草案中的 14 条。那时，它们的批准需要一致赞同。作为 1992 年《马斯特里赫特条约》（Maastricht Treaty）附件的"14 条草案"建立了一种机制，据此，《指南》不能够对所有成员国构成约束。后来，14 条草案就成了《社会篇章》。（1997 年之后，英国终于签署。）

　　《社会篇章》处理的是工人的权利和报酬。它对提高诸如工作条件、社会保障和工会权利等方面的水平做出了规定。欧盟的法规也被用来处理因社会保障而引起的诸多跨国问题。但是，变化着的社会与经济条件如何重塑世界，福利供给品如何最有效地组织，《社会篇章》根本没有与对这方面的理解结合起来。从某种程度上来说，这个事实并不奇怪，因为该法规形成之时，影响经济和更广阔社会变革的全部力量尚处于初期阶段。

　　许多公民在经历与全球时代密切相关的变化时感到很焦虑，而社会保护则是这种焦虑的核心。我们的社会和社会中人们的日常生活正在与经济秩序一样发生着巨变。我们必须确认这些变化并且思考其对政策的影响。空谈减少社会排斥是不够的。《里斯本议程》已可证明难以实施，其主要原因之一便是，对变化着的社会公正形式缺乏深入细致的分析。

　　我拟在本章澄清这些问题。首先考察变化着的阶层体系的具体形式，尤其集中在贫困群体上。不平等的方式与两代或三代人之前不一样，这现象对政策结果有着重要的影响。在当代社会，有一种比曾经想象的更加不稳定的流动性。由于或好或坏的原因，生活变迁比过去更加难以预测。政策创新必须对这些进展做出反应。

　　分化社会和文化多样的社会不大可能具有很高的结果平等度。然而，日益增长的经济不平等不是要保持理想的经济增长率而必须付出的代价。相反，一个主张人人平等的欧洲可能也是一个更具有竞争力的欧

①　Communication from the Commission, 'The Social Agenda', Brussels, 2005, p. 2.

洲。上一章讨论的受阻社会并不是为了保持平等而牺牲经济增长率。相反，在其经济处于不良运作的同时，不平等程度也在增长。在本章结论部分，我拟更详尽地探讨儿童贫困问题。

新 阶 级

与知识/服务经济关联的阶级结构和阶级分化与工业时代的情形大不相同。蓝领工人阶级是旧社会秩序中最大的阶级群体。马克思把工人阶级称为"普遍阶级"（universal class），并且无疑寄希望于其成为革命性变革的行为者。今天，从事体力劳动的工人阶级只是极少数，其数量随着在制造业中工作的比例持续缩小而势必进一步减少。曾经作为地方团结来源的工人阶级共同体大都已经解体了。曾经的"中产阶级"很大程度上已经分化，拥有土地的上层阶级大体上已经消失，分散的农民阶级也或多或少完全消失了。

新的职业分工出现了，并建立在与知识/服务经济相关的社会和技术变革的基础上。大概有三分之二由新经济开辟的工作岗位是技术性的——它们也要求有 IT 方面的知识和其他方面的技术。相对而言此类工作将变得越来越多。在 1995—2004 年间，欧盟 15 国要求在 IT 技术方面具备高水平资格条件的工作岗位——使用"苹果电脑"（Apple Mac）的工作——比率由 20%上升到了 24%。但是，许多人必须从事更加程式化的"巨无霸电脑"（Big Mac）工作——在咖啡馆、商店、超市或加油站中服务。与更需要技术的职业相比，这类工作岗位所占比率可能会缩减，但数量依旧很大。

后工业社会的阶级结构如图表 3.1 所示。这个图表是概要性的，由于不同社会彼此在很大程度上是不一样的。所给的百分比仅为粗略的标识，指的是个人，而非家庭。顶端的群体是难以归类的精英群，因为其权力和视野既是全国性的也是世界性的，在欧洲的"全球城市"中尤其如此。他们可能包括大量的移民。在伦敦金融城工作的法国银行家傍晚

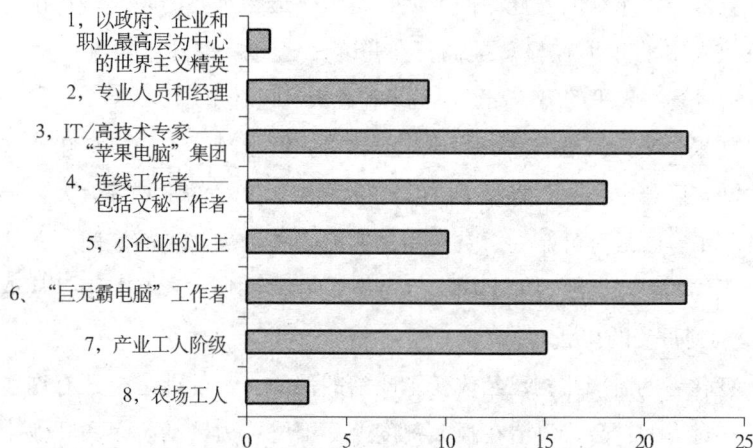

图表 3.1　后工业社会的阶级（占人口百分比）

早早地走出办公室。当他离开时，一位来自菲律宾的清洁工进来打扫卫生，这位清洁工定期从那儿向家里寄钱。

在知识/服务经济中，至少有50％的工作岗位要求具备高水平认识技能和/或个人技术，向下延伸到由"连线工作者"（wired workers）负责的工作——指那些一天中大部分时间使用电脑的人，但他们本人并非 IT 专家。所有阶级类别都可能涉及供职于国家机关或国家控制企业的人们。人们供职于国家机关与否，其中的区分往往与劳动力市场的分化相一致，但工作保障对于第1—3类人而言通常是最高的。

知识/服务经济的显著特征之一是女性在劳动力队伍中占有很大比例——尽管很少有人从事体力劳动的职业。女性在"巨无霸电脑"工作岗位和连线工人中有很高的代表性。她们也比男性更有可能从事兼职工作。在欧盟15国中，只有7％的男性从事兼职工作，而女性却有30％。女性的报酬平均比干同样工作或相近工作的男性要低15％。

这些粗略的数据掩盖了一些重要的趋势。报酬的性别差异在所有地方都正在缩小。此外，在图表低端，妇女正积极主动，比男人干得更加出色——日益下降的工资水平和工作保障在低技术的男性工人阶级中间

63

比在类似技术水平的女性中间要明显得多。最为重要的是，妇女在提供家庭收入中的作用在显著提高。在丹麦，已日趋等同于男性，达到了42%，尽管在天平的另一端，西班牙和意大利还低至27%。①

如果一个人只是家庭中的补充创收者，低报酬并不一定意味着这个人生活在困苦中。在欧盟15国的大多数国家，家庭的不平等大大低于个人的不平等。最有可能处于贫困中的家庭是单个创收者的家庭，尤其是无人工作的家庭。欧盟15国中无人工作的家庭的所占比率范围是从英国的15%到丹麦的6%。

变化着的阶级结构已经改变了政治的性质——除此之外还有许多别的。在过去的社会，政治在很大程度上是围绕体力劳动阶级和其他阶级之间的划线而形成的。总是有"工人阶级的托利党"，以及需要取悦于除工人阶级之外的其他团体的社会民主党。但是，政治活动与阶级密切相关，从每次选举的情况来看，投票的倾向往往很稳定。主要的政党现在必须取悦于不同选区的选民，而更多有选举权的人是"非结盟的"——他们不会自动紧跟同一党派。

根据技术领域的不同，工人阶级过去(现在仍然)很分散。有技术的工人，无论是工匠还是在不同工业技术领域内供职的人，通常有相当稳定的工作岗位，而且往往比中产阶级中的低层职员和其他人更富足。在持续繁荣和稳定的行业，技术工人可能仍然有大量的需求——再想想那位虚构的波兰管子工。然而，缺乏技术者的状况却是恶化了。非技术工人——尤其是男性——找到工作的机会不佳，尤其在制造业关闭的地方。连"巨无霸电脑"工作岗位都需要面对面的社会技能，来自传统工人阶级背景的人可能会发现难以驾驭。有许多这类背景出身的男性无论如何不乐意干他们眼中的"女人的活儿"。因此，非技术的男性极容易

① Gøsta Esping-Andersen, 'Inequality of incomes and opportunities', in Anthony Giddens and Patrick Diamond (ed.), *The New Egalitarianism*. Cambridge：Polity, 2005, pp. 22-24.

陷入贫困和失业。这种情形尤其关系到移居者或少数族群的人。

论及处于社会-经济等级底层的人群的状况时，社会排斥(social exclusion)这个术语被广泛运用。该概念的关键是要确认，不唯独是贫穷的因素可能阻碍了个人或团体在社会中充分发挥作用。这个概念通常可以追溯到法国学者勒内·勒努瓦(René Lenoir)的研究，其分析中的"受排斥者"包括形形色色的群体，这些人占了总人口大约10%——不仅仅是穷人，还包括残疾人士、心理疾病患者、老人、吸毒者等。运用该概念很重要，因为它使得人们注意到这样的事实：现行的福利供给品常常到不了这几类人的手中；也因为它强调，阻碍个人实现其潜能的不仅仅是经济上的贫困。①

曾经有一段时间，人们常常说起欧洲的"50/40/10"社会：劳动人口的50%有稳定的工作，40%工作不那么稳定，而剩下的10%为社会上的受排斥者，他们或失业或徘徊于劳动力市场(尽管不同的说法中百分比也不尽相同)。换句话来说，下层阶级代替了传统的工人阶级，或者其更低层。人口中有一定的百分比被隔离在广大社会之外。 65

然而，该概念最终被证明是不正确的。②社会学家们赞同，在欧洲国家，不存在这个意义上的明确的下层阶级——尽管这个概念在美国具有更高的实用性。因此，英国的政府策略部门研究出了社会排斥的四大标准——没有就业、接受教育或培训者；低收入者(中等收入的60%以下)；与他人极少有稳定的社会关系者；认为自己生活在犯罪、故意毁坏他人财产或物质挥霍程度高的区域者。根据上述四大标准，英国总人口中仅有1%被排斥。多重剥夺的情况确实存在，但往往集中在特定的区域，而不是影响一个"阶级"的人们。③社会排斥是个有一定价值的概念，但不应该松散和笼统地使用。它基本上与"多重剥夺"同义，往往

① René Lenoir, *Les exclus: un français sur dix*. Paris：Seuil, 1974.
② John Goldthorpe and Abigail McKnight, *The Economic Basis of Social Class*. London：Centre for Analysis of Social Exclusion, London School of Economics, 2004.
③ Prime Minister's Strategy Unit, *Strategic Audit of the UK*. London, 2003.

影响小片区域的人群或某些特殊群体(如无家可归者)。

新的社会分化

一般说来,后工业社会的阶级分化不再是行为上的,而是由不同的生活机遇来决定的。这个变化意义非常重大。曾几何时,在大多数国家,不同阶层的人们可以很明显地区分开来。生活方式的差异仍然存在于不同阶层的群体之间,但往往更多的是受品味和习俗的影响,而非纯粹财力限制的影响。包括国外旅游在内的身体移动实际上人人都办得到。在选择生活方式的自由上,现在大多数人享有比先辈们更加充分的自由。我把这种现象称为日常生活民主化(everyday democratization)。日常生活民主化在生活过程中往往既"向下"也"朝上"延伸。在因特网时代,童年不可能再像过去那样备受呵护,而老年人也完全像年轻人那样随心自如地尝试着种种生活方式。

日常生活民主化并非一定就会带来更多的安全保障或安全感。实际上随之会出现一系列不安全的因素。有些直接与经济有关,另一些则更具社会性质。与先辈相比,大多数人想要并希望从其生活中得到更多的东西,结果生出了并不总是能够实现的抱负。

在后工业社会,不同阶级集团体验到的安全程度往往会产生新的意识形态分裂。这类分裂部分基于理性的焦虑(例如,担心失去工作),部分基于更加不确定的忧愁。在新经济结构中获得成功的人士往往欢迎多样性,于是乐于接受世界性的生活方式。有些人可能积极追求被人们消极地认为不安全的东西。例如,他们可能巴不得一个接一个地变换工作岗位,不指望也不想要拥有一个传统意义上的等级制职业。创意产业、高技术含量的工作、金融银行业和特殊专业知识的行业往往是这类群体密集的地方。

理查德·佛罗里达(Richard Florida)称为"创造性阶级"(creative class)的群体现在构成了劳动力的20%以上,而且高度集中在某些大都会地区。他们主要构成了我所划分的第二和第三阶层(参见图表 3.1)。创造性阶级的成员背景各异——包括了所有年龄段的人们，来自不同的种族群体，具有不同的性取向。①

为了测量美国创造性阶级的分布情况，佛罗里达研制了一套"创造性指数"(creativity index)，基于四大因素：劳动力人口中创造性阶级的百分比；供职于高科技行业的百分比；用人均专利来衡量的创新；还有用同性恋指数(Gay Index)来衡量的多样性，同性恋比率被看作一种开放的代表。有些城市在所有标准上都名列前茅，如旧金山、奥斯汀或圣地亚哥。其余的则是被创造性阶级所忽视的城市，如孟菲斯或匹兹堡。

在佛罗里达的排行榜上名列前茅的城市在经济繁荣和开辟就业方面走在这个国家的前列。最具活力的地方经济具有"3T"特征——人才、技术和宽容(talent, technology and tolerance)。它们首先是世界主义的。创造性阶级的成员极具流动性，而且会受到能为他们提供理想生活方式的城市区域的吸引。他们偏爱积极的、参与性的娱乐和街头文化——那儿融合了咖啡馆、餐馆、美术展览馆和剧院。他们参与形形色色的剧烈运动。他们当中大多数人是具备资格的移居者。有一项研究表明，20 世纪 90 年代在硅谷建立的所有企业中，几乎有三分之一是由印度和中国出生的企业家开创的。

根据可供选择的生活方式的情况，其他阶级群体中也有符合佛罗里达标准的世界主义者。然而，对于那些对不想看到的变化感到不适的人，用本地人(locals)来描述更加恰当，他们更想恪守既存的秩序，或者充满怀旧的情感回望过去——真实的或想象的。他们可能会寻找替罪羊，例如移民，把自己的麻烦归咎到那些人身上；他们可能被政治平民主义和经济保护主义所吸引。移民本身不一定就是世界主义者。他们在态度

---

① Richard Florida, *The Rise of the Creative Class*. New York: Perseus, 2002. 关于作者随后的反思，参见 Richard Florida, *The flight of the Creative Class*. New York: Harper Business, 2005。

上可能成为本地人，可能与本地人口中的群体一样敌视后来的移民。

　　与其他变化相联系的是，尤其在家庭方面，变化中的阶级结构改变了"风险"群体的分布，也改变了不公平状况的性质和形式。造成"风险"群体形成的条件是结构性的，但它们在多大程度上转变成真实的弱势群体则既取决于特定社会的政策组合，也取决于该社会可能造成的阻塞。风险的另一面是机遇。我们不应该犯把风险永远看成是个消极因素的错误。下面是一些极端重要的变化：

（一）对于大多数处于工作情境中的人而言，尽管情况各不相同，平均有保障期限的工作岗位更少取决于劳动力市场中局内人／局外人的力量。

（二）与过去相比，风险（与机遇）在整个生命期限中的分布情况不同。风险和机遇不是仅仅"偶然发生"在人们身上，越来越多的人在涉及其未来的可能性时从策略上考虑其生活——包括生一个或多个孩子的决定。人生不同阶段的过渡与过去相比变得更难以预测和缺乏规律性。离异和分居的比率提高了，这意味着，过渡可能发生在不同的时段里。

（三）技术变革的加剧——加上更具全球化的劳动分工——对一些群体形成了新的脆弱性。正如已经指出的那样，未取得某些资格的年轻人可能生活得尤其贫困。制造业中的老工人们没有了工作岗位，他们面临长时间失业的危险，或者不可能再有工作了，除非政府给予适当的政策干预。

（四）一般而言，与年轻人相比，老年人持有的总体财富和收入比过去增加了。然而，许多人退休后仍然面临贫困的危险。独自生活的老年妇女最容易受到影响。然而，风险像瀑布般向下涌向年轻人，而不是老年人。①在为妇女提供的儿童保育机构和工

---

① Esping-Andersen，'Inequality of incomes and opportunities'.

作机会不多的地方，儿童贫困成了司空见惯的事情。

（五）"巨无霸电脑"工作岗位提供的职业机会往往极少。如果这些　69
　　工作是由有能力流入其他部门的群体来完成的话——如在假期
　　或间隔年（gap years）内到咖啡馆打工的学生，这种情况可能没
　　有关系。但是对于那些没什么资格进行职业流动的人来说，其
　　影响太大了。

（六）在知识/服务社会中，各种证件——资格证书、毕业文凭、学
　　位证书——对于职业流动变得头等重要。富裕的父母要把其优
　　势"直接"传给儿女更加不容易。因此，他们大力集中在教育
　　上。例如，与没有上过大学的人相比，大学毕业生在其职业生
　　涯中赚到的钱一般要多得多。

（七）少数族裔如果缺乏资格可能面临着更大的风险。偏见可能会进
　　一步加深，从某种程度上说，还可能会被少数族裔本身的成员
　　所接受。对于女性而言，当将其角色限定在家庭内这种传统理
　　念存在时，还可能造成额外的问题。

（八）不仅有许多（大多数）妇女一生中的大部分时间在工作，而且其
　　收入对于保持一个家庭的生活水准来说往往至关重要。在所占
　　比率日益增加的个案中，她们是主要的赚钱者。这种情形不是
　　欧洲出生率低的原因。相反，那些妇女工作比率最高的家庭也
　　是出生率最高的家庭。然而，工作/生活问题变得非常重要。
　　妇女是主要的照顾者，所以其职业会因养孩子而比男性更多地
　　被中断。

（九）当代社会中的流动性极大，但是，正如第一章中所提到的那
　　样，流动的结构性根源与一代人之前不同。跟过去不同的是，
　　一代人与另一代人之间没有清晰的流动"方向"，那时候很多
　　来自工人阶级背景的人流向白领或专业工作岗位。结构性流动
　　将取决于以知识为基础的行业持续不断的整体升级，在此过程
　　中将以牺牲技术含量低的服务行业为代价。可能存在许多自愿

70　　　和非自愿的职业过渡，往往涉及向外流向一个不同的工作领域，或者抽出工作之余的时间用于教育或培训。

（十）老龄正在改变其性质，不仅仅是因为许多人将工作更长的时间，而且也因为没有过去那种工作与非工作之间明显的不连续性。老龄"退休人员聚居区"（retirement ghetto）——如果曾经存在的话，这便是社会排斥的一种形式——正在消逝。退休这类概念——甚至包括养老金——将来有可能消失。取而代之的将是人们对待工作更具弹性的态度，同时对于老年人当中那些被认为面临严重风险的群体，尤其包括许多老年妇女，社会支持将具有更正统的来源。

后工业社会的社会公正

　　"社会公正"是一个出了名的争议性概念。如与正在增强的机遇平等相比，该概念在多大程度上意味着财富和收入的再分配？在后工业社会的语境中，它实际可能意味着什么？第一个问题从原则上说可能很容易回答。在一个高度依赖于市场动态繁荣的社会中，抱负、雄心和机遇必然极为重要。机遇均等化非常重要，因为它可以使可用之才得到最好的利用。然而，减少机遇不平等必然涉及再分配，因为如果不是这样的话，那些在一代中获得成功的人就完全能够继续保住其成功的果实。在欧盟国家，税后不平等比税前不平等大大降低了，这是一个可取的、必要的结果，因为它为实施其他措施提供了框架。进一步的再分配可以通过福利体制和政策措施的直接影响来进行，这取决于一个社会的福利构成。然而，我将会在后面指出，再分配理念也存在其局限性。

　　应该如何来定义社会公正，这是一个很难的问题。关于这个问题，已经写作了卷帙浩繁的哲学著作。然而，德国政治学家沃尔夫冈·默克
71　尔（Wolfgang Merkel）已提供了一个极为有用的可操作性定义。他列举了后

工业社会环境中社会公正的五种最重要特征：①

（一）反贫困的斗争——不仅仅是因为经济不平等本身，而且也因为
　　　贫困（首先是持久性的贫困）限制了个人的自主能力和自尊。

（二）创立教育和培训的最高可能性标准，这些标准建立在所有人都
　　　平等公正的准入基础之上。

（三）保证愿意并且能够工作的人就业。

（四）一种提供保护和尊严的福利体制。

（五）如果收入和财富的不平等阻碍了前四个目标的实现或对社会团
　　　结造成危险，那就对其做出限制。

　　很显然，最大的麻烦在于细节，尤其是第五点。但是，这个方案提供了一个既简单又明确的实际计划。它承认，机遇平等在一个有差别的社会和当前经济规律背景下所能起到的作用。它恰如其分地突出了降低贫困程度的重要性，因为贫困限制了生活机遇和自我实现的能力。根据这个方案，解决儿童贫困问题至关重要。儿童遭受贫困的比率越高，所有五个目标被放弃的可能性就越大。最近一项针对 22 个月大的儿童的认知发展水平的研究表明，当时的认知水平准确地预示了 26 岁时他们所能达到的教育程度。早期具有同等认知能力的儿童随着时间的变化会表现得迥然相异，这取决于其家庭的社会和经济地位。②

　　社会公平、社会排斥和社会保护彼此关联，但或许有必要指出它们 　72
之间的差异。在我看来，对抗社会排斥只是创立更具社会意义的公平社

---

① Wolfgang Merkel, 'How the welfare state can tackle new inequalities', in Patrick Diamond and Matt Browne (ed.), *Rethinking Social Democracy*. London: Policy Newtwork, 2004. 默克尔与 Amartya Sen 处于同一立场。Sen 认为，促进平等的政策应该集中于个人的"能力束"（capacity set）——一个人拥有追求其幸福的整体自由。Amartya Sen, *Inequality Re-examined*. Oxford: Clarendon Press, 1992.

② Leon Feinstein, 'Inequality in the early cognitive development of British children in the 1970 cohort', *Economica*, 70(2003).

会的一个因素。社会公正是一个更加强烈和内涵更加丰富的概念。它不仅涉及减少明显的不平等状况——社会的和经济的——而且要使生活机遇均等化。社会公正与社会保护相重叠，后者指的是福利供给机构。然而，社会保护是一个更加广义的概念，因为它涵盖了抵御风险的保险，加上对教育、保健和其他社会有益项目的投资。

埃斯平-安德森把家人（home）和家庭（household）看作后工业社会里社会公正必须关注的核心。他指出："妇女扮演了家庭与经济之间一种新的平衡的支柱。"①知识/服务经济把家庭当作其中心。随着全职就业女性的增加，家庭把曾经主要由家庭主妇来承担的事务实行外包，因此开辟了服务行业中的工作岗位。这种情况创造出了一个"双倍乘数"（double multiplier），因为妇女大体上也都在那些相同的行业中工作。

性别平等有时候被看作妇女们的事，因为她们努力争取改善自己在家庭和外部世界的地位。然而，未来福利的质量将取决于结果。"不论是好是坏，性别平等因此成为一件'社会性的事务'，这是使后工业社会的发条装置发挥作用的前提条件。"②其中有两种类型的平等在发挥作用——家庭内的和家庭外的。它们明显相互关联，但并不一定是一对一的关系。尽管仍存在很大的差异，但确实可以说，总体而言，妇女的职业正越来越与男性的相似。然而，这种情形被生养孩子和做母亲的要求给中断了。

凯瑟琳·哈基姆（Catherine Hakim）指出，妇女们所面临的困境主要集中在三种人生历程的倾向上。③一方面是"以家庭为中心的"妇女，她们优先考虑的是婚姻和为人母亲。如果她们工作，那也是不得已，而且她们并无打造职业的兴趣。换句话说，她们有效地维持了传统家庭的结构。虽然她们在老年妇女中有广泛的代表性，但这一群体正在消失，甚

73

---

① Gøsta Esping-Andersen, 'A new gender contract?' in Esping-Andersen(ed.), *Why We Need a New Welfare State*. Oxford：Oxford University Press, 2002, p.69.

② Ibid.

③ Catherine Hakim, *Key Issues in Women's Work*. London：Athlone, 1996.

至在意大利或希腊这样的国家也是如此。

另一方面是"以职业为中心的"妇女——她们只有在职业不受影响的情况下才要孩子。与第一类型相对照，这是一种正在发展的类型——哈基姆估计，45 岁以下的妇女中有五分之一持有这种观点，不过在不同的欧盟国家，这一比率是不同的。然而，绝大多数妇女持有"双重角色"取向。她们既想要职业，也想要为人母。

纵观欧盟国家，我们可以发现与第一章所提到的相同的两极现象。例如，在丹麦，两个或更多孩子的母亲只是不经常地中断其职业，而且大都坚守在全日制工作岗位上。在德国、意大利和西班牙，两个或更多孩子家庭的母亲更少会在职。①

妇女们要在工作场所中努力求得成功的同时，还必须承担起大部分家庭的重担，难道是这种"双重角色"迫使她们遭受这种"双重转换"吗？②我们只有从生命周期的视角，并且根据权力和决策而不仅仅是形式上的经济对等的角度来考虑平等，这个问题才能得到回答。男性职业大规模"女性化"（feminization），家庭义务与职业抱负同等重要，所有这些都是不太可能的(尽管不是绝对不可能)。瑞典迄今为止最为接近。男性告假看护孩子占整个因照管孩子告假的13%，该比率是其他北欧国家的两倍。家庭事务不付费而由丈夫或配偶来完成的程度，瑞典也是最高的——每周平均21 小时。这与妇女投入的时间水平相差不远，她们是每周27 小时。少数家庭中的男性集中精力干家务活，而妻子则集中精力投入其职业。

不平等与贫困

在考虑接下来的政策革新之前，让我们先仔细考察一下不平等的各 74
种形式，并专注于贫穷和剥夺问题。正如用基尼系数（Gini coefficient）衡

---

① Esping-Andersen, 'A new gender contract?'.
② Arlie Russell Hochschild, *The Second Shift*, London: Penguin, 2003.

量所表明的那样，整体经济不平等在绝大多数欧盟国家呈上升的态势，尽管近期在英国稳定了下来。然而，如果数据（正如许多统计数字显示的那样）指向的是个人而非家庭，那么，这种上升对于人口中的生活机遇的再分配意味着什么尚不清楚。许多低收入者可能是有合理而可观收入家庭中的补充收入者。可以肯定的是，在一个家庭中，不管目前是否有孩子，两个有收入者几乎完全可以抵御贫困的侵扰。正如前面提到的那样，在大多数国家，家庭与家庭之间的不平等总体上明显低于个人与个人之间的不平等。

男性中经济不平等的变化模式主要受低技术水平者回报率下降的情况驱使。技术——尤其是知识/服务经济中最重要岗位上的技术——要求额外津贴。工作岗位的不稳定程度与先前提到的种种趋势同步增长。实际上，相对而言，制造业中的不稳定程度比服务行业中的要高，由于前者持续滑坡，加上技术变化的影响。

用通行的欧盟标准来定义——低于中等国民收入 60% 的人——以 2005 年为例，在欧盟 15 国中，有大概 6 000 万人生活在贫困当中。这个数字大概占总人口的 16%。真实的比率可能要低些，因为我们没有可靠的、有关家庭的比较性数据。新成员国不能用同样的基准加以衡量，由于其统计数据仍然建立在不同的国家标准上。那些国家公布的数据表明，生活在贫困线以下的个人的百分比，低至斯洛文尼亚的 8%，高至匈牙利的 26%。①

75　　欧盟 15 国中最低的贫困率在北欧国家，最高的则在地中海国家。儿童贫困率（根据个人衡量）显示出相同的分布状况。以 2004 年为例，瑞典、丹麦和芬兰低于 4%，希腊大约 20%，匈牙利 22%。②单亲家庭中儿童贫困的风险在所有社会中都更高。然而，大量的贫困儿童生活在"普

---

① Brigita Schmognerova, *The European Social Model: Reconstruction or Destruction?* Bonn: Ebert Foundation, 2005, p.70.

② 这些百分比是根据低于中等收入 50% 以下来界定的。

通"家庭中——在希腊，比率高达48%。

根据国家不同地区之间的粗略比较（诸如意大利的北部与南部，英国的北部与东南部），以及在更小的环境中，贫困几乎到处都高度地区化了。例如，在英国，低收入者中有一半生活在20%地方区域范围内，有50%生活在低收入家庭的小学年龄儿童集中在20%的学校里。同样的比率也适用于城市区域。

贫困过去被广泛看作（1）整体一致的状态与（2）恒定不变的状态——一旦处在贫困中就永远处在贫困中，除非被积极的社会政策措施拯救出来。两种假设都是错误的，同时也说明了改革政策之所以具有重要意义的原因。

"穷人"千差万别。正如卢茨·莱泽林（Lutz Leisering）和斯蒂芬·莱布弗里德（Stephan Leibfried）指出的那样，"新的洞见是……贫困存在许多面孔"。①例如，受不同动因的驱使，贫困区域和地段存在许多不同的类型。有些贫困地区是制造、采矿或造船业关闭了的地区。有些涉及高比率的少数族裔，有些则没有。有些在大城市，另一些则在小城镇。乡村的贫困往往不同于城市的贫困，而且贫困本身涵盖了一系列不同的情况。对策可能由于这些或者其他差异而大不相同。

甚至更为重要的是，贫困不是一种静态的现象。直到最近，极少或者根本没有关于时间进程中的贫困经历的研究。这类研究的到来改变了 76 人们对于这种现象的理解。强调时间和生命周期在后工业社会语境中的意义尤其重大，因为与过去时代相比，后工业社会中的流动和变化更加频繁。比任何人曾经想象的都要多得多的人经历过贫困期，但大多数贫困期都很短暂。贫困更可能是一种一次性经历，而不是要持续下去。然而，个人和家庭往往会遭遇一再重复的贫困期，即所谓"旋转木马效应"（carousel effect）。在整个欧盟15国中，39%的人贫困期在一年之内结束。

---

① Lutz Leisering and Stephan Leibfried, *Time and poverty in Western Welfare States*, John Veit-Wilson trans. Cambridge: Cambridge University Press, 2001, p.239.

斯堪的纳维亚国家的数据则超过 50%，英国为 36%，葡萄牙为 24%。在绝大多数欧盟 15 国中，在任何一个 5 年贫困期中，只有不到 8% 的人一直处于贫困状态。长期或嵌入式的贫困在许多或大多数国家仍然是一个问题。

莱泽林和莱布弗里德在德国已经进行了时间序列的研究。他们谈到了下列后工业社会中贫困的主要特征(它们也都适用于阶级结构中的其他群体)。一是时序化(temporalization)——贫困的经历取决于它被经历的时间有多长，贫困期之间发生的事，以及在人生的什么阶段。其次是大众化(democratization)——贫困的经历影响数量众多的人，而且不一定意味着边缘性。第三是多数贫困为身世性的(biographical)——与特定的生活事件和片断紧密关联，如离异、疾病、离开父母的家或失去工作等。①

根据这些发现，我们必须开始用新的眼光来观察"贫困社区"。即便存在大量移民或少数族裔，一个在一段时间内处于贫困的地区也可能有大量的人员进出。在英国博尔顿和布拉德福德这两个东亚少数族群占比率很高的城市进行的研究表明，大多数移民都不是原地不动的。他们想获得成功，想从城内迁到郊区去，而且他们之中有许多人做到了。从表面上看，移民社区保持原样，但实际上其构成持续在变化。②

为了制定出行之有效的政策，我们必须研究导致人们陷入贫困的条件和使他们能够获得更好生活的条件。例如，当劳动力市场发生转变时，有多种因素决定着个人或家庭能否有效地度过这一时期。一项在欧盟 15 国范围内进行的研究表明，年龄在 55—64 岁之间的人能比其他群体更好地应对生活危机——主要是因为，他们积累了资产，孩子通常也离开了家。③

---

① Lutz Leisering and Stephan Leibfried, ibid, pp. 240 – 243.

② Yasmin Hussain and Paul Bagguley, 'Citizenship, ethnicity and identity: British Pakistanis after the 2001 riots', Dept. of Sociology, University of Leeds, Working Paper, July 2003.

③ Robert Walker, 'Opportunity and life-chances: the dynamics of poverty, inequality and exclusion', in Anthony Gidddens/Patrick Diamond (ed.), *The New Egalitarianism*. Cambridge: polity, 2005, p.77.

政策意义

在考虑目前这一分析的政策意义时，我们应该记住第一章中关于最佳实践所进行的讨论。我把这种讨论归纳如下：

（一）关于社会排斥问题，不应有更多的空谈；它需要给予确切的意义。根据社会排斥应用的情况，它实际上是一个更加狭义的概念。我们应该将不平等和贫困本身从社会排斥中摆脱出来。"社会排斥"应仅用于指个人或家庭遭受多重剥夺的状况；这种剥夺以各种具体的方式阻碍了他们参与更广阔的社会和经济活动。

（二）为了提高社会公正的程度，如默克尔所建议的那样，最为重要的是专注于减少贫困。由于贫困是依据中等收入来定义的，它无论如何都是一种不平等的尺度。在一个有差别的社会中，提高到同一水平比降低到同一水平更具有国民性。然而，关于贫困，重要的不是诸如此类的经济剥夺，而是其对个人幸福和能力所造成的后果。① 78

（三）一旦人们陷入贫困，大多数社会政策关注的是改善其命运，但是，在当今的社会情境下，这种传统的途径是不够的。弹性保障是处理工作与工作之间过渡问题的最佳方式，而且肯定有助于处于贫困当中的人，因为找到工作是摆脱贫困的最好途径，对男性和女性都一样。然而，我们还需要一种更有预防性的途径，这种途径集中在使人突然陷入贫困期的事件和导致贫困期结束的因素上，集中在形塑随后结果的贫困后果上。

（四）对儿童的投资可以得到多重回报，这不仅仅是因为儿童贫困的

---

① Sen, *Inequality Re-examined*.

问题，更是因为早期启动（initiated）的政策可以对整个人生产生影响。教育在后工业社会中具有至关重要的作用，但它不会自动带来平等的生活机遇。实际上，它可能很容易变成特权者保持或加强其优势的战场。必须制定积极的政策以对抗这类倾向，如果不这样的话，教育的新的至上地位将为弱势群体设下需要跨越的新障碍。

（五）政策不应该把"贫困者"甚至"受排斥者"仅仅当作嵌入式类别（embedded categories）来加以处理——我们也不应只专注于特定时期的贫困者。有些积极的政策措施应该指向处于贫困线之上的人，考虑到已知的风险因素可能使他们跌到贫困线以下，或者可能使已经摆脱贫困的他们再一次陷入贫困。这些政策必须既是结构性的又是个性化的，它们不应只限于人力资本一面。与雇主一道，改善工作条件和内在的提升机会，这两方面都很重要。这类干预将有助于减轻旋转木马效应。

（六）我们不仅必须对失业者可能借以找到工作的途径感兴趣，还要对低报酬工作岗位的动态感兴趣。英国家庭调查委员会（British Household Panel Survey）从1991年以来每年与超过5 000个家庭的成员进行面谈，面谈问题中包括了研究开始之前人们的经历。该委员会提供了有关低报酬的丰富而详实的信息资料。正如人们所预期的那样，处于最低工资等级的人极有可能经受失业期。在1991—1994年这段时期内，处在最低收入层的男性中有30%的人经历过失业阶段，相比起来，最高收入层的人只有12%。①该研究证明了拥有工作岗位的重要性——与拥有目前工作岗位少于2年的人相比，在持续拥有一个工作岗位超过5年的低报酬者中，有超过80%的人更有可能摆脱低报酬水平。

① BPHS数据中引用的数据来自John Rigg and Tom Sefton, *Income Dynamic and the Life-Cycle.* Centre for the Analysis of Social Exclusion, LSE, 2004。

技术水平是一个重要影响。在低报酬工作岗位上开始其职业的人中，有40%的人缺少正规的资格条件。他们是最不可能在随后的时间里提升到更高收入岗位上的人。

（七）对于改善这些群体的生活机遇来说，提升技术和旨在减少教育水平劣势的普遍化政策明显是至关重要的。然而，更具有针对性的和个性化的干预行动明显能够产生重要的影响。各种计划应该致力于努力确保那些不具备条件而开始工作的人长时间留在工作岗位上，并且能够在这些岗位上取得进步。工作中的培训机会可能是政策一揽子计划中的一部分，而且对于妇女而言尤其重要。工会在这方面能够也应该有重要的作为。

（八）对于那些真正受排斥者，适用不同的政策类型，尽管使人们进入工作领域仍然是主要目标。成瘾行为——往往会在应对能力上形成恶性循环——是一种重要的影响。物质上的帮助，甚至提供具体的就业机会，对于他们本身也不会产生什么影响。在微观社会层面，有针对性的政策是必要的。它们应该包括提供具体的咨询服务、社区扶助团体和帮助那些受家庭或其他形式暴力影响的人的方法等。 80

（九）有针对性的政策还要求有效应对外在力量所导致的冲击，尤其是短期内大量员工遭到裁员的地方。它们应该包括与社会伙伴和其他公共服务机构之间的密切合作。然而，就如"贫困"一样，"裁员"并不是一种单一的体验，事前和事后的对策范围可以很广泛，它们通常必须根据更广泛的生活情况和生活计划来加以理解。

（十）在这种情境下，弹性保障十分重要，但就其本身而言还是不够的。在美国，人们提出了诸多解决途径，这些途径可能在欧洲也用得上。抢先再就业计划（pre-emptive re-employment schemes）是其中的一种办法——作为一项保险政策，受威胁行业中的工人从一开始便可以申请再培训；或者鼓励他们尽早寻找其他工作岗位。吉恩·斯珀林指出，最有效的方法便是扩大地方学院的网上培训课程，让现在有工作的员工在家里开始接受培训。提供方便找工作的互联网服务已证明是最为有效的选择之一。国家可以有所作为，因为如果失业期被削减了，实际上也就产生了由这类计划所产生的净盈余。①工人中有很多人——包括越来越多的妇女——愿意自办企业。小型试验计划（pilot schemes）取得了一些令人振奋的结果。美国的华盛顿特区和马萨诸塞州设立了两项这样的计划。那些参与了该项目的人在接受培训后的 18 个月内开办企业的可能性是其他人的两倍。其收入增加了 7 500 美元。还设立了其他项目，为可能想把开办企业与兼职结合起来的人提供机会。

81   弹性教育账户（flexible education accounts）可以帮助工人跨越企业中的技术障碍，也可以帮助他们抢先培训。克林顿政府推行了终身学习信贷（lifetime learning credits），据此，工人在工作期内每年可获得高达 1 万美元中的 20% 的信贷额，用于学习和在职培训。倘若这种计划真能奏效，百分比或许还要再高一些。同时，还有一些被人们称作"学习银行"（learning bank）的投资，人们可以用它来防止未来变故，这种银行应该让做出这种选择的人对自己的生活有更多的长期掌控。

把高速因特网和培训设施引入欧盟的低成本地区应该是可能的。某些产品生产中的劳动力成本正在下降——例如，生产一台计算机的劳动力成本仅为整个生产成本的 2% 左右。如果欧洲更加贫困的地区具备了必要的技术，应该能够有效地同国外低成本地区进行竞争。社会倾销的论点便可以轻而易举地被改变，因为就业和生产设施会保留在欧洲范围内，而且可以进一步促进趋同。

---

① Gene Sperling, *The Pro-Growth Progressive: An Economic Strategy for Shared Prosperity.* New York: Simon & Schuster, 2005, pp. 77 – 82.

在履行解雇人员的责任时，应该取得公司的支持。这种途径绝非幼稚或毫无作用。几乎总是存在一些管理上自行决定的领域，即便在面临严重的利润问题的公司里都是如此。例如，2001年美国的西南航空公司收入下滑，因为许多人在"9·11"之后拒绝乘坐飞机。该公司调动了各种节约成本的技术手段——包括削减管理层的工资——而且在没有高额裁员的情况下渡过了危机。一年之后，该航空公司恢复盈利。①

在工人面临裁员威胁时，保护主义会起作用吗？如果该术语指的是维护技术上过时了的、不盈利的或无竞争力的公司，那么，该问题的答案肯定必须是"没有"。有的公司设法度过了经济风暴并且随后恢复盈利，有少数这样的例证。但它们是极为例外的情况，而不是常态；有许多例子表明，有些公司被人为挽救，结果不久后便宣告破产。对于公司的员工来说，结果常常比不采取"挽救"行动还要糟糕。国家给予公司任何形式的保护都应该是暂时的，而且应该满足再培训和帮助寻找新就业机会的需要。

改革公共服务行业以增加对救济对象需求的回应能力，这应该成为上述大多数其他要点的大前提。目的应该是使接受福利救济者能够做出明智的选择，而不是以官僚的方式应对需求。在可能的情况下，给福利接受者提供个性化的服务与选择应该是各种选项中最重要的部分。在教育和保健中，对不同选项的选择不应仅仅针对富人，更不用说只针对那些"不公开"（go private）的人。然而，重要的是，采取足够的激励措施，说服富人群体利用公共服务，使他们忠诚于公共服务。

当我们谈到经济不平等时，不应该忘记发生在顶层的情况，即便他们与大多数国家中生活在贫困状态中的人相比，所占比率极小。过去30年中，在绝大多数（尽管不是所有）欧盟国家，最顶层1%的人所获收入占据的比率增加了——逆转了先前几十年的固定趋势。（然而，我们还不大清楚家庭的分布情况。）财富的分布到处都比收入的分布更不均匀，欧盟

82

---

① Gene Sperling, ibid, p. 88.

各国之间存在着广泛的差异，美国也存在差别。在法国和丹麦，最顶层1%的人口大约占据了总财富的25%，但在瑞典只占15%，美国的比率则为35%。

对于这种流向最顶层1%人口的不均衡的收入和财富量，我们应该担心吗？在帮助更加贫困者方面，高收入者收入方面发生的问题关系不大。从很富有的人到贫穷者，不管分布状况如何变化，影响都很小，因为经受贫困的人的数量太大了。大多数国家都降低了对高收入者征收的最高收入所得税率，在一些国家，最高税率一度达到90%以上。然而，证据表明，与那个时期相比，尽管发生了这种变化，又或者说由于这种变化所致，最高收入者纳税贡献的收入比率实际上是提高了而不是降低了。

确切地说，最顶层1%的人的团结和权力问题应该引起人们更多的关注。大公司的经营者们在履行他们的公民身份责任吗？他们的收入与自己的成就相称吗？有理由要关心上述这两个方面。例如，现在，把逃税和避税推到极致显得比过去更正常了。情况往往是——甚至很典型——公司经理们的收入与公司的实际运作之间似乎不存在什么联系。

该怎么办，又能够怎么办？考虑到资本流动的性质，激励性措施或者比惩罚性规定更奏效一些——除了在跨国层面上后者能够实际运用的情况之外，如在反垄断立法的情形中。对慈善事业的税额优惠是一项政策。在一些欧盟国家——如英国——富人还不如穷人慷慨，他们捐献给慈善或公共事业的部分占据其收入份额反而更小；在美国，情况则相反。用欧洲的标准来衡量，待遇最丰厚的美国经理层，其收入似乎高得惊人（而且美国公众中许多人也这么认为）。然而，有些高收入者仿效安德鲁·卡内基的准则，把毕生的大部分财富捐献出去。比尔·盖茨捐给非洲用于防治艾滋病项目的钱比任何单个国家（包括他自己的国家）都更多。

财富的不平等比收入的不平等要更严重一些，在此，考虑采取行动是明智的。财富可以一代一代传下去，不像收入，除非收入是源于财富的。遗产税是平均政策的明显机制。一些经济合作与发展组织（OECD，简称经合组织）国家已提出取消遗产税，但在社会公正方面，可以采取一种更好的措施来使其更具有积极的意义。这样做的途径是，取消免税措施，如那些不纳税便可在生前赠与物品的措施。对遗产税给予积极的约束，并且在遗产税存在的地方使其更严格，这是可能的，也是可行的。

　　例如，这种革新已经作为建议向英国提出来了。目前，超出 26.3 万英镑的遗产中每一英镑课以 40% 的税。这种税制是累进性的，因为它意味着，一份价值 30 万英镑的遗产课税仅为 5%；100 万英镑的遗产课税为 29%。然而，总体来说，尽管财富不平等的情况在加剧，每年仅有遗产值中的 6% 用于纳税。实施更严格的约束既会增加整体收入，也会产生一种更具公正性的整体结果。该建议的提出者认为，这样收到的额外的钱可以用于面向儿童的信托基金，或用于年老体弱者的长期保健。①

转变期劳动力市场

　　不管富人出现什么情况，可以肯定，人们的绝大部分生活将因他们自己的工作前景而受到最直接的影响。工作与否，两者之间的关系已经变得更复杂了。能够从转变期中获利而非因此减少利益的问题——无论是失业、贫困期、离异还是残疾——突显了出来。就社会政策而言，对于这些情况的考虑表明，在应该如何看待劳动力市场的问题上，我们已发生根本性转变。

　　在过去典型的劳动合同中，就业被简单定义为在特定时间内有一份工作的状态。但是，我们可以开始以一种大不相同的方式来看待就业——如把它看作一种暂时的状态或长期可就业性（employability）的当前表现。劳动力市场政策的关键应该是强化积极的市场变革，并建于强化

---

　　① Dominic Maxwell, *Fair Dues*. London：IPPR，2004.

可就业性和把向不稳定就业的趋势控制在最低程度。①

在社会政策方面，我们必须学会集中在生命进程上，集中在人们经受而且必须应对的转变上。与往昔相比，转变变得更加"开放"，也更缺少预见性。20 世纪 40 年代贝弗里奇（Beveridge）所系统阐发的充分就业思想显然已经过时了。按照（那时候）男性当家的模式，为所有人开辟工作岗位，使其一生中的大部分时间里每周工作固定的时段，这在今天已经行不通了。不仅兼职工作必须发挥重要的作用，付酬工作与指向其他生活目标的活动之间的界限也往往必须是很不固定的。

性别关系在此尤其重要。过去，绝大多数男性在延续很长时间的工作中以固定的受雇时间遵循标准化的工作模式。女性受雇的模式则几乎完全相反——她们以偶然和次要的收入者或者照顾者的身份工作，其工作完全不标准化。事实上，这种对立性正在被打破——尽管并未完全被打破——这是一种积极的发展，但也意味着我们必须要有思考政策的新方式。显而易见，与英国、荷兰或北欧国家比较，法国、德国和意大利更加接近工作上传统的性别分工。至今没有哪个国家在性别平等和终生适应性上接近成为理想的典范——在这种情境下，从整个生命周期来衡量，男人和女人的工作将走向趋同，比如说每周 30 小时的工作制（双方都有长一些和短一些的工作时段）。②

现在，由于强调全球化的影响，人们在分析劳动力市场的变动性质时，倾向于强调外在冲击是不连贯生活状态的来源。然而，为了与早些时候对这项研究的强调相一致，人们必须要指明，许多（大多数？）转变实际上是自发形成的，尽管还有极少数完全不受全球化的影响。这里面可能包括各种对一件产品或市场的品味造成损害的变动模式、雇主方拙

①　Bernard Gazier and Günther Schmid, 'The dynamics of full employment', in Schmid/Gazier(ed.), *The Dynamics of Full Employment: Social Integration ThroughTransitional Labour Markets*. Cheltenham：Edward Elgar Publishing, 2002, p.6.

②　Günther Schmid, 'Towards a new employment contract', in Schmid and Gazier(ed.), *The Dynamics of Full Empoyment: Social Integration Through Transitional Labour Markets*. Cheltenham：Edward Elgar Publishing, 2002.

劣的管理等，但也有员工方的许多因素（积极的和消极的）。例如健康问题、关系变化或业余再培训等。从事费力工作的人可能精疲力竭，或者在短期休假后改变职业。

积极的因素也很多。一个人（男人或女人）在一生的某一段时间可能　86
决定从事一项不那么费力——或更为费力的工作。在从事"令人精疲力竭的工作"的人当中，有许多计划在生命中很早的时候就变换工作。例如，从事金融服务业的人员中，很高比率的人计划在40岁左右的时候变换职业——许多人不停地实现预定目标，主动跳槽而不是被推着走。其他的积极影响包括生小孩，决定接受或再接受高等教育，病后恢复健康，或者某个残疾人士发现他实际上能够在一个有报酬的岗位上工作等。生小孩这一现象与福利国家的经典时期大不相同了。它现在是一种有意识得多的决定，决定之前可能掂量和再掂量。

"内在地"形成的失业，或者转向兼职工作，不同于传统上由于经济的周期性波动或者由于技术的变革而造成的失业。即便是由于消极的冲击产生的，它们也可能触发积极的生活转变，带来更高工资收入或更加令人满意的工作岗位。但也可能是开始急剧下降的标志。例如，如果年龄大一些的人失去了工作，他们可能在一生中余下的时间里都没工作了。为了应对这些问题，我们需要一种二次机会（second chance）的政治——无论在工作、家庭或其他领域，提供挫折后重新开始的机会。

一个根本的问题是，如何为"巨无霸电脑"工作岗位上的人促成积极的转变。在欧盟15国中，这类工作岗位有一半由年轻人（25岁以下）和老年人（60岁以上）占据着。没有任何理由说明更高比率的老年人不应该在这类岗位上工作——愿意这么干的人比能够找到这样工作的人要多。原因完全是社会性的——阻力来自经营和频繁出没于诸如咖啡店这样的商业场所的人。随着人口本身的进一步老龄化，同时随着老年歧视性偏见的减弱，这类偏见有望在将来大体消除。

有一部分在"巨无霸电脑"工作岗位上的年轻人已经进入了转变期劳动力市场——他们在接受继续教育或高等教育之前不定期地工作着，

87　或者走上一条新的职业道路之前休假旅游。例如，大量在伦敦的旅店、餐馆和咖啡馆工作的年轻人处于转变期情境——学习英语、体验伦敦或者可能在服务行业中接受职业培训。

还有一个部分——主要是妇女——是家庭中有其他人在工作的次要收入者。他们提升的机会很少，但他们不一定生活在贫困家庭中。这种情况的例子有，超市付款台的记账员、工业或家庭保洁员或者商店的营业员。鉴于许多人可能想要兼职和相对不费力气的工作这一情况，我们应该为他们担心吗？应该，因为如果有发展的机会，他们肯定会有兴趣占有。此外，最有可能变得赤贫的人（主要）是妇女，她们或是其他人没有工作的家庭之主，或者其配偶也在低报酬行业。统计数据表明，直接由"巨无霸电脑"工作岗位转向更加稳定和更有价值的就业岗位的人，所占的比例小得令人担忧。

促成转变

什么样的政策可能被用来应对后工业时代劳动力市场的各种可能性和问题——尤其是那些防御性的而非安全网（safety-net）式的政策？金特·施密德（Günther Schmid）提出了许多方法。我们应该瞄准下列政策：

- 在教育或培训——或再教育和再培训——的转变期之间保持或提高收入能力（income *capacity*）；
- 在就业关系的重大转变期间，尤其是兼职工作与全职工作之间以及合同制就业与自主就业之间（或反过来），提供收入保障（income *security*）；
- 在人生历程的各个阶段，因为社会责任，如耗费个人大量时间的抚育孩子或其他抚养任务而导致收入量减少的时候，提供收入支持（income *support*）；
88　- 在就业与失业的转变之间，提供收入维持（income *maintenance*）；

● 当收入减少或因残疾或其他导致不能从事付酬工作的原因造成损害时，提供收入替代（income replacement）。为了确保劳动力中存在高比率的老年工作者，通过激励和约束等综合措施，作为收入替代资格的退休必须尽可能地加以限制。①

在上述基础上，我们还要补充：

● 实施能够为低水平服务工作岗位上的人所利用的培训方案，因为他们希望转向需要更多技术的职业。应该向雇主提供激励措施以建构由"巨无霸电脑"工作岗位向其他工作机会转换的职业阶梯。

为了推动这些政策建议，我们可以从就业保险或工资保险方面而不是眼下存在的失业保险体系方面开始考虑。②这种方法符合对以充分就业为终生观念的重点强调。即便在积极的劳动力市场状况下，失业救济金也只能在个人失去了工作岗位时才会起作用。就业保险指向的不仅仅是这类情况，而且也指向转变期劳动力市场更加积极的一面。就业保险最主要的一个功能是，鼓励人们承担可能产生积极结果的风险——诸如通过安排终身学习、拿出时间增加可就业性或者向延迟退休转变。

足以保持知识/服务经济中的自主权、增强的社会公正和经济动力之间平衡的条件，与解除对劳动力市场的管制大不相同。它们将理想地导致社会伙伴——雇主和工会——与政府之间的密切合作。可资使用的政策有几种不同的类型；某些国家已经在一定程度上运行了其中一些。可能实施的有对工作期内的培训使用各种代价券，这也是包括接受较低的最初报酬在内的一揽子计划的一部分；还有让"雇佣公司"建立起各种

89

①　Günther Schmid, ibid, pp. 394 – 398.

②　Erik de Gier and Axel van den Berg, *Making Transitions Pay!* Amsterdam School for Social Science Research, June 2005.

地方网络等，这将在大量员工被解雇时发挥作用，而且还会帮助长期失业者。在其他国家中，荷兰、比利时和奥地利正在将这些想法投入实验。例如，在荷兰，一个叫"实达"（START）的非营利机构暂时雇用了不能通过正常途径进入劳动力市场的人，把他们借调给私营雇主以获得工作经验，或者如果雇主不接受他们，便让他们接受培训。

奥地利建立的工作基地提供了关于进一步普遍化的、引人注目的可能性。其目标是为被解雇的员工提供一个信息来源网络，使他们不必孤立地应对向新工作岗位的转变。工作基地是社会伙伴关系的极好例证。当一个公司大批量裁员时，留在工作岗位上的员工支付其报酬的 0.25% 作为对基地的贡献——这是一种团结先前同事的姿态。公司本身则要做出更大的资金捐献。其余则由被解雇的员工来支付，他们要把自己解雇费的 50% 交给基地。最后，国家保证支付最大限度为 4 年的失业救济金，来负担大部分费用。该实验似乎起作用了。参与者与非参与者的情况比较表明，前一个群体中在相当短时间内就业的比率要高得多。①

正如前面所详细说明的那样，针对就业保险体制的举措不一定比当下大部分国家既存的更加分散的项目耗资更多。刚刚提到的实验解决了其自身的费用——如果把对经济带来的整体纯利益计算在内，那还不止于此。

积极的劳动力市场政策一直很成功——确实，这在已降低了失业和实现了高就业的国家运用的政策中是一个至关重要的因素。然而，为了与上面强调的内容保持一致，应该有一个向着激活劳动力市场方向的转换，这是一个更加广义的概念。眼下最积极的劳动力市场方案只有在个人已经失业了一段时间的情况下才切实可行。正如人们已经注意到的那样："这就好比把失业者先扔进游泳池深水的一端，等着看看他们在无人帮助的情况下是否能设法脱险，也不事先问问人家会不会游泳和水性如何。"②更理想的做法是，对中期和长期失业的风险情况立刻做出评

---

① Schmid, 'Towards a new employment contract', pp. 417 - 418.
② Ibid, p. 427.

估。积极的劳动力市场政策通常解决了在培训项目中产生的各种费用。但是，这种体制缺乏内在激励，以确保安置职能有效。就如刚才描述过的在工作基地的情形那样，采用联合融资(co-financing)的办法更加可取。

在传统的劳动合同中，社会伙伴的作用主要涉及协商工资和工作条件。在激活劳动力市场的政策中，商谈同样集中在工作时间的安排上，包括工作能够与家庭义务或者培训期结合在一起的时间。额外的费用由雇主和雇员共同承担。公司还应该开发人力资源项目，以便增强其灵活性和竞争力，尽可能与雇员的需求保持一致。在传统的失业救济体制中，国家实际上承担了用于人力资本投资的所有费用。但是，如果鼓励公司自己担当起这个角色中的一部分，则会更加合乎情理，尤其是因为，在知识/服务经济中，它与其经济利益非常符合。芬兰已实施了一些这种类型的新的劳动力市场方案，尽管目前它们还处在边缘。实际例子包括在公司或企业的整体重组时，实施工作岗位轮换方案和协商方案。

3.1　新平等主义

（一）不仅关注社会公正，而且关注经济动力。我们知道，这两者可以协调一致，尽管存在协调平衡的问题。

（二）传统的再分配机制保持不变，尽管形式有所变化。例如，累进税(progressive taxation)仍然十分重要，但在已知危及经济需求和就业岗位开辟的地方有所变更。

（三）某些政策导向必须针对长期的贫困者和真正的受排斥者。但是，我们必须特别关注转变，最主要的是要关注转变期劳动力市场。

（四）如果对更加富裕群体有益的政策能够产生增强对福利体制的义务的效果，那么，这类政策便是重要的。

（五）性别敏感型政策(gender-sensitive policies)至关重要，它们不仅能持续改善妇女的经济地位，而且有助于弱势群体中的男性。

（六）强调激活劳动力市场的策略。

（七）要求顶层高收入者高标准地履行社会与经济公民身份(social and economic citizenship)。

（八）减少儿童贫困占据了一个尤为核心的地位。

像积极的劳动力市场政策一样，激活劳动力市场的政策对所有人而言，既涉及权利也涉及义务。在现阶段，失业者的义务首先包括要求在某个时间参加培训项目和接受提供的工作岗位。但是，接受救济金的人的责任范围则可以扩大。例如，他们可能有义务为工资投资基金（wage investment fund）做出贡献。

儿童、童年、儿童贫困

92 在本章的最后，请容我再回到儿童问题上来。在这里，经济问题与更加普遍的社会问题重合在一起。在后工业社会中，我们生活在一个"珍爱孩子"（prized child）的时代。生孩子的决定几乎完全是情感性的，也是十分特殊而又独特的。孩子几乎不再是自然地"到来"。父母的身份因此发生了巨变，而童年本身也仍然在演变。正如有些人所认为的那样，童年或许还没有"消失"，但是，由于无处不在的媒体，与上一代人相比，儿童亮相于成人世界的时间要早得多。①

儿童贫困或许是所有贫困中最恶劣的形式，而且会带来普遍存在的恶果。但是，儿童贫困现在也发展成了更加隐蔽且难解的低于基本权利标准（under-privilege）的形式。一些儿童在成长过程中每天接触互联网和各种不同的媒体，另一些则没有。根据这个事实，我们还不知道会产生什么样的结果。与富裕家庭的儿童相比，童年的"成人化"对贫困家庭的儿童可能会产生更加负面的影响。例如，有证据表明，街头帮派，甚至是很暴力性的帮派，在年龄很小的儿童中间形成，其中的角色模型（role models）直接取自电视。这些差异与教育和受教育的经历有关。

在这个"珍爱孩子"的时代，父母和未来的父母都认识到（或应该认识到），对孩子的责任将持续 20 年或更长，这在收入保障方面产生了相应的含义。如果孩子很年幼，工作条件的灵活性解决不了该问题，而如果后来不能为妇女提供进一步的职业机会，实际上还会使这一问题变得

---

① Neil Postman, *The Disappearance of Childhood*. London：Vintage，1994.

更加严重。从生命周期的角度来看，针对转变期劳动力市场的政策应该在此起到最根本的作用。对于欧洲的许多家庭而言，要保持处在贫困线以上需要有两个人的收入，不仅开始的时候是这样，而且必须长期如此。人们能够拥有合适的住房是一个非常重要的因素，在欧洲许多地方财产价格上升的情况下更是如此。

对儿童投资的政策需要与对性别平等的关注完整地联系在一起——因此，必然涉及男性和女性。尽管存在上文提到的困难，强调家务劳动分工中性别平等的政策还是能够产生一定效果的。例如，荷兰实施这类 93 积极措施的结果表明，从事兼职工作的男性的比率上升到了23%，而欧盟15国平均只有7%。

目前，许多欧盟国家远达不到关于儿童保育场所的巴塞罗那目标。缺乏可供使用的场地是主要问题，但正如简·詹森（Jane Jensen）所指出的那样，缺乏规划也是一个主要问题。[1]因此，巴塞罗那目标有时候通过设立保育学校的场所来加以满足。但由于它们都是非全日制的，父母还必须寻找别的途径以便在工作日或一天中的其余时间里照看孩子。虽然母亲有可能从有付酬工作中脱出身来，但上述情况不可能只是几个小时的事情，而且她们获得的也仅仅是微不足道的收入。

近些年来，一些改进的途径已经逐渐明晰起来了。减少儿童贫困意味着并非聚焦于儿童本身，而是聚焦于家庭。处于风险中的是家庭而非儿童。无人工作的家庭极容易遭受儿童贫困——紧接着就是那些只有一个人赚钱的家庭。旨在促进家庭收益和让家庭中更多人投入工作的收入补充措施被证明非常有效。有个很重要的例证，即英国实行的税额抵免优惠（tax credits）——从1997—2004年这段时间里大概有75万儿童脱离了贫困。

---

① Jane Jenson, 'The European social model. Gender and generational equality', in Anthony Giddens, Patrick Diamond and Roger Liddle (ed.), *Global Europe*, *Social Europe*. Cambridge：Polity, 2006.

　　给单亲家庭提供帮助在减少儿童贫困方面起了重要作用，但并不是决定性作用——近些年在政策方面集中关注单亲家庭似乎不大适宜。有一项研究表明了这种情况，该研究旨在推测如果所有发达国家都拥有同样的单亲家庭比率，那将导致何种结果。据研究，如果每个国家有十分之一的家庭是单亲家庭的话，那么，国家之间的排名不会改变——这进一步加强了家庭至关重要的结论。①

　　北欧国家在这方面依然领先保持着低水平的儿童贫困和"社会继承"——生活机遇均等。有许多东西是别的国家可以学习的。在瑞典，儿童贫困率一直只有 2.6%：在纳税和收入转移支付前为 23%。这种差别几乎完全是源于政策而不是直接的收入再分配。通过部署税收激励措施、私人部门参与和其他机制，这类政策大部分可以在总税率较低的国家得到复制。普遍有效的儿童保育看起来是唯一重要的因素，它把低比率的儿童贫困与低比率的社会继承联系在了一起——尽管正如我们已看到的那样，对于妇女而言，其含义在一定程度上是成问题的。

　　在某些欧盟国家，技术和文化素质的缺乏影响了大概 20%—30% 的年轻人——在一个半体力或者非技术体力劳动的前景差不多已经消失的世界里，这是一种可怕的境况。改善这种状况的传统方式集中在学校内部的改革上——如避免过早把学生按能力分组（streaming by ability），推行综合学校、文化素质班和其他策略。然而，如注重于家庭环境，可能收效会更大一些。有证据表明，在影响儿童认知发展的过程中，家庭的文化资源比纯粹的贫困更加重要。正如一项对学业成绩的国际研究数据所表明的那样，"文化"和"金钱"并不是密切相关的。

　　有研究把父母的教育、收入和文化水平的影响与其年龄为 15 岁的孩子的认知情况进行了比较。②在人们注意到的差异中，家庭收入并不是重要的解释性因素，但是，用家庭中可获得的信息资源、讨论文化问题和

---

① Jane Jenson, ibid, p.165.
② Esping-Andersen, 'Inequality of incomes and opportunities', p.33.

参加音乐会或上剧院的频率来衡量，文化却是一个重要因素。认知资源缺乏的儿童一开始就具有一种将来会扩大化的障碍——有时候实际上是学校环境的一种结果。如果把父母的收入、教育甚至移民身份作为控制性变量，那么，那些在学龄前或认知测试中得高分者过渡到更高级中等教育的机会是其他儿童的两三倍。

如果降低儿童贫困率必须成为（绝大多数）欧盟国家的主要目标，那么提高出生率也一样。出生率降低不限于欧盟——新加坡的出生率为1.1，是世界上最低的。智利是拉丁美洲经济最发达的社会，其出生率为1.7。然而，欧盟国家拥有的混合人口数量要大得多，这个问题变得极为重要。

一般认为，人们说他们想要多少孩子与他们实际上平均有多少孩子，这之间存在差距。儿童保育方面缺乏国家支持显然是一个因素。在欧盟出生率最低的国家中，如西班牙和意大利，这方面给予的支持也是最少的。出生率更高的国家，如丹麦或法国，提供的儿童保育服务也要好得多。但是，这种解释只是一个方面。实际情况部分是，与想要拥有的孩子数相比，实际拥有更多孩子数的人在减少——避免多生孩子的能力比过去增强了。①

儿童保育机构和弹性工作时间很重要。但调查也表明，为何拥有比自己想要的孩子数更少的在人们表达的理由中，对失业的恐惧——为了自己或自己的伴侣——排得很靠前。在这个"珍爱孩子"的时代，生个孩子并将他/她好好养大成人是一件开销很大的事情。当准父母的经济前景不那么乐观的时候，他们对于把孩子带到世界上来这件事就会有所担忧。这个结论十分重要，因为它表明了，成功应对欧洲的人口问题在多大程度上与更加普遍意义上的社会模式改革联系在一起。

欧洲社会模式的前途与对儿童事业的成功投资息息相关——从经济原因和社会公正原因来看都是如此。然而，只集中在儿童身上结果忽视

---

① Jane Jenson, ibid, p.159.

了性别关系的政策也不可取。我们可能要做出一些权衡。例如，妇女的弹性工作时间可以使家庭和工作职责相协调，但可能会使很多人后来停留在低报酬的工作岗位上而极少有机会转向全日制的工作。被更为富有的母亲雇来照顾自己家庭孩子的妇女面临着类似的命运。这里与移居问题存在很大的重叠，因为许多这类妇女来自少数族裔。下一章拟关注福利的改革，我将进一步讨论这些问题。

第四章

从消极福利到积极福利

论及福利改革，我们首先必须分清"福利"（welfare）和"国家" （state）这两个因素。在后工业社会，国家的作用不仅仅是"提供"福利。它还必须发挥一种更加广泛然而又更加松散的调节功能。国家的任务是帮助创造有效的公共领域和有价值的公共产品。但它远不是唯一的代理人（agent）。例如，面向商店、超市等的食品有效配送是一项公共用品（public good），但国家在此只提供总体性管理架构。

"公共服务"（public service）这个概念必须谨慎对待。"国家"和"公共领域"（public sphere）或"公共用品"不是一回事。国家提供的服务可能会也可能不会为配送公共用品创造最佳的条件。国家可能效率低下、过度官僚、被生产者的利益所主宰或过于集中化等——在过去的"福利国家"中，这些特征与其他特征结合一起阻碍了福利的供给。

"福利"也是一个模棱两可的术语。《牛津英语词典》给出了两种主要的含义。一种是"给有需要的人提供经济帮助"；另一种含义更加宽泛，指"快乐和健康的状态"，类似于"康乐"（well-being）。福利国家被其创立者主要看作一个保障或风险管理系统，因此采用的是更加狭义的定义。例如，威廉·贝弗里奇把福利国家看作一种对付"五大巨人"（five giants）——贫困（want）、疾病（disease）、无知（ignorance）、肮脏（squalor）和懒散（idleness）的途径。但是，他处理福利的方式就像福利赖以存在的工业秩序一样过时了。后工业社会的特点是更高程度的个人 主义，与原先相比，生活方式的多样性要大得多。在这样一种社会，把国家仅看作一种保障机制或仅根据经济风险来定义福利，都已不合时宜。

我提出，我们应该更多地把"福利"理解为一种康乐状态或者对生活目标的积极追求。我们可以把这一点定义为由保护性风险管理转向积极福利。贝弗里奇所提出的消极因素中的每一种都可以用积极因素来取代。个人自主或自由取代贫困；不是避免疾病，而是积极的健康；教育作为生活中的持续组成部分取代无知；繁荣取代肮脏；积极进取取代懒散。这五种因素转变为积极因素后，便构成了积极生活目标的核心，社会政策应该针对这些目标。正如许多调查研究所表明的那样，美国人一般比欧洲人更加乐观，这一事实是否得益于积极生活目标已写入他们的宪法：生命、自由和追求幸福？

传统福利制度旨在把风险从个人转向国家（参见加框文字4.1）。保障被定义为减少风险，并被看作福利国家和提高社会公正所要追求的主要目标。但是，这种观点是非常消极的，在一个人们醉心于探求新生活方式的机会的世界尤其如此。我们不应说"福利国家"，而应说积极福利社会（a society of positive welfare）。在这种社会中，国家扮演的是重要角色，而非支配性角色。国家主要是一个社会投资和管理机构。近些年，许多人把国家当作一种赋权性力量（enabling force），但在积极福利社会，最好把它看作保证型国家（ensuring state）。赋权型国家在任何可能帮助人们自助的时候都会启动社会投资。这种观念意味着，一旦给人们提供了资源，便任由他们自己浮沉。相比之下，保证型国家则试图影响公共利益的结果，有时候甚至给人们提供保障。这些保障原则适用于诸如最低工资或收入保证金、儿童救济金、养老金最低保证额等领域。

98

4.1 传统福利国家

（一）政策是"事后性"的——出了问题之后再收拾残局。福利国家从根本上说是一个集体的保障体系，建立在安全网络的理念基础上。

（二）除教育和较低程度的健康这些领域外，福利国家并不被看作一种生产性机构（generative agency）。这种取向部分是因为，生活方式不被认为是成问题的——行为和诸多结构（如性别角色）是约定俗成的。

（三）福利国家旨在增强凝聚力，但首先是通过阶级调和来实现的。社会问题被看作阶级冲突的问题，集中在社会中的体力劳动阶级和其他主要阶级集团的分化上。

（四）福利国家主要通过扩展权利而得到发展。T·H·马歇尔很正确地区分了三种连续性的权利"层"：法律权利（如言论自由）、政治权利（普遍公民权）和经济权利（失业保险等）（参见下文）。

（五）生产者的利益往往支配了消费者的利益，后者一般必须"接受被提供的东西"。"医生最高明"的心理主导了大多数领域。公民大体上处于服务接受者的被动地位。

（六）政策定位于人们生活中此时此地的问题，整个生命周期被看作稳定的、可预测的。养老金根据这些假设得到设立，大部分其他政策也是如此。

（七）教育处于中心地位，但主要从初等教育和中等教育的角度来加以理解，同时也根据其向受限群体扩展的角度来理解。

在某些独有的情境下，旧福利国家的利益（benefits）主要从权利的角度来加以定义——享有工作、失业救济或教育自由的权利。然而，在一个生活方式更加开放的社会，权利通常也包括义务——那些必须在法律中详细阐明和认可的义务。例如，在劳动力市场领域，失业救济金与激励和惩罚措施紧密关联，以确保积极寻求就业和安排就业。

福利应从个人自主和自尊的角度重新定义。在一个充满抱负但生活方式问题明显的社会中，这些价值观变得非常重要，因为它们意味着积极的行为变化。自尊——或者反过来说，自尊的缺失——已经表明与一系列社会问题有关，包括贫困、犯罪和健康等。低自尊限制了自主，因此也限制了改善人们命运的能力。实际上还可能导致自我损害或攻击他人的行为。由成瘾所引起的一系列行为——包括饮食失调、酗酒甚至性暴力等——都与自尊和缺乏稳定的自我感有关。①

较之于福利的狭义经济学概念，谈论自尊可能显得含糊或不切实际。事实上，在知识/服务经济中，从根本上说，自尊实际上与非常平常的事情密切相关。例如，考虑一下转变期劳动力市场。在盛行于新经济

① Anthony Giddens, *Modernity and Self-Identity*. Cambridge：Polity Press，1991.

的就业环境中，根据机会、工作-生活平衡和工作经验积累的路径等事实，网络劳动力市场的进入和退出非常灵活。从积极的角度来看，这种劳动力市场"预测到了纯粹依赖性劳动的结束、个人将摆脱公司的束缚和一种新形式的自我就业的开始"。①为了使这些可能性得到实现，个人应该足够信赖自己的能力，以便能够应对变化，或如果必要的话，甚至能够精明地驾驭它。②

100　　我拟在本章将这些理念与对福利国家及其前途的广泛评价联系起来。我将提出，经典福利国家很大程度上已经过时，或者至少需要彻底的反思。有些原因在上一章已进行过讨论，由于社会公正是任何福利体制都持久关注的事情。但还有许多其他值得关注的事情需要处理，尤其是那些与社会团结相关的事情。其中最重要的是我称之为当今社会问题的事情——我们的社会应该如何对新形成的文化和种族多样性做出反应。这一问题至关重要，本章后半部分都将致力于此。

干预主义与行动主义

积极福利的态度应该是干预主义的（interventionist）或抢先性的（pre-emptive），而不仅仅是补救性的（remedial）。干预主义指的是，在任何可能的情况下，把问题消灭在源头上，而不是遵循经典福利国家的方式——弥补风险和事后收拾残局。安全网络的想象在当前是一种误导。这里，经济动力与社会公正之间存在着一种明显的交会。在人生的早期阶段致力于人力资本投资，尽可能确保生活机会平等，提升目前处境不佳者的受教育程度，这些都是能够用来促进经济竞争和更加平等的政策导向。

---

① Bernard Gazier and Günther Schmid, 'The dynamics of full employment', in Schmid and Gazier (ed.), *The Dynamics of Full Employment: Social Integration Through Transitional Labour Markets*. Cheltenham: Edward Elgar Publishing, 2002, p. 6.

② Ibid.

干预主义与行动主义（activism）并驾齐驱。行动主义有两种含义。一是在任何可能的时候，福利服务应该旨在帮助人们自助。我们必须严肃对待下列事实，即在有些时候或在某些情况下，福利国家对其旨在帮助的公民会产生相反的效果。救济金可能产生消极的作用。20 世纪 90 年代批评者严厉抨击福利国家存在的福利依赖，这是不争的事实，即便当时被有些人夸大了。①另外，社会公正因素可能非常显而易见，至少在政策得到恰当设计的时候是如此。考虑一下残疾的问题。"残疾"（disability）可能在那些被指称为"残疾"的人当中产生消极心理和依赖性。这一事实的确是该术语发生改变的理由——"残障"（handicapped）甚至是一个更糟糕的术语。

有许多残疾人士，他们想要工作，或者想要过上比目前更加满意的生活。对于严重残疾人士而言，技术明显可以给他们提供帮助，例如装上假肢、发声器或助听器。然而，近期增加了无力工作人士类型，其中包括大量残疾情况不那么明显的人——而且逐渐转向那些患有抑郁症或精神错乱的人。更广泛的治疗服务是帮助人们重新自立的一种途径。"残疾"（disablement）如果意味着不能在社会中发挥完整的作用，则会变成一种社会排斥形式，考虑到各种可以用来提供帮助的资源，"残疾"在相当大程度上取决于残疾人士的态度。想一想演员克里斯托夫·里夫（Christopher Reeve）在身体不能动弹甚至不能开口说话的情况下所取得的成就。我们又一次看到了自尊在这种情境中的重要性。克服残疾状态决不仅仅是技术或资源的问题——尽管这些有助于建立自尊，而这种自尊反过来又可能形成更大的行动自主。

丹麦在 20 世纪 90 年代的劳动力市场改革中实施了一种"个人行动计划"（IAP）。社会工作者与客户对话，以便清楚地描述他的生活和志向状况。个人行动计划所声称的理想是要使个人的需求与劳动力市场的需求

①　参阅 Charles Murray 有关"下层阶级"（underclass）和福利体制的不同著作——例如，Institute of Economic Affairs, *Charles Murray and the Underclass*. London：IEA, 1996。

相一致。①个人行动计划是一种契约。个人同意根据再培训和找工作培训所详细说明的方式行动；同时必须给他们提供各种资源以实现这些目标。在不可能找到工作的情况下，个人行动计划的目标则是要稳定个人的生活状况，避免发生异化过程和丧失自尊。

虽然有人对该体制提出批评，但总的结果似乎是令人鼓舞的。有人指出："个人行动计划使失业者能够作为一个负责任和有反思能力的公民发挥作用，因为它激励失业者解决其自身的问题。"②一个重要的结果是，个人被激发起以一种积极同时也是长远的方式来思考其可能的工作前景。

"行动主义"的另一种含义是社会行动主义。例如，我们从无数反贫困项目的失败中得知，消极地转移收入有其局限性，尤其当贫困与其他剥夺形式同时存在时更是如此。地方行动主义和参与至关重要。公民社会组织必须在设计和执行福利项目的过程中发挥关键性作用。这种观点将更有效地运用在解决由生活方式变化所引起的福利问题上。

然而，我们不可能笼统地使全部公民社会组织合法化。有效性和合法性在此与在其他任何地方一样是必要的。旧的慈善组织至多能发挥有限的作用。第三部门群体（third-sector groups）和非政府组织，不管它们可能多么具有地方性或涵盖性，都必须符合公共责任的标准，因为它们既不需要接受选举，也不需要像商业公司那样承受市场的压力。这些标准应该包括面向公众的出版报告、有效和公开的内部管理以及直接与政府中的各种不同团体、非营利部门和企业等合作的准备。企业家的进取精神通常能够起到至关重要的作用——没有理由认为这种精神只应限于企业公司内部，社会活动的倡导者们应该像企业领导者在追求经济目标时表现的那样，敏捷而充满活力地追求实现社会目标的新机会。

---

① Asmund W. Born and Per H. Jensen, 'Individualising citizenship', in J. G. Andersen et al., *The Changing Face of Welfare*. Bristol：Policy Press，2005.

② Ibid，p. 152.

当前，社会政策不再可能只覆盖那些它在传统意义上适用的领域。例如，就文化融合的问题来说，它必须与公民自由和文化相对论的讨论相关联（参见下文）。包容与言论自由大都被置于与福利分离的政策箱内，但这种分离被打破了。T·H·马歇尔在其对发展公民身份权利的经典阐述中——也是对福利国家演进的阐述——分析了三组权利：法律 103 的、政治的和经济的权利。①正如他所描述的那样，这些权利按顺序发 104 展，每一种都为下一种奠定了基础。法律权利，尤其包括一系列个人自由的权利首先得到发展。这些权利主要是在 18 世纪创立的。一旦获得这些权利之后，通向获得政治权利的道路便敞开了，这些权利成就于 19 世纪。政治权利转而使得更多的社会贫困成员能够努力争取经济权利——救济金成为福利国家的一部分。福利国家主要是在 20 世纪建立起来的。

4.2 后工业福利社会

（一）政策建立在预防性福利和人力资本投资的基础上。安全网络的途径保持不变，但与更具生产性的政策相结合，各种政策以积极的生活价值为导向。

（二）生活方式的改变成了福利体制的核心。激励措施和惩罚措施被用来确保取得积极的结果。这些必须通过正统的民主机制来形成，而且应该符合实质性自由。

（三）福利体制的目的是要增强团结，但首先要通过有助于使文化和生活方式的多样性与整个社会凝聚相一致的方式来实现。"首要的"社会问题就在于创造这种平衡，并确保少数族群充分参与。

（四）实际上，在福利体制的所有领域，权利与义务或者责任并行。然而，权利一旦确立起来，就不仅仅是想当然的事情。权利可能需要改革，而且也可能直接受到威胁（如言论自由）。

（五）福利体制的接受者通过一系列机制被赋予权利，如资讯利用、服务和选择的个性化等。

（六）各种政策指向人们生活转变中的问题，其中许多是不可预料的，但也往往被积极地做出决断。政策旨在向人们的能力投资，在可能的情况下，着眼于长远。

（七）继续和高等教育作为跨越整个生命周期的学习活动，变得具有巨大的经济和社会重要性。

---

① T. H. Marshall, *Citizenship and Social Class*. Cambridge University Press, 1950.

无论是法律权利还是政治权利，都不像马歇尔所认为的那样被牢固建立起来了。每一代人都得重新捍卫它们。对公民自由和言论自由的威胁实际上随时存在。人们只要回顾一下在欧洲法西斯主义的兴起，就会明白这种情况。今天，新的张力又出现了，这种张力源自文化语境，在这种语境中，言论自由和个人自由可能与某些人牢固持有的神圣价值观发生冲突。

消费者公民与公民消费者

认为国家会自动地按公共利益行事，或者反过来，认为市场的主动行为必然与国家相反，这些假定都是不对的。我们必须找到一种超出这类粗略描述的途径，因为这类描述引起了有关福利国家前途的持续不断的争论。问题部分来源于"公共服务"术语的含糊性，它实际上是指以国家为基础的各种服务。以国家为基础的机构或在其中工作的群体与在任何"私营"部门工作的人一样，可能是着眼于部门或者私人利益的。正如解除对电信的控制所表明的那样，私有化有时候能够很好地服务于公共利益。

一个良好的社会可以被定义为这样一种社会：竞争的市场、发达的第三部门或公民社会与民主国家之间实现了有效的协调。这些领域之间的界限往往存在争议，但是，界限是明显存在的。在市场取得了完全控制权的领域，个人以可能被称为消费者公民（consumer-citizen）的身份发挥作用。市场的标准主要并直接通过竞争来得到保证。一台价格相等却比其他品牌质量更差的电视机将会被市场淘汰。国家和其他公共权威机构也在起作用，但这种作用仅限于监控市场的总体框架、避免垄断和提供保证契约得到履行的手段。

在非市场领域——国家和公民社会——可能而且应该有重要的消费者选择，但这些领域主要不是按市场原则来组织的。例如，在国家部门，可能存在医疗从业者、学校或社会服务之间的选择。然而，标准不可能通过如其在市场中能够实现的竞争来得到保证，它们必须由专业人士和公共权威以更加直接的方式来加以监督。我们可以说,在这些领域,个人是**公民消费者**(citizen-consumer)——他有权期望得到通过外部权威来强力实施的标准。

国家不是公共领域的具体体现。为了追求公共目标,国家往往明显需要改革。《里斯本议程》的困难之一是,它几乎完全集中在市场和市场效率上,没有相应地强调对国家的改革。

在一个国家作用过于强势的社会中,局限是众所周知的。然而,如果认为这类社会与近期欧洲的经验格格不入,那也是错误的。它们不是格格不入的,仅仅在大概 30 年前,几个西欧国家(西班牙、葡萄牙和希腊)都还是以国家为基础的独裁国家,而欧盟新加入的成员国则是前社会主义社会,在这些社会中国家是首要行动者。

或许可以理解的是,这类国家中有些反而转向了激进的自由市场哲学。这种立场至多可以被看作权宜的和暂时的。激进自由市场的途径不能创立公平或公正的社会,也不能为长远的经济增长创造条件。20 世纪 80 年代及之后撒切尔夫人执政时期英国的经验清楚地表明了这些结论。英国的经济状况有所改善,但收入和财富的不平等大幅上升,公共服务行业和交通基础设施衰败。由于缺乏对长期增长条件的投入,生产力停滞不前。

一个社会——地方的、国家的和国际的——一个过于允许市场侵入的社会,也要承受福利带来的后果。各种市场激励措施可能对于实现从健康到环境这类福利目标很重要。但是,它们通常必须在更加宏大的监督框架内加以实施。重要的是必须认识到,一个市场作用过于不受限制的社会将会导致公民秩序的衰落——不平等变得过大,商业动机主宰其他目标,同时犯罪和破坏公共财产的行为层出不穷。

福 利 输 送

战后福利国家是在集体主义仍然受到推崇或至少是可以接受的时期

发展起来的。斯多葛主义的态度和自我牺牲的态度——加上与男女同胞团结的情感——在战后一段时期内相当普遍。但是，结果产生了一种适应服务提供者而不是接受者的体制。排队、等待、接受服务供应者摆布而不是拥有机会影响他们，这一切成为显著特征。

有人指出，是消费者资本主义的发展使得人们不满足于他们曾经乐于接受的东西。因为在市场中，消费者必须被看作顾客。毫无疑问，这种观点有一定道理，但这种态度变化更有可能是日常生活民主化的结果。个人被赋予权利，不仅作为消费者，而且也由于日常自由的进展，包括比原先接触到更加广泛的资讯。福利体制往往仍然艰难地落在后面。例如，在德国进行的一项研究中，研究者坐在社会保障办公室里，当失业者来登记或询问工作机会时，他们就能了解到实际发生的情况。

107 他们发现，公务员们对申请者的生活状况或导致他们申请救济金的原因毫无兴趣。他们只是询问一些官僚式的细节——出生年月、家庭住址、年龄等。①（《2010 年议程》提出了一个更加以个人为中心的体制。）

福利服务——包括教育和健康这两个基本领域——需要个性化和授权给"用户"。这种发展不会威胁到权威或团结，相反，它们是权威和团结的条件。个性化完全不必与私有化相等同。祖博夫（Zuboff）和马克斯民（Maxmin）令人信服地指出，私营部门的大多数公司并不满足其顾客的个性化需求。不仅国有机构而且许多商贸组织反映的仍然是大生产时代的需求，那个时代的需求被看成是标准化的。我们现在都是消费者，尽管存在这样一种事实，但消费过程中的许多经验实际上完全相反——咨询电话回复的不是人而是电脑、在飞机场排起长队、保险公司设计出各种各样的在某些情况下不受约束的例外条款以减少责任、数据采集时把个人当作统计单位等。

"与其所依赖的商业组织相比，"祖博夫和马克斯民说，"人们的

---

① Lutz Leisering, Stephan Leibfried and John Veit-Wilson, *Time and Poverty in Western Welfare States*. Cambridge University Press, 2001, p. 8.

变化更大。"①他们不想再被当作分割和操纵市场游戏中的赌注。他们想发出自己的声音，提供给他们的客户服务需要更加有效的改革以符合自己生活的特定要求。正如祖博夫和马克斯民所指出的那样，（来自所有背景的）人们"首先作为个人体验自己，同时共享一种心理上自主自决的渴望"。②正如他很正确地强调的那样，尽管许多人把这种现象与共同体的衰落和自恋的蔓延联系在一起，但它具有很不相同的含义——积极寻求与他人的关联和共同参与。

选择和竞争在公共服务领域内至关重要——这个问题又回到了有关 108
《服务指南》的争论上。无论在健康、教育或是社会服务上，认为利用公共服务的人必须凑合着将就国家所提供的东西，这种观点不再可能为人们所接受。提供更多的资讯和更直接参与的手段（如通过地方信任的政府）能够有所帮助。但是，供给的多样性和有效的激励措施至关重要。

在战后福利国家的早期岁月，直到 20 世纪 70 年代后期，大多数决策者都认为，为福利国家工作的人主要受利他目标的驱使。换句话说，与将以国家为基础的服务称作"公共服务"相对应的，是一种公共服务的精神气质。国家机构中的公务员和专业人士被认为主要是受一种服务于更崇高的利益的道德规范所驱使。那些利用福利服务的人——普通公众——"基本上被看作被动的"。他们就得在普通从业医生的诊所或门诊部耐心排队等待。如果他们需要进一步的治疗，他们就得准备在医院等待者的名单上轮候。与此极为相同的是，"在国立学校就读的孩子的父母往往信赖专业人士，相信教师知道什么对自己孩子是最好的"。③

进入 20 世纪 80 年代之后，这些假定受到猛烈的抨击。学术研究表明，与对穷人的支持相比，福利国家对中产阶级的支持一样多或者更

---

① Soshana Zuboff and James Maxmin, *The Support Economy*. New York：Viking，2002，p.8.

② Ibid，p.25.

③ Julian Le Grand, *Motivation, Agency, and Public Policy*. Oxford：Oxford University Press，2003，p.6.

多。"新治理理论"提出，公务员、官僚和专业人士的行为更多是自利而非利他的。福利国家的受益者开始指望更高质量的服务。新右派自由主义审视公共服务，结果看到了垄断，它酿成了无效率和对用户的漠视，而用户又没有其他的选择。基于这种情况，部分私有化和准市场化便开始在许多国家流行起来。

109　　研究的确显示了公共部门的工作人员与外部人员之间观点上的总体差异。例如，在英国进行的一项研究对来自国有、非营利和商业部门的经理进行了随机访谈。在 16 个可能的目标中，为社区提供服务被公共部门的经理排在首位；但对于来自商业部门的经理而言，该目标压根没有进入前 10 位。这个差异就像年轻工人与老年工人之间的差异一样大。另一项对医生的调查发现，只有 2% 的人赞同医疗是一种"与其他一样的工作，医生有权按正常时间工作，当他们回到家后则忘记工作上的事"。当把非营利群体与商业组织进行比较时，结果也极为相同。[1]然而，这里存在着某些重要的警示。接受公共服务精神气质的人往往支持这样的观点："专业人士最高明"。相比之下，客户服务在商业界中被列为最高的一种价值，随后是效率。（当然，不论何种情况，动机都未必与结果一致。）

选 择 与 授 权

　　我已经提出，公共服务中的客户授权与消费者权益保护不一样，前者是由日常生活民主化推动的（加上福利观念的变化）——实际上是对市场态度的变化。公共服务情境中的选择不可能也不应该反映直接商业竞争中的选择。然而，即便存在局限，选择——或选择的可能性——仍然是授权的主要基础。"请相信我"，医生可能会这么说。一个病人可能会对某个医生寄予厚望或不那么信赖他，但重要的是，这种信赖（原则

---

① Julian Le Grand, ibid, pp. 32 - 33.

上）是"可决定的"（decisionable）——它不仅是某个由病人做出的决定，而且是一个涉及特定时期特定医生的决定。

"医生最高明"。嗯，的确如此，因为他掌握了该病人没有掌握的一套知识和专门技能。与普通医师比起来，这种情况尤其适合于专科医生，但普通医师必须了解千百种疾病。然而，在当前社会环境下，病人很容易从互联网或其他渠道获得详细的资讯和"专家评论"。医师看病人可能只是一个接一个地持续很短的时间。病人只得自己决断。此外，虽然医师可能确实受到服务或医护道德的驱动，但也肯定存在一些其利益与病人的利益相背离的情况——例如，医师可能处于压力之下而草率做出判断，或者，与其他病人相比，偏爱某些类型的病人。

选择——或从更普遍的意义上说，客户授权——有助于提高效率和提高成本意识。但其他技术可能有何帮助呢？如果目标设置得当，它们可能产生作用，在国家制度改革初期更是如此。但目标的作用是有限的，它们不可能促进持续性改进。一旦实现某个目标，便失去了进一步的激励。雇员可能会积极抗议："我们一实现目标，你们就要求我们继续向前，那设定目标还有何用途？"此外，还存在某些不利的因素，目标可能偏离优先考虑之事——在没有目标的领域，则又无事可干。除此之外，还有控制结果的压力，其中包括目标达不到的危险。①

公共服务需要有激励内嵌其中。如果认识到公共服务不能够像市场那样，那怎么才能做到这一点呢？在北欧国家、美国的州级或市级层面以及最近在英国率先实行的改革指明了方向。用户的选择必须与用户的声音同步。朱利安·勒格朗（Julian Le Grand）对其主要因素进行了透彻的分析。选择对于用户而言就是授权，只要随之而来的是金钱，便可给提供者以更大的激励。有结果的选择才是有效的——如果被选择之后有了回报，那些不做选择的人便面临不利的后果。但是，提供者之间也必须

---

① Julian Le Grand, 'The Blair legacy? Choice and competition in public services', public lecture, LSE, 21 February 2006.

要有真实的选择，不真实的选择比不选择还糟。必须引入新型的提供者以发展这种选择——如瑞典实行的独立学校、美国一些城市使用的担保人制、西班牙和英国实行的基金信托医院等。①

111　　对这些改革措施的反对意见主要来自担心改革会对社会公正产生影响的人。他们提出了两类论点：一是随着多样性的增加，更加富有的人会以穷人为代价获利；二是选择和竞争有损公共部门的价值，甚至有损福利国家本身的价值。

比较研究表明了什么？首先它表明人们的确想要选择；其次，在这一点上穷人比富人的态度更坚决。例如，在英国进行的调查表明，超过70%的人认为，对于他们的孩子上什么样的学校有更多的选择"非常重要"或"相当重要"。在年收入不足 1 万英镑的人当中，70%的人希望对医院有所选择。相比之下，年收入超过 5 万英镑的人当中只有59%。当问到有关地方政府的服务中更多选择的问题时，结果极为相似。欧盟其他国家和美国的情形也一样。②

在大多数公共服务中，缺乏选择的情形集中在更加贫困的群体中——这本身就是形成阶层的一个因素。更富有的人享有更多的选择，部分原因是，他们拥有更多的金钱，但也因为他们通常更善于控制对他们有好处的体制。问题是，引入更大范围的提供者是否将只是强化这些好处。在几个国家或地区已经实施的方案表明，正确的政策可以扭转这些趋势。例如，不那么富有的人可以在交通成本上面得到帮助，以及考虑决定时的建议——在保健领域，给病人安排医疗顾问可以有所帮助。

政策可以调整成本，从而抵消收入上的不平等。例如，在教育领域，一所学校得到的资金可以与一个地区的贫困指数联系起来。来自更贫困地区的学生比来自更富裕地区的学生承担更重"负担"（金钱），如

① Julian Le Grand, ibid.
② Ibid.

果这种负担足够重，将在实际上给予学校明确的激励以专门从事这类孩子教育。我们应该记住，竞争使落后学校产生更强的谋求改进的动机。来自瑞典和美国的证据表明，竞争改善了处于最底层公立学校的运行状况，而不是在该系统中形成更大的分化。① 112

选择和多样性逐渐损害了使公共部门不同于市场企业的利他主义价值观，从而腐蚀了公共部门——这种指责有道理吗？我们首先应该记住，"公共服务"中的"公共"术语是模棱两可性的。我们谈论国家提供的服务，但国家绝不会自然而然地为公共利益而行动。当公民被问到他们如何看待各种由国家提供的服务这一问题时，他们的意见未必完全符合这样的看法：受益人得到了国家机构中的服务人员的很好对待。例如，英国民意调查公司（MORI）进行的一项研究要求人们把用于公共服务的形容词进行排序。排在最前面的一些包括"官僚"（bureaucratic）、"令人发怒"（infuriating）、"反应迟钝"（unresponsive）和"不负责任"（unaccountable）。只有一个肯定性术语——"工作勤奋"（hard-working）——出现在前 5 位。排在最后面的是"友善"（friendly）、"有效"（efficent）、"诚实"（honest）和"公开"（open）。②

社 会 团 结

传统福利国家的明显特征之一是对促进团结（solidarity）或社会凝聚（social cohesion）的关注。但是，团结什么？尤其在一个全球性的世界中，这个概念可以运用于什么样的社会实体？产生它的机制是什么？考虑到"团结"和"凝聚"这些术语运用如此之广泛，令人惊异的是，对它们各自精确含义的关注是如此之少（我拟把它们当作同义词来看待）。

① Caroline Hoxby，'Satisfaction with public services：a discussion paper'，可通过如下网址获得：http://www.strategy.gov.uk/downloads/files/satisfaction.pdf。
② Julian Le Grand，ibid，p.15.

我认为，团结可以从三个维度来加以理解——心理的、行为的和结构的维度。从心理维度来看，团结的社会是这样的一种社会：有一种关怀他人的普遍态度，包括对待不如自己富有的人。人们可能把这一点称为公民身份的态度维度。关怀可能表现为慷慨，但可以仅指接受纳税的义务，或为提升更大的善的其他义务。关怀不止于地方社区，也不止于国界——如对各种各样的全球性事业的广泛捐献所显示出来的那样。

政府——地方的、国家的或国际的——能够帮助创立一个关怀社会吗？是的，它能够而且应该这样做。我们可以用一种很平常的方式把"关怀"定义为接受与权利并行的各种义务，即便在其边缘上，它也逐渐变成了利他主义。利他主义本身在一定程度上可以被制度化——例如在慈善事业中。慈善表达了一种关怀的态度，但也可以由如赋税减免这样的直接物质激励措施来支撑。当然，当基本动机不那么利他时，激励措施可以由惩罚措施来加以平衡。

团结的行为维度可以理解为礼貌(civility)。礼貌是一个有争议的概念。①正如我在这里所使用的那样，它仅指在公共场所对他人和对人为环境有责任的行为。礼貌是世界主义的日常表现，意味着尊重他人和接受差异。礼貌首先是陌生人之间互动的表现，而非亲戚和亲密朋友之间的，因为这些情形中，有了更深的形成关系基础的纽带。在社会分裂或破碎之时，礼貌是首先遭到破坏的东西，因为它是日常交往的媒介。我们可以发现某些领域中公共行为急剧下降的过程，在这些领域，社会分化征服了相互性，或者在与他人的关系中，恐惧取代了放松。

团结的结构维度指社区、国家或其他形式的社会联系的融合程度。它涉及一个社区保持群体之间密切接触的程度，或者换一种方式，分化

---

① James Schmidt, 'Civility, elightenment and society: conceptual confusions and Kantian remedies', *American Political Science Review*, 92/2 (1998); Tom Rice and Jan L. Feldman, 'Civic culture and democracy from Europe to America', *Journal of Politics*, 59/4 (1997); Anna Bryson, *From Courtesy to Civility: Changing Codes of Conduct in Early Modern England*. New York: Oxford University Press, 1998.

或分裂在多大程度上存在。一般说来，在融合程度低的地方，关怀和礼貌也将受到妨碍。恰如有些人回首福利国家的"黄金时代"那样，对于许多人来说，也存在这么一个时期，团结和一致比今天更加明显，地方社区更加完好。然而，这一领域中完美的往昔意象就像福利国家一样容易产生误导。

30 年前，地方社区或其中的某些比现在更加团结，这肯定是正确的。作为一个整体的社会也比现在更具有地方性。然而，实际上，没有多少人会想要回到早些时代的社区中去，即便假定可以这样。许多人只是从事了一生的体力劳动——例如，在工业或者矿山城镇中，极少找到其他的工作机会，而且地方污染严重。在这样的社区，面向女性的岗位空缺极少，大多数是报酬低微的工作，缺乏职业机会。此外，传统类型的小型社区往往比较落后，存在强有力的社会规范约束地方性行为。凝聚倒是太强了！

当我们谈到当今社会的团结时，本术语不能指我们/他们的认同，或者仅仅指从社区到国家建立起来的一种我们感(we-feeling)。现在，团结或社会凝聚必须指涉各种网络，这些网络有时候集中在一些地方，但常常是弥漫性的，而且经常跨越国界——例如，通过现代通讯和交通技术，亲戚关系在远距离内保持着。这些网络很可能形成重叠，而且带来多种认同感、责任感和归属感(或者有时候是对抗感或疏离感)。(参见加框文字4.3。)

我们可以把社会团结定义为一个网络社会的一体化，它拥有松散的边界，积极的公民身份在其中建构起一套有效的、可以识别的社会义务和一种尊重他者的公民文化——从日常生活中的交往延伸到与远距离文化的抽象交流。

"我们感"不能再被看作理所当然的了——必须或多或少把它看作一个积极创造和再创造的持续不断的过程。传统共同体和经典民族国家主要建立在消极信任(passive trust)的基础上——接受"处理事情的既定方式"和权力与服从的既定制度。消极信任很大程度上已经被中止了，

115

而且是以充分的理由而不是不充分的理由。随着日常生活民主化的进展，在人们的生活中，不仅是对当权者的服从，而且包括更普遍意义上的传统和习惯，所起的作用都比过去更少。因此，与过去相比，生活中有更多的领域有待决断，可供筛选的信息也比过去多得多。我们中的大多数人被"强迫"自由——尽管这种变化带来了许多新的压力和张力。

4.3 后工业社会中的社会团结

维度
- 社会、国家或国际共同体内关怀他人的态度；
- 在公共日常生活背景下对他人的礼貌；
- 不同层面的群体、社区和社会的融合。

机制
- 积极信任：该信任存在着双向协商和常规监督、在日常生活民主化的情境下运作；
- 日常生活民主化：日常生活中各式各样的实质性自由。

社会群体
- 民族国家；
- 地方和地区性共同体；
- 社会网络：地方的、地区的和国际的。

116　　　虽然我不打算展开这一点，但人们可能会说，日益增强的日常生活民主化是人们对传统民主制度普遍不满的主要原因之一。传统的民主制度似乎远离了日常生活的变化，每4—5年进行的周期性选举忽视了期间的长时间，公民们在这期间越来越多地监督和质疑其政治领导者们的活动。

在生活中的几乎所有方面，作为社会凝聚主要纽带的消极信任转变成积极信任（active trust）。积极信任是必须从对方或其他人那里赢得的信任，其中存在着双向协商而不是依赖，信任在其中必须以一种慎议的方式不断更新。积极信任的盛行对不平等和贫困具有直接的影响。它意味着一种开放的生活形式，能够利用新的信息和确定的公信力。但是，这些往往正是较贫困地区的人们所缺少的特质。

朝着积极信任的社会转向并不表明社会凝聚的瓦解——远不是那么

回事。也并不是不可避免地意味着——正如许多人指出的那样——一个"我为第一"（me first）的社会的出现。许多新的合作形式发展起来，既出现在家庭内部（参见下文），也出现在更大的群体和组织中。与体现工业社会特征的等级制公司相比，扁平化的组织（flattened organizations）——还有网络——更多建立在积极信任的基础上。然而，它们可能比旧的类型更持久，这完全是因为它们更加灵活和更能适应变化。

罗伯特·帕特南（Robert Putnam）的著作分析了当代社会中社会资本的衰落，受到众人瞩目。①虽然其早期著作写的是关于意大利的情况，但其著作的大部分内容都集中在美国，并且几乎可以肯定其最大销售市场也是在美国。但是，人们可以对帕特南提供的数据加以重新解释，从而表明，他论述的是从消极信任关系向积极信任关系的转换。可以肯定，这是一种传统模式的共同体和共同信赖关系的衰落，但也是新型团结形式兴起的标志，这些新形式的团结有时候比旧的更加集中在地方，但延伸的空间范围要大得多。团结在消极信任的社会比在积极信任的社会中更容易定义，同时，在一个"社会"被封闭性地置于国界之内而不是像现在这样过于超出国界的世界中也是如此。团结的最初意思是共同依赖的纽带，体现在稳定的地方共同体中，一种成为"命运共同体"即民族（nation）一部分的意识。毫无疑问，显而易见的是，大多数福利国家都是通过战争形成的。在战争时期，人们的敌手很明确，人们自己的集体认同感被强化了；战争还孕育出面对共同利益时的自我牺牲意识。

"团结什么"这个问题在今天比在30年前更难以回答。考虑到民族的持续重要性，民族团结——根据其三个维度——仍然很重要。但是，存在许多错综复杂的因素。地区性团结可能变得很强烈，以至于有效地威胁到民族的持续融合。"没有国家的民族"——如巴斯克人——极少

117

---

① Robert Putnam, *Bowling Alone: The Collapse and Reival of American Community*. New York: Simon & Schuster, 2001.

与整个民族共同体或他们所属的共同体有相同的认同感。①在地区划分与语言或文化划分相重叠的地方，民族层面上的融合可能再一次与民族认同相妥协，如比利时的情形。此外，随着民族在文化上越来越具有多样性，融合的问题——因此也是关怀和礼貌的问题——也变得越来越尖锐。

多样性与福利

除某些小国之外，长期以来欧盟国家在种族和文化上是多样化的。我们现在看作文化上相对统一的民族国家在很大程度上是通过阻碍少数族裔和小语种的发展而建构起来的。但是，数量众多的移民，有时候来自迥异的文化，他们近期的到来把事情推到了一个不同的层面。欧洲国家习惯于移民别处，但很不习惯接受如此众多的移民——而且是在相当短的时间内。这对于福利体制、团结和公民身份的影响是巨大的。②

经典福利国家总是包含有一个重要因素，即向不那么富有的人实行再分配。认为文化多样性可能影响以这种方式实行再分配的意愿，其中贫困者包括了比率很高的少数族裔——对于这种看法，存在几种可能的理由。③文化差异可能挫伤富裕者扶持较贫困者的积极性，因为后一群体不再被定义为同一社会共同体的组成部分。可以假定，少数民族群体的信仰和实践越是与绝大多数人格格不入，这一点的影响就越大。另一种可能是，由于语言的障碍或其他方面的障碍，文化多样性使贫困群体更加难以表明他们的利益并为之奋斗。跨越多个国家的研究似乎表明了文化多样性与统一组织和代表的力量之间的反向关系。

---

① Montserrat Guibernau, *Nations Without States: Political Communities in a Global Age*. Cambridge：Polity, 1998.

② Will Kymlicka, 'Immigration, citizenship, multiculturalism', *Political Quarterly*, 74(2003).

③ Philippe Van Parijs, 'Cultural diversity against economic solidarity?' in Van Parijs, *Cultural Solidarity versus Economic Solidarity*. Brussels：Bibliothè que Francqui, 2004.

　　第三种可能是，福利国家本身往往促进分离。范帕里斯（Van Parijs）根据其祖国比利时的情况做了如下说明。[1]在布鲁塞尔，比利时公民的就业率为64％。但是，在当地移民社群中，平均仅为33％。他指出，这种结果应归因于比利时福利制度的慷慨性质：提供整体水平很高的救济金、失业救助没有时间限制等。这种情形保护了移民免于劳动力市场的风险。但他们的隔离状况被低技术和贫乏的语言知识进一步强化，进而变成一种使自身长久存在的现象，从而激发了本国人的敌视态度。实际上，最危险的是，少数族裔被看作靠福利国家养活的人。范帕里斯认为，扩展到更大群体来看，这本质上也是发生在非洲裔美国人身上的情形。

　　这些观点具有多大程度的合理性？关于文化多样性与经济共同性之间关系的研究，已出版了大量的研究成果。[2]这些研究旨在表明，新的少数族裔的出现在多大程度上与社会支出的性质或水平变化有关。实际上，似乎没有什么关系，它们表明的是与上述假设相反的情况。放眼整个经合组织国家，而不仅仅是欧盟，澳大利亚和加拿大都有大量新少数族裔人口，但他们在经济一体化趋势方面表现得最好。当然，这个研究结果可能受到其福利体制不同于一些欧洲国家这一事实的影响，而且他们对劳动力市场的管制体系也不同。但这些发现是令人鼓舞的。

　　如果关于欧洲团结的主张要意味什么的话，我们必须避免美国出现的情形，由于对于包括福利接受者在内的大多数人而言，"福利"变成了一个贬义词。当比尔·克林顿谈到福利是一种"激励（hand-up）而非施舍（hand-out）"的必要性时，他触动了美国人心目中的一根真正的神经。

　　克服劳动力市场的分化是一种进步的举措。这种劳动力市场很容易把来自少数族裔或移民社群的人拒之门外。另一种举措是强调贡献原则。最常听到的一种有关移民的抱怨是，他们不劳而获——收到别人付出的救济金。一种激励而非施舍的理念在欧洲福利国家也同样适用。当

---

[1]　Philippe Van Parijs，ibid.
[2]　Ibid，pp. 20 - 21.

然，存在的工作空缺越多，移民——或来自新成员国的工人——就越容易成为直接的纳税人。波兰管子工在一个失业率高的国家是一种可怕的形象，但在失业率低的国家却是一种受欢迎的形象。

移居与公民身份

120　　"移民迁入"（immigration）绝不是一件简单之事，而是一件非常复杂和异质的事情，具有更加固定文化的少数族裔也是如此。毫无疑问，当移民在种族和文化上与东道国文化相似时，他们更容易被同化，通常会更加自由和主动地适应东道国文化。在美国，移居浪潮已经被同化了——不一定要去除他们原属文化的所有特征——但美国黑人仍然停留在最底层。种族歧视和对外来者的恐惧发挥了作用。在佛朗哥（Franco）执政时期，从西班牙移居到法国的白人很容易被接受和融合，来自阿尔及利亚的移居者也是如此，但其他种族群体的情况可不是这样。

　　如果公民身份手段用得恰当和到位，很明显，第二代移民可能与第一代移民相比有本质上不同的——尽管有时候比较含糊和困惑的——认同。20 世纪 90 年代和 21 世纪初，英国北部的奥尔德姆（Oldham）、利兹（Leeds）和其他城镇发生了骚乱。参与其中的是巴基斯坦群体和当地白人。在骚乱结束后的一段时期，人们表达了对亚裔和白人社群之间分离程度的严重担忧。新闻报刊广泛认为，这应该归咎于涉及多元文化的社会政策。

　　正如后来对当地人的态度进行深入调查所表明的那样，社区中的实际情况并非如此。加入英国国籍的巴基斯坦人是第二代移民。在冲突中，他们并不排斥广大社会，但拒绝接受不履行承诺的社会。他们寻求维护自己作为英国公民的权利。[1]第一代移民的认同感接近于研究者们所

---

　　① Yasmin Hussain and Paul Bagguley, 'Citizenship, ethnicity and identity：British Pakistanis after the 2001 riots', Dept. of Sociology, University of Leeds, Working paper, July 2003, p. 12.

说的"居民"（denizen）而非公民。他们有权留在这个国家，但感受不到自己完全归属于它，因而体验到自己不稳定的处境。另一方面，对第二代移民而言，认为自己是英国公民是其对自己和广大世界看法的核心。他们理解属于极右派的当地白人治安维持者所带来的威胁。他们认为，这种敌对现象更是对其作为在英国出生的公民权利而非对其作为巴基斯坦人的身份的侵犯。

含有多元文化色彩的"英国性"（Britishness）是整体上对这个国家少数族群的广泛认同。在英国，调查中有59%的少数族裔称自己是不列颠人（British），而只有45%的白人这样声称。只有11%的少数族裔称自己为英格兰人（English），而有54%的白人这样声称。巴基斯坦人是穆斯林，但其身份上的穆斯林成分几乎没有在当时的冲突中显现出来。他们把自己的英国化与极右派的英国化进行了区分，后者主张种族纯洁性。

两代人之间的差异在受访者的话语中明显反映了出来："老年人的一般看法是'不要这样干，否则他们会把你驱逐出境'。而在年轻人当中，那便是：如果我们不坚持我们坚信的东西，你知道，我们在这儿就没有前途。他们是不可能把我们驱逐出境的——我们是不列颠的公民……这是你能够改变事态的唯一途径，只要你坚持奋斗。"①

正如研究者所指出的那样，这里有一些明显的教训。对公民身份的阐述——以及提出的政策——往往强调一致性和统一性。然而，少数族裔的公民身份——或许在一定程度上每一个人的——却是一项开放和变化的事业。不过，公民身份必须被体验到是真实的和有意义的。在此，英国城镇的骚乱者与2005年法国城市和城镇的骚乱者之间似乎存在差别，后者中的许多人感到其公民身份是一种骗人的东西。

乍一看，布拉德福德似乎是一个种族上极端化的城市。紧接着2001年的骚乱之后，大量的官方报告断定种族隔离是长期社会动乱的根源。正如有一位作者所指出的那样："分离的教育安排、社区和志愿者团

---

① Yasmin Hussain and Paul Bagguley, ibid, pp. 12 – 13.

体、就业、礼拜场所、语言、社会和文化网络，这一切意味着，许多社区是在各自平行的生活方式上运行的。"①

122
然而，随后的研究表明，这些结论是错误的。早些时候的研究为何无效，其主要原因之一是，它们缺乏动态的视角——我们从对贫困的传统研究中也可看出同样的缺陷。当研究者对布拉德福德不同时期的居民区进行研究时，他们发现了一种多少持续不断的迁入和迁出。实际上有许多南亚人从城内的临时收容所迁移到中产阶级居民区或农村地区。由于有新的移民迁入，看似存在着一种持续不断的隔离，但实际上并不存在。与南亚人不想与人交往这种观点相对立的是，调查数据也表明"所有种族/宗教群体渴望更多的融合……（大多数人想要）一种更加独立的生活方式，远离种族群体的约束和说长道短"。②

到第三代移民有可能出现进一步的变化，但对布拉德福德的研究没有涉及这个问题。研究表明，对某些这类群体来说，可能出现回归移居者的"原初"文化因素的现象。第三代移民可能会感到，他们的父辈过多地模仿了东道国文化，背叛了他们自己的文化之根。因此，他们创立新的杂交文化形式。这里的种种可能性比过去要大得多，由于有了电子通讯的便利和快捷。例如，个人或群体可以通过对其他地方的运动的认同或基于发生在世界上千万英里以外的事件而变得激进。③

多元文化主义

这些发现与关于多元文化主义的讨论密切相关。这种讨论现在在两个层面上进行着。一方面，作为一种往往会加剧冲突而非有助于化解冲

---

① T. Cantle, *Community Cohesion*. London：Home Office，2001，p.9. 作为主要的批判来源，Ludi Simpson, 'Statistics of racial segregation'，*Urban Studies*，41(2004)。

② D. Phillips, *Movement to Opportunity?* ESRC Report, School of Geography, University of Leeds，2002，p.10.

③ 我要把这一点归功于 Montserrat Guibernau，他对多元文化主义部分提出了极有帮助的意见。

突的视角，存在着一种对该概念的普遍并且是平民主义的排斥。另一方面，在关于多元文化主义的学术文献中有一种更加复杂和具体的讨论，大多数文献来自北美而非欧洲。① 123

如果我们放眼学术文献，很明显，在大多数有关于它的一般性讨论中，多元文化主义思想遭到了广泛的误解。在其见解深刻的支持者那里，它绝不意味着一种寻求保持文化群体分离的策略，每一个群体都自由地按照自己的愿望发展自己的认同。无论从政策实践还是学术思想上说，多元文化主义的"故乡"是加拿大，由于该领域内的一些主要学者都来自这个国家。在加拿大，人们长期以来认可针对移民的语言测试、公民身份加冕礼和宣誓仪式。正如威尔·金里卡（Will Kymlicka）所指出的那样，这些典礼标志着接受和共同承诺，很受移民的欢迎。②它们在本土人和移民当中都是毫无争议的。成为加拿大人并不要求废除人们先前的身份。因此，极少有移居者把成为加拿大人看作对其原属国或者原属文化的背叛。

按照金里卡的观点，公共财富的使用是一项检验公民身份规则是否作为包容性基础而起作用的核心准则。对于出钱使移民积极参与到他们所来到社会中来的项目，纳税人是不会介意的。加拿大的政策强调公民身份和国家认同，但却公开接受多元文化主义。原先的种族歧视政策使非白人感觉不到自己是加拿大人，这些政策已遭到公众的否定——这是极为重要的一步。换句话说，公众已做出努力拒斥往昔种族歧视的经历和粗暴对待少数族裔的行为。

在大多数欧盟国家，公民身份被看作基于长期观察的一种回报。在一些国家，如不久之前的德国，公民身份甚至还不提供给非日耳曼民族背景的人。相比之下，加拿大的移民只要在 3 年内大部分时间中都住在这个国家，便可以申请公民身份。此外，公民身份不被看作一个目标过程，而是 124

---

① 特别参见围绕 Charles Taylor 的著作所展开的复杂争论。Charles Taylor, *Multiculturalism*. Princeton：Princeton University Press，1994.

② Kymicka, 'Immigratin, citizenship, multiculturalism'.

一个中途阶段——属于成为加拿大社会中一个作用更大的成员这一过程。

加拿大并不是一切都繁花似锦。在某些地方，也存在对移民的敌视态度，以及公众对欺骗性政治避难要求的担忧。备受瞩目的主张歧视的案例是由本土人引起的，围绕着魁北克的紧张状况还在持续。然而，与欧洲或美国不同的是，加拿大不与任何发展中国家接壤。此外，该国从未成为过殖民国家，所以移民不会面对可能残留的敌视感，或者说当迁入先前的帝国时，他们可能怀有敌视感。

再重复一遍，"多元文化主义"不是对存在多元文化群体的社会的描述。那种情况最好用"文化多元主义"（cultural pluralism）这个术语。多元文化主义是一种政策或一套政策，指的是各种政策方案。这些方案承认一个社会共同体中不同生活方式的真实性，并致力于推动它们之间积极和富有成效的相互作用——不过是在整体和单独的公民身份权利与义务的体系之内。欧洲国家有许多东西要向加拿大的多元文化主义学习。实际上，英国公民身份政策，包括引入公民身份测试和典礼，已自觉地借用了加拿大的实践。然而，正如金里卡指出的那样，在大多数欧盟国家，对多元文化主义极少有公开的政策承诺，也不大出力推动对它的细致理解。在某种意义上来说，尽管是在一种冲突和威胁的情境下，以欧洲应该实行什么样的更为开放的公共政策组合作为基础，布拉德福德的英籍巴基斯坦人充当了开路先锋。

在加拿大发生的情况还没有在欧洲发生——但已经到了该发生的时候。这是旨在改变东道国民众态度的政策发展，尤其是旨在消除种族歧视和偏见的历史形式。2000年，英国发表了一份关于多元文化主义的报告（即《帕雷克报告》），表明英国公民就其对少数族群的态度的反思，125 当时，该报告受到政治光谱中各种力量的攻击。①它表述了一些有关欧洲

---

① Bikkhu Parekh et al., *The Parekh Report: The Report of the Commission on the Future of Multiethnic Britain.* 可通过如下网址获得：http://www.runnymedetrust.org/projects/meb/report.html。

将要努力的方面，而迄今为止，英国或许是所有欧盟国家中在吸纳移民和遏制极右党派势力方面做得最好的国家。

金里卡指出了有利于成功采取多元文化主义的三个条件。第一，如果主要的受益者是非法移民，则很难获得公众的支持。在大多数国家，这类移居者被看作藐视法律准则的人和"插队者"。这里存在着一种连续性。一端是加拿大，它是发达国家中非法移民迁入程度最低的国家，同时公众对多元文化主义的支持程度也最高。另一端则是意大利，它是欧洲非法移民迁入程度最高的国家，但该国几乎不存在多元文化主义的政策——文化上的少数族群处于边缘地位，从而给未来积累下了严重的问题。

第二个条件是什么样的文化形象可以出现在多元文化主义中。如果涉及的文化被认为是粗鄙的，则很难获得公众的支持——今天，这种情况主要涉及穆斯林文化。在西欧的很多地方，最大的少数族群是穆斯林——在法国、西班牙、意大利和德国，占了少数族群大概80%—90%。"穆斯林在数量上的优势地位，加上种族歧视和恐伊斯兰症（Islamophobia），导致人们认为移民都缺乏文化素养，并由此认为多元文化主义在道德上是危险的。"①

第三个条件是人们看到的移民所带来的经济影响。如果从多元文化政策中受益的人被认为从福利国家获取的比他们所贡献的更多，这种情形将导致公众支持的丧失。在加拿大，移民主要被看作纯贡献者——反映了这样的现实：他们主要因其技术和受教育程度而被选择。相比之下，在大部分欧洲国家，有很大比率的移居者是前殖民地群体或低资格甚至根本没有资格的非法移居者。

金里卡指出，多元文化主义的前景可能有赖于政府是否能够说服公民相信多元文化政策所带来的好处将超过其风险。这样做很难吗？或许——但想一想另一种选择。施行导致少数族裔社群与东道国民众之间 126

---

① Kymlicka, 'Immigratin, citizenship, multiculturalism', p. 32.

两极分化和相互猜疑的多元文化政策，压根就是一种失败。迄今多元文化主义在欧洲几乎尚未有所尝试。英国是个主要的例外，尽管有许多困难，却证明是迄今在处理文化多元主义（cultural pluralism）和发挥其积极作用方面最成功的国家。

管 理 移 居

我不打算详细描述支持和反对移民迁入的观点——这些已是众所周知，即便还有些问题仍然极富争论性。多元主义（pluralism）无法回头，移民还会不断到来，无论是合法或不合法，——尽管在大部分欧盟国家也有大量迁出人流。目前，在国外出生的人口比率，不同国家之间差异明显，尤其是在经合组织国家，而不仅仅是欧盟。2002 年的比率排序情况为：西班牙5.3%，英国8.3%，法国和荷兰10%，美国12.4%，加拿大 19.3%，澳大利亚23%。

不仅仅是文化上的接受，经济上的融合也至关重要。在移居人流大规模迁入欧洲的最初阶段，即 20 世纪 60—70 年代，劳动力的参与率很高——在那个时候，移民在西欧受到积极的鼓励，因为工作岗位空缺的程度很高。例如，在德国，75%—80%来自土耳其、南斯拉夫和葡萄牙的移居者在经济上很活跃。①大部分人在制造和建筑业中找到工作。然而，到了 20 世纪90 年代，这些比率下降了。1995 年，在德国的土耳其人就业率仅为61%，失业率却很高。在今天的法国、比利时和德国，其国外出生男女的失业率超过 20%。这与瑞典和英国等国相比表现出明显的差异，后者的移民就业率平均更高，失业率则比其他地方低得多。

尽管存在争议，移民迁入会给东道国社会产生整体上的纯经济利益还是得到了广泛认可。在美国，全国研究委员会（National Research

---

① Susan Martin, 'Economic integration of migrants', Discussion Paper, Transatlantic Learning Community, 12 August 1991.

Council)移民迁入问题小组进行的一项详尽研究指出了具体的理由。移民增加了劳动力的供给，而且大多数人有很高的工作热情，他们帮助创造了新的产品和服务。由于他们获得的报酬比这些新产品和服务的总价值要低，国内工人从而获利了。由于移民迁入在产品和服务的专业化生产中更加有效，他们也使国内工人以一种更加有效的方式发挥作用。

　　不过，这些效果只有在移民的就业水平足够高的情况下才能取得。在有大量移民失业的地方，这个理论便不再适用，欧盟的一些国家以及这些国家的某些地区就是如此。与美国相比，欧盟国家的社会淘汰点更低，因为它们的救济金水平更高。移民迁入也不是一定就对当地的本国工人有益。整体国民经济有一个纯收益，但特定地区的工人可能会发现其工作受到威胁。这种情况对于非技术型本国工人来说尤其如此，在一些地方，他们可能就是那些要被淘汰的人。

　　技术工人的情况当然不同，尤其在高科技和以知识为基础的行业。在大多数欧盟国家，即便是那些失业率很高的国家，这些行业都存在劳动力短缺。在失业率较低的国家，其他行业也存在劳动力短缺。因此，在英国，建筑公司的报告显示，技术工人的短缺是全国其他行业平均水平的三倍。在一些非技术或半技术类型的工种中，劳动力短缺现象同样存在。例如，许多农场依靠的是季节性移居者的劳动力。

　　大多数国家(不无理由地)想要限制非技术工人进入的数量，同时增加相关领域技术工人的数量。配额制便被广泛引入。然而，非技术工人的配额总是超出——合法或不合法地——技术工人的配额则几乎从来达不到。美国每年给非技术或不合格工人的配额为1万，通过在世界范围内抽签给予5万个签证，许多通过这种办法选出的人都缺乏资格。每年有1 100万人参加抽签，但是，非法移民大大超出了通过这种方式得到签证的人数。另一方面，至少在欧洲，试图增加高素质工人的国家即便开出了有吸引力的条件，也没有获得成功。例如，德国实施的绿卡制度在招募的人数方面远未达到其预期设想。

　　配额制似乎产生了事与愿违的结果——实际上，增加的是非技术工

128

117

人的非法移民。寻求通过配额来控制移民的欧洲国家，后来又不得不对大规模非法迁入采取管制手段。西班牙和意大利就是两个这一类的国家。在这种方案下，2004 年意大利有 80 万人提出申请，2005 年西班牙也有大约相当的数目。这些巨大的数字在世界其他地方以前只有一次被超过——那就是 1986 年发生在美国的合法化过程。①

没有单一的或简单的政策框架可以应对这一切带来的问题。但是，我们可以探索几种朝着更加有效、经济和平衡方向发展的途径。大多数国家收紧了有关家庭团聚的规定。当家庭团聚被随意解释时，将带来人数众多的非技术人员或置身劳动力之外的妇女。有些是父母，他们即使能够加入劳动力队伍也选择不加入。如果这些新进入者由最初的移民给予经济上的支持，倒不会给东道国社会造成整体上的开支。然而，情况往往是，他们并未得到这样的支持，对于年老者而言，还将产生大量的医疗开支。

以美国、加拿大和澳大利亚为榜样肯定是恰当的策略，在这些国家，家庭团聚限于核心家庭（nuclear family）的成员，优先权给予配偶和 18 岁以下的子女。已成为公民者的父母能够得到准许，但条件是为其申请进入的人表明他们能够提供所有的资金支持。应该阻止因允许兄弟姐妹自由进入而造成的一系列移居浪潮。

129 不可能阻止所有的非法移民迁入，但有希望施以遏制。边境管理是一种途径，尽管管理越严格，越可能造成悲剧性情形：企图非法入境的人会遭受痛苦或丢失生命。内部管理包括惩罚雇用了非法移居者的雇主、驱逐出境、有效地甄别真正寻求政治避难的人和其他人。原属国政策肯定必须发挥作用。在北非和中东还有乌克兰、摩尔多瓦和白俄罗斯发生的情况，肯定会对欧盟移民迁入所负压力造成中期和长期的影响。

---

① 指美国的《1986 年移民改革与控制法》。这一法案旨在控制非法移民，并严惩雇用非法移民的雇主。其间美国准予将近 300 万非法移民合法化身份，遂称 1986 年非法移民大赦。——译者

还有一种可能就是，给技术工人和专业合格工人创设"再流通"的权利。许多来到欧盟国家的合格工人不返回他们的原属国，是因为担心自己再回来时，东道国会拒绝他们入境。这种情形对于相关个人来说非常不利，也使得移居者的原属国不能利用他们的技术。鉴于当今全球范围内交通和通讯便利的情况，即便他们没有成为正式的公民，考虑允许他们自由地重返东道国是合情合理的。应当保证能够使人们便捷来回的"往返票"（return tickets），并为不同类别的工作者设置明确而具体的规定——例如，专业人士、技术体力工人或季节性工人。①

自 由 言 论

在一个即时通讯的世界，移民迁入已改变了它的性质。"内在全球化"（internal globalization）——社会的内在构成——反映了世界范围内的全球化。大移居（diasporas）是一直存在的，但表现为一种更加直接和持续的形式。移居者和文化上的少数族群能够根据发生在世界其他地方的事件来解释其本地经验。这种情形在穆斯林少数族群那里反映得再清楚不过了。

"伊斯兰世界与西方世界"是当下最重要的主题，这是有充足原因的。更何况欧洲以外的全球性事件中，还存在诸多冲突、碰撞和事变。穆斯林与其他人之间的界线不是铁托时代南斯拉夫的显著特征。大多数具有穆斯林背景的人并没有特别留意到这一事实，而且是肯定没有把它当作日常生活中的一个分裂性特征。但到头来，冲突还是发生了，逐步升级的对抗给过去的成见注入了新的力量。

过去数年，马德里和伦敦都出现了由穆斯林极端分子制造的恐怖袭

130

---

① Patrick Weil, 'A flexible framework for a plural Europe', in Anthony Giddens, Patrick Diamond and Roger Liddle(ed.), *Global Europe*, *Social Europe*. Cambridge: Polity, 2006.

击事件；荷兰的特奥·凡·高被谋杀；当丹麦报纸发表关于穆罕默德先知的讽刺性漫画时，全世界许多国家出现游行抗议事件。

这些漫画发表在《日德兰邮报》（*Jyllands-Posten*）上，这是一份有 15万发行量的报纸。编辑在与漫画家弗兰克·瓦姆（Frank Hvam）的一次交谈后做出了决定。瓦姆说，他不敢拿《古兰经》开玩笑。儿童书籍作家科勒·布卢伊特根（Kåre Bluitgen）补充说，在他刚写作的关于穆罕默德先知的书中，他联系到的为该书做插图的画家已经准备匿名工作。漫画刚发表的时候，反应仅限于一些愤怒的来信。当漫画家中的两位成员收到死亡恐吓时，该事实被广泛报道，争论蔓延得更广了。当漫画再版并且出现在几个国家的多家报纸上之后，争吵的确变成全球性的了。漫画触发了世界上几个国家的暴力冲突，结果导致 30 多人丧生。

世界的问题不再仅仅是远方"那边"的事，而是逐渐进入了每个人生活的中心。不管我们多么想回避，全球问题都会与我们面对面。伦敦一个年轻的穆斯林妇女就是否在街上、中学或大学戴头巾所做的决定，已不再是那么简单的事件。它充满意义和潜在意义。一些人戴头巾是把它作为宗教的象征、正统的标志；另一些人这样做则是出于女权主义的原因，是在拒斥男性的性别化目光。但所有人都意识到其服饰所具有的更广泛的世界意义，而且在某种意义上对其做出反应。

已经从根本上世俗化了的社会如何勇敢面对宗教狂热和对神圣之物的重新确认，这是非常困难的问题。似乎存在于往昔的战争在当今又冒出来了。人们可以认为，开放社会的根本原则是接受"没有什么东西是神圣的"这一点——所有信仰，不管是哪一种，都有待人们仔细分析和批判。尽管在欧洲尚不明显，在美国，宗教激进主义群体攻击科学——拒斥进化论，并企图阻止某些种类的研究（诸如干细胞研究）。

当日常生活中的社会态度和实践求诸神圣的象征物时，当这些东西与绝大多数人或甚至一个民主社会的建构原则相冲突的时候，内在张力就产生了。曾几何时，言论自由的问题似乎已经在当代社会完全解决了，可现在又一次引人注目地凸显出来。原因主要有两个：一是神圣的回归，二是在信仰或象征物一定程度上被认为遭到亵渎的时候，暴力的威胁或实际使用。

2001 年"9·11事件"之后，法国《世界报》发表一篇文章，声称"我们现在都是美国人了"。丹麦卡通事件后，一些欧洲报刊在头条声称"我们现在都是丹麦人了"。嗯，是这样的吗？如果是这么回事的话，那在实践中，这一论断真正意味着什么呢？我们现在都是丹麦人吗？就言论、行动和询问自由——包括民主决策的结果——不容被暴力压制或受到暴力威胁的意义上说，我们都是丹麦人。这里涉及的对象不仅仅是受宗教驱使的群体，同样的原则也适合于动物权利的倡导者，他们威胁或袭击科学机构。

我们现在都是丹麦人了吗？如果该论断意味着勇敢面对武断和偏执，那么答案就是肯定的。在宗教情境下，问题便在于面对宗教激进主义——那就是在宗教教派中，不允许小群体的信徒为大多数人发表意见。由于宗教激进主义不限于伊斯兰国家，一项重大的责任便落在了所有宗教的温和派领导人肩上。我们不能犯把宗教激进主义信仰化约为经济原因的错误，它们是宗教信条极端化和风格化的形式，而且有其自身的狂热。

然而，宗教激进主义的诉求对于深感压抑或看不到希望的人而言是最有吸引力的。如那些与伊斯兰激进组织有关联的宗教激进主义，就有关造成其苦难的人的问题提供了各种似是而非的答案。所以，毫不奇怪，当作为乌托邦的信仰体系几乎消失时，宗教激进主义便登场了。在这种情形下，社会和经济贫困的重要性是显而易见的。例如，在阿拉伯世界，在 9 000 万年龄在 18—30 岁的年轻人当中，有 1 400 万人失业，其中许多都生活在欧洲。

我们现在都是丹麦人了吗？如果这个问题意为漫画一开始是否应该发表，那就更加难以回答了。言论自由是自由社会的条件之一，但绝不是唯一的条件，它不是也不可能是一种绝对的原则。在所有民主社会中，言论自由都是用资格来加以限制的，而关于合适的界线在哪里，却

132

总是存在争执。有法律来监管诽谤、中伤、污言秽语、未成年人保护、亵渎上帝和现在的仇视性言论。在一些欧洲国家，有法律严禁大屠杀否定论（Holocaust denial）和反犹言论，违犯这些法律的人要被监禁。

在有关丹麦漫画是非曲直的争论中——这是一场真正全球性的争论，通过互联网涉及不计其数的人——有许多穆斯林的评论吸引人们关注这一事实。他们问，人们为什么不能自由地就大屠杀问题开玩笑，甚至戏弄一下？这一点与用漫画讽刺伊斯兰世界最神圣的象征物有何差异？差异是狭义的，它使我们关注权利与责任之间恒久复杂的关系。肯定正确的是，意识到有些信仰具有特别敏感的特征，并且承认，当那些信仰由社会中经济地位低下的群体持有时，这种敏感性会产生一种特别的共鸣。当丹麦报纸决定印刷和重印这些漫画时，事情变得更加复杂了，丹麦社会一部分人开始变得恐外了，对穆斯林的敌视态度十分明显且日益增长。

133

这些漫画必定会给已经紧张的局势火上浇油（尽管程度比任何人意识到的都严重），考虑到这个原因，我认为，发表和再版这些漫画既不明智也不合原则。但是，并不存在约束这类决定的普遍准则，它们很大程度上要视情况而定——这是一个平衡原则与结果的问题。我们可以大胆地发表一些看法。首先，权利与义务总是联系在一起的——因为人们有权说或做某些事情，这不等于说，在一个特定情形下将其发表出来就是一个负责任的行为。其次，我们有义务对有别于大多数人的信仰和实践体系形成敏锐的理解力，这种敏锐性应扩展到对上帝信仰特征的理解上去。

作为结论，我们可以归纳出下面一些政策建议：

（一）多元文化主义应该得到重新确认，而不是抛弃（不管意味着什么）。与此完全相配的是强调学习民族语言、接受整个民族认同和认可公民身份的义务的重要性。欧洲国家的问题不是他们过于文化多元了，而是不够文化多元。

（二）从根本上说，进步取决于更广泛的社会和经济改革，尤其是在那些拥有高失业率和分化的劳动力市场并允许开辟少数族裔聚居区或三者兼有的国家。然而，我们不能把调解多元主义与团结的问题单纯归结为社会经济方面的考虑。

（三）必须实施具体的政策以反对种族主义。然而，对抗种族主义的最佳"策略"是帮助少数族群的人获得成功。几十年前，对中国和日本族裔的偏见程度比对非洲裔美国人的更深。随着这些群体在美国社会中越来越成功（同时也随着日本和中国在世界舞台上越来越成功），这些观念改变了。现在印度在美国和欧洲的情况也是如此。

（四）关于福利改革的所有要点都与文化多元主义和移居有关。旨在创建团结社会的政策必须是干预主义的——例如，涉及语言学习和许多其他方面。积极的福利目标尤其与社会经济地位低下的少数族群相关，他们或许正努力奋斗着要获得更广泛的社会认可。多元文化主义本身意味着这些情况。

（五）欧洲应付不了大批非技术移居者，需要找到限制非法移居者的策略。需要有技术移居者，而且必须实施积极的优惠措施来吸引他们。

（六）曾经被认为与福利问题不相干的议题已占据了议事日程的中心地位。这些议题包括言论、询问和行动自由。政策上的积极措施可以有助于消除可能围绕这些问题产生的冲突，但还有一些问题，其解决办法总是片面的和情境性的。

第五章

生活方式的改变

135   经典福利国家是在以短缺为主要社会问题的社会中发展起来的，尤其是在紧随战后时期的环境中发展起来的。但是，在后工业社会的许多条件下，我们应对的不是资源短缺问题，而是生活方式问题。考虑一下过度肥胖的例子。2004 年，美国大概有 23% 的成年人被鉴定为肥胖。美国只有两个州，即马萨诸塞州和俄勒冈州，肥胖率在 20% 以下。根据世界卫生组织的报告，欧盟 15 国的比率也相差不远，平均保持在 16% 的水平——与美国的距离正在接近。过度肥胖源于不健康的饮食习惯和缺乏锻炼，而非食物短缺。它源于吃得太多，而非缺少吃的。

    大部分生态问题，包括全球气候变化，也不与资源短缺有关，而是与对资源的过度利用有关。交通堵塞和污染便是很说明问题的例子。曾几何时，洛杉矶看起来就像是未来之城，能在人员流动方面最大限度地有效利用空间。但是，随着车辆拥有量的成倍增长，它已走入社会意义和生态意义上的绝境。交通主干道在一天的大部分时间里都被汽车堵塞，而且往往几乎停滞不前。尽管有了强力的控制措施，但空气污染的程度仍然很高。欧洲的城市当初不是为汽车通行设计的，在大部分情况下多为交通堵塞与污染所扰。

    解决这些问题的办法几乎完全依赖于人们生活方式的改变，这种变
136 化不容易从上层施压。政府和其他相关机构的作用就是要找到一种激励与惩罚相结合的措施，一种能够对行为产生真正影响的措施。例如，对过度肥胖的研究表明，政府倡导健康饮食的方案能够产生效果，尤其是当这些方案有惩罚措施支撑时更是如此(下文将会详细论述这一问题)。

从安全带到吸烟和艾滋病，一系列证据表明，公民很容易受公共运动的影响。即便面对的是非常强大的群体，态度上的变化也会发生。例如，巨型烟草公司高声反对缩减公共场所允许吸烟范围，但在一些国家，整体禁烟还是成功地实施了。

重要的是，要注意到生活方式问题与社会分化严重重叠。对社会政策而言，某些最大的困境就在于此。过度肥胖、习惯性吸烟、酗酒、精神病和其他破坏性生活习惯在下层阶级群体比在更加富有阶级群体中更加普遍。在英国，非技术的男性体力劳动者的人均预期寿命比有专业背景的男性要少 7 年。女性的差异情况是 6 年。到进入 20 世纪初期的某个阶段，不健康的身体与阶级之间的相关性才与过去的情况相反。一个世纪以前，肥胖、糖尿病和心脏病在富人中间最为突出。在历史上的大多数时期和大多数文化中，长得胖是富有的象征；现在，富人大多比穷人更瘦。

问题之一在于，那些最需要公共健康信息宣传的人却最不可能受这些信息的影响。有悖常情的是，倡导健康的运动有时候造成增进而不是减少社会分化的后果，因为受过更多教育和文化程度更高的群体往往对公共和私下传播的健康信息最为敏感。根据理查德·威尔金森（Richard Wilkinson）的分析，把不健康或自我破坏的生活方式与社会排斥联系起来的心理因素需要从源头上加以处理。①传统的保健观念建立在对曾经体验到的或发现了的疾病进行治疗的基础上。当然，许多医疗保健仍然属于这种类型。但是，我们需要更多地向积极的健康理念，在一个众多重大疾病与生活方式有关的社会中尤为如此。

弗洛伊德在 20 世纪之交全面论述了强迫症（obsession-compulsion）。正如他所论述的那样，强迫行为（compulsive behaviour）只适用于相对微小的状况——如没完没了地铺床或洗手。然而，在后工业社会，强迫行为

---

① R. G. Wilkinson, *Unhealthy Societies: The Afflictions of Inequality.* London: Routledge, 1996；以及该作者后续著作。

更广泛地蔓延了，而且与健康危害直接融合或者交织在一起。原因与习惯和传统的削弱密切相关，这也是一个生活方式选择日益增多的社会所表现出来的另一面。选择是日常生活民主化的重要部分。它促进自由和自主，从这个意义上说，是一种解放的动力。另一方面，新的病症也出现了。不难发现，它们与食物、饮食和营养有关。日益上升的肥胖比率只是一个具有强迫性质的饮食习惯的例证。作为另一个极端的厌食症具有同样的性质。自从超市文化和全球食物生产到来之后，现代社会中的每一个人都在"节食"。也就是说，每一个人必须"决定吃什么"，这关系到如何生存——如何度过生命。但是，习惯一旦养成，就可能变成强迫力，并形成螺旋式下降趋势，个人难以或不可能加以控制。①

成瘾行为与缺乏自尊密切相关，甚至在那些表面上很成功的人中间都是如此。心理问题以及相关的抑郁状态在一个彰显个人主义的时代是作为最重要的心理疾病出现的。根据理查德·莱亚德（Richard Layard）的观点，在后工业社会，最不幸的不是穷人，而是心理不健康者。在英国，心理不健康者中的不幸福频率是穷人的三倍（尽管两者存在一定程度的重叠），造成的经济负担估计是 GDP 的 2% 左右。在英国大概 6 000 万的总人口中，任何时候都有 500 万人正遭受抑郁症或临床焦虑状态的折磨，其中许多人无力承担正常的工作。莱亚德说："心理疾病现在是我们最大的社会问题——比贫困问题还更大。"②

积极福利这个概念意味着生活方式的改变，无论这种改变是首先来自个人的努力，或主要是外在机构干预的结果。"生活方式"不应该只是按照消费来理解——那是出现在光鲜杂志上的观念。它是指人们在日常生活中遵循的习惯和取向——以及这一切如何与其自我意识、目标和抱负相联系。生活方式由于日常民主化而在后工业社会变得很重要。今天

138

---

① Susie Orbach, *Hunger Strike: Starving Amidst Plenty*. New York：Other Press，2001.

② Richard Layard, 'Mental illness is now our biggest problem', *Guardian*, 14 September 2005.

我们所做的大多数事情都在一定意义上是"可决定的"：我们每一天都要做决定，不是在根深蒂固的传统或习惯这种相对稳定的背景下，而是在信息不断变换的环境中。例如，关于"吃什么"的决定对许多人而言可能是在经济匮乏（囿于预算）的背景下做出的，但不再受匮乏的驱使。

生活方式问题涵盖工作和消费，它们在围绕转变期劳动力市场所做的决定中占据支配地位。例如，在性别角色之间，现在不再存在明显的劳动分工，关于付酬工作、家务劳动、何时和为何转变生活等的决定必须由配偶共同来做出。当然，它们并不总是深思熟虑的决定，往往只是多种选项当中或一个严密限制框架内所采取的特定行动路线。

老龄化通常不被看作生活方式问题，因为它似乎仅指岁月给人体所留下的沧桑。但它本质上可以被看作一个短缺问题，因为时间对于我们所有人来说都是稀缺资源。然而，我认为，如果脱离了生活方式这一背景，我们将无法理解"老龄化社会"这个问题，同样也将无法形成适当的社会政策。我拟在本章中把老龄化与健康和环境放在一起来讨论。把这些政策领域联系在一起的是：逐步形成各种生活方式模式、说服人们做出不同的生活方式选择，或二者兼而有之，都是这些政策领域的核心。 139

老龄化与"年轻化"

在后工业社会，代际关系改变了。"老龄化社会"并非描述这些问题的最佳途径。我们也可以说"年轻化社会"（我拟这样称呼，尽管这个短语听起来有点怪）。年老的人变得越来越年轻。我们社会的明显特征之一便是，生活方式的日益多样化与生命进程的"扁平化"并存。以性行为为例，通常情况是，年轻人性生活的活跃期在年龄上比过去提前了，往往是 14 岁，甚至更早。然而，性欲和与异性肉体关系的形成以及再形成，现在对越来越多的人而言也持续到了生命的终结。改变生活方式的药品(lifestyle drugs)不是年轻人独有的权利。毕竟，伟哥还能算是什么呢？

　　因此，不仅仅是社会在老龄化，而且老龄化的整个性质也在变化，毫无疑问，情况还将越来越如此。老龄化肯定会给广大社会带来许多问题。但是，它也会以改变了的形式带来解决问题的出路。为什么老年人到了一定年龄就该被认为不适合工作？近期对大脑功能的研究表明——如果人们给日常饮食和生活方式定出标准——20—70 岁之间在大脑智能上几乎不会衰减。由于新测试方法的发展，人们长期以来坚持的大脑细胞随年龄增长而死亡的观念被证明是错误的。功能磁共振成像显示，80 多岁的健康人的大脑与 40 多岁的人的大脑相比实际上处于同样活跃的新陈代谢水平。①

　　在美国，有超过三分之一年龄在 65 岁以上的人现在还在工作岗位上，或者继续新的职业。调查表明，有 50%的美国人期望工作到 70 多岁，或者是出于自行选择，或者是因为他们需要赚钱。在日本，在 55—59 岁之间的人当中有 78%声称他们计划工作到 60 岁之后，这是官方规定的退休年龄。相比之下，在法国，尽管存在平均预期寿命为 83 岁这一事实，但一般员工还是在 59 岁退休。其他欧洲国家做了更多改变。在 20 世纪 90 年代初，在 60—64 岁的芬兰人中间，只有 20%处在付酬劳动力行列。该国随后对那些同意工作到 68 岁或以上的人设立"奖励养老金"（bonus pensions）。雇主在法律上被强制实施预防诸如重复刺激综合征这类轻微工伤的健康计划。这种理念是要为那些本来可能不再工作或登记为残疾的人再延续几年工作寿命。在仅仅 10 多年的时间内，60—64 岁的人当中就业比率就翻倍了。这个结果是一种良性循环。养老金的费用降低了，税收增加了，经济增长推进了。②

　　老年人最终变成了年长者，许多人年老体弱，需要照顾。然而，在传统退休年龄与实际年老之间平均有 20 年或更长的时间间隔。在这个阶

---

　　① Dennis Selkoe, ' The ageing mind： deciphering Alzheimer's disease and its antecedents ', *Daedalus*, Winter 2006.

　　② Stefan Theil, 'The new old ', *Newsweek*, 30 January 2006.

段的大部分时间里，许多人健康活泼。因此，我们需要把养老金与退休概念相分离——最重要的是与法律要求相分离。如果说欧洲社会模式的前途有赖于对青年的投入，那么它也有赖于调动老年人的人力和社会资本。曾经有段时间，把退休年龄降至最低的可能程度被认为是开明的。该政策产生的后果糟透了。如果把退休年龄固定在 60 岁，那结果便是，公司会提前 10 年把员工当作废物抛弃。老年歧视变得极为严重——这完全与后工业福利社会的需要相对立。

因此，各国应该采取措施完全取消正式退休年龄——就像美国在联邦层面上所做的那样。在欧盟大多数国家，只有唯一一条解决"养老金危机"的真正途径，那就是让更多的老年人工作。我们再一次看到，具体政策与社会模式的一般结构性改革的联系是多么紧密。失业程度最高的国家拥有在岗老年人的比率也最低。如果没有固定的退休年龄，"领养老金者"（pensioner）这个带有贬义的术语也就会不复存在。养老基金应该用于不同的年龄，而且也能够用于不同的目的。它们现在应该比在任何时间都更加与转变期劳动力市场结合在一起。例如，可以实施激励措施，用某些养老基金支持再教育或职业间歇。

老年歧视和年龄歧视对于为老年人创造更多行之有效的机会——以及更加有效地利用其才智——而言，是最重要的障碍，根本困难是态度和文化上的。当老年歧视的成见主要来自年轻人时，它就不仅仅是一个问题，这些成见会被老年人本身所接受，结果降低自尊，甚至影响其体能和智能。

人们可以说，老年歧视就是我们时代的性别歧视——当然，老年妇女遭受着双重歧视。对抗年龄歧视的法律行动能够有所帮助，因为这样可以为改变更普遍的态度提供一种施压的手段。关于就业中平等待遇的欧盟指南要求所有成员国推行立法，禁止工作中以年龄为由的直接和间接歧视。这些问题不像看起来那么简单，因为较年轻员工在能力或技能上超过年龄大一些的竞争者，他们有理由期望获得优势。与从前不一样的是，年龄现在极少是保障持久技能的基础。

141

社会年轻化本身将在一定程度上有助于阻止内部和外部对老年人的歧视。前面关于积极福利的观点大多数也都适用。例如，采取一种有利于健康的生活方式，能够抑制某些疾病的发展，这些疾病曾经被认为很大程度上属于老龄化不可避免的一部分。有证据表明，这还有助于抵抗年老体弱者的一些主要疾病和残疾。我们目前不知道这一界线可以推进得有多远，通过延长寿命，社会和医疗的进步是否会实际上增加年老体弱者的数量。不过，存在着一些引人注目的报道。有一个报道是关于福加·辛格(Fauja Singh)的，他住在英国，80多岁时开始跑步，90多岁时还参加了马拉松比赛。①

与废除正式退休年龄相伴而行的，是人们在任何年龄都有工作的权利，只受制于能力和勤勉方面的普通约束条件。但是，机会必须摆在那儿。政府需要与雇主共同合作来为老年人寻找和促进工作机会——同时还要在工作场所抵制老年歧视的态度。没有任何理由不应该鼓励老年人自行或与他人合作开办小型企业。近期的研究清楚地表明了"老家伙学不了新把戏"这个论断不正确。人们说年轻人是 IT 的一代，而老年人连录像机都不会操作。这个观点毫无疑问很有道理，但原因大都可能只是习惯问题。研究表明，如果放在一个有动机又有机会的环境中，上了年岁的人要精通 IT 与年轻人一样快。

由于显而易见的原因，迄今为止，大多数国家缺少老年人可以广泛利用的再培训和再教育机会，大部分机会基本上都是娱乐性的，如老年大学(University of the Third Age)。大多数国家的终身学习名不副实。原因之一可能是，目前 65 岁以上这一代所经历的是更加传统形式的工作环境，其中的再培训机会非常有限。人生早期阶段或转型中再教育的普及很容易培养出更强的欲望，并将其延伸到后来的岁月。妇女的参与在此又是一个最重要的因素，而且也是一个在一定程度上必须解决的问题，在她们本来可能困在毫无希望的兼职工作岗位上的时候，必须给她们提

---

① Richard Askwith, 'Contender', *Observer Sport Monthly*, 6 April 2003.

供就业机会，以及各种帮助和信息网络。

最后，我们还应提及地方参与。老年人的需要应该纳入城市和社区规划的范围之内，包括就业机会、社会服务、住宅和交通。为残疾人士开辟就业机会所取得的进展不应该仅限于年轻人。此外，还存在诸多有工资和没工资的第三部门职业，老年人可以在其中发挥主要作用。143

当然，退休还将继续是一种广为流行的做法，许多人也很正当地期待退休。然而，随着转变期劳动力市场更加充分地为年轻群体确立，它将失去其明确界定的、绝对的性质。即便那些"终于退休了"的人也仍然有可能获得机会，可以返回劳动力行列或在有益于社会的工作中发挥作用。年老体弱者是另一个问题，因为护理的费用往往很高。

年老体弱者中有很高的比率是妇女，因为妇女平均寿命超过男性。但是，许多付酬和不付酬的护理者也是妇女。这里存在着一些主要的冲突，有待将来的政策加以解决。在经典福利国家，人们认为——而且当今仍然在很大程度上想当然地认为——家庭中年轻一些的妇女要承担照顾老人的大部分责任。然而，上述观点与以下事实相冲突：年轻妇女的工作和家庭责任令她们没有时间来承担这种照看老人的任务。如果她们承担起这些任务，结果放弃了付酬工作，那么轮到她们自己年老的时候，她们的收入就会产生威胁。因此，情况越来越普遍，上了年纪的人（通常是妇女），甚至老年人（比如那些 80 岁以上的），必须照顾其他人，而他们又没有接受过这方面的培训，而且他们有时候还必须负责复杂的药物治疗法。①

人口中有 40% 以上的男人和女人将经受长时期的年老体弱阶段和普遍存在的疾病，直到生命结束。仅阿尔茨海默病就影响了欧盟国家 600 多万人，这个数字预计到 21 世纪中期时要翻三倍。

---

① Jane Jensen, 'The European social model. Gender and generational equality', in Anthony Giddens, Patrick Diamond and Roger Liddle (ed.), *Global Europe, Social Europe*. Cambridge: Polity, 2006.

国家、第三部门和商业组织都需发挥重要的作用。家庭劳务供应往往通过合作关系来组织——例如，国家既提供直接的医疗保健，也提供一些资金，再加上私人和公民社会部门进行的收费和免费工作。这里可能还是存在明显的性别冲突问题。对老年人的照顾和家政服务绝大多数是由妇女提供的——在每一个欧盟国家，这些工作中女性工作者的比率超过90%。报酬率和工作保障却非常低。涉及年老体弱者的政策激励措施至少必须同确保取得更加积极的性别分布结果的方案结合起来。

对老龄化的关注与对健康的关注密切相关。虽然我们知道，许多老年疾病和残疾与生活方式有关，但我们还不知道，这些情况会在多大程度上不可避免地导致生命终结时的虚弱。流传在医疗领域的一个玩笑说的是："你们这些健身狂人有朝一日也会看着傻乎乎的，躺在医院里，无缘无故地死去！"像绝大多数玩笑一样，这句话也有其严肃的意义。人们必然会因为某种原因死去。然而，还不清楚，身体虚弱本身在多大程度上是不可避免的，或者早些时候生活方式的改变是不是能够减少对丧失行为能力的影响。

健康与生活方式

可以朝着积极的方向改变生活方式。违背公民的意愿，把规章条例强加在他们身上，这不是国家要干的事。问题的关键在于，通过帮助建立起一种新的共识，引导个人以及组织接受不同的行为模式。系安全带是个颇有启发的例子——对于已经实现和有待实现的目标都是如此。起初，在西方国家，人们对于在汽车里系安全带有很大的抵触，部分因为公民自由，部分因为不方便。现在，在欧盟15国中，超过70%的人在汽车里全程或大部分时间都会系安全带，即便是短途行程。在一些国家，如英国，这一平均比率超过85%。

然而，包括美国在内的所有发达国家有很高比率的年轻司机不系安全带，尤其是男性。人均GDP水平与系安全带之间或多或少有直接的相关性。在葡萄牙和希腊，系安全带的比率最低——交通死伤的比率也最高。这种差异不单纯是贫困的问题，因为实际上这些国家的车里都配有安全带。由于汽车事故在更年轻的男性司机中较为多发，统计数据或许反映了大男子主义式的固执。 145

在美国，大概有80%的司机系安全带，尽管为了达到这个数字，开展了漫长的、多方协作的运动。21岁以下男性司机的死亡比率是老年人群体的两倍。近期的研究表明，21岁以下撞车死亡者中超过一半没系安全带。车祸死亡事故是30岁以下成年人死亡的主要原因。在通常年份，美国有大概3.2万人死于车祸。有人说："对于消除2—33岁美国人死亡的主要原因，我们有一种疫苗：安全带。"在美国，如同在欧洲一样，下一步影响民意和行动的战役是，强力施行在机动车后座系安全带。

安全与保障，它们适用于道路伤亡，就如适用于通常被当作处于福利国家边缘部分的其他领域一样。日常饮食与健康是另一个重要领域。在美国，糖尿病的发病率迅速增长，与肥胖并行，因为糖尿病与该状况息息相关。美国20岁以上的人当中，9.6%——超过2 000万人——患有糖尿病。60岁以上的人当中，该比率为21%。1992年，用于糖尿病的年度经济总支出估计达到1 320亿美元。①糖尿病的治疗达到美国保健总开支的11%。在糖尿病的复杂情况中，心血管疾病是最常见的。从理论上来说，这种疾病损失大部分是可以避免的。

一个人是否称得上超重或肥胖要由"身体质量指数"（BMI）来衡量，这是一种身高与体重比重。BMI在25—30之间的人被视为超重；BMI超过30的人被归为肥胖。在欧盟中拥有肥胖人数百分比最高这个有问题的名号归于英国（22%），接下来轮到马耳他（20%）。②然而，一些国家有高百分比的人超重——例如，希腊和斯洛伐克有45%的男人超重。在 146

---

① 存在反对的声音，参阅 Paul Campos, *The Obesity Myth: Why America's Obsession with Weight is Hazardous to Your Health*. New York：Gotham，2004。

② European Commission，*Health in Europe*. Eurostat，2005.

一些欧盟国家，超过一半的成年人超重（BMI＞25），而在欧洲的少数地区，超重或肥胖的男人合起来超过64%——这是美国最新调查得出的普遍百分比。①不健康的日常饮食和不活动，给人们造成的代价高得惊人：BMI的些许增加，例如从28增加到29，就会增加大概10%的发病危险。

欧盟超重或肥胖儿童的数量——四个当中有一个——估计每年增加40万以上，加入欧盟1.6亿超重人口的行列。在西班牙、葡萄牙和英国，超过30%年龄在7—11岁之间的儿童超重或肥胖。增长比率各不相同，英国和波兰增长最为迅猛。

肥胖比率的上升不仅限于美国或欧洲：日本这一比率现在已达到16%，而且还在攀升，这在寿命方面威胁到该国作为世界主要国家的地位。传统的日本饮食是高蛋白、低饱和脂肪的，但消费模式已发生变化。尤其是年轻一代，已转向西式饮食。

2005年12月，欧洲委员会发表关于"促进健康饮食和体育活动"的绿皮书，标志着对该领域的重要干预。该报告指出了"整个欧洲范围内肥胖日益增加的普遍性"是"公共健康的主要关注点"。②除一系列其他提案之外，该委员会建议制定欧盟范围的规则，以保证盐分、脂肪和糖分高的食物不能宣称为有益于健康或有营养的。

147　一些成员国的例子表明了怎样才能实现生活方式的改变，其中最著名的一个例子来自芬兰。20世纪60年代，男性死于心脏病的比率在工业化国家中是芬兰最高，而该国东部一个叫北卡累利阿（North Karelia）的地区程度又最高。畜牧业——尤其是乳品畜牧业——是该地区的主导产业。消费高脂肪的乳制品，如全脂牛奶和奶酪，是很平常的事。吸烟也比在其他地区更加普遍。③一项旨在转变北卡累利阿生活方式的尝试，提

---

① American Obesity Association：AOA Fact Sheets，可通过如下网址获得：http://www.obesity.org/subs/fastfacts/obesity_US.shtml。
② European Commission, Green Paper, Brussels, 8 December 2005.
③ Sirpa Seppanen, 'Finland：a case study in healthy eating' 通过如下邮箱获得：editor@medmedia.ie。

供一些后来得以在该国其他地区实施的方案。工作场所也采取了一些方案，劝说人们多吃水果和蔬菜、减肥和戒烟。制作电视系列片，专家出镜帮助人们在生活方式上做出有利于健康的改变。地方上组织关于健康问题的辩论，对当地商店形成压力，要求他们增加销售水果和蔬菜的品种。20世纪70年代生效的反对吸烟的立法强劲有力，而且在当时走在了其他国家的前面。大多数公共建筑物里都禁止吸烟；禁止一切烟草广告；烟草的税收用于反对吸烟的宣传。实行该项目的人与食品生产者和销售者密切合作，研制低脂肪食品，降低加工食品中含盐度。

日常习惯中发生的变化是令人瞩目的，而且随后在该国的其他地区普及开来。芬兰平均饮食水平由处在欧洲饱和脂肪摄入最高国家行列转变为处于最低国家行列。平均胆固醇水平在大约10年的时间里明显下降了。在北卡累利阿，很高比率的人有高血压，但大多数人都没有觉察到，而且大都不接受治疗。由于饮食的变化和更频繁的定期监测，高血压的平均程度大大降低了。在北卡累利阿地区，以及整个芬兰，心脏病的减少引人注目。到20世纪90年代初，与20年前相比，心脏病的发病率减少了75%。重要的是，这些变化已波及全体民众，包括来自更加贫困群体的人。

有很多经验可以学习，它们可以在生活方式的改变的其他领域普及开来。意识到不系安全带所导致的毁灭性后果还不足以说服人们使用安全带，放弃有害的饮食习惯也是如此。必须施行激励和惩罚措施，加上使人理解行为变化重要性的运动。与对待吸烟的情形一样，也有一部分人，他们怀着故意挑衅或与命运抗争的态度，抱着有破坏性的习惯不放。

积极的行为变化通常发生在一种相关的情境中，而不是由单独的个人采取的一系列决定。芬兰一个减少糖尿病的独立项目获得了巨大成功。它强调几种生活方式的改变的相互作用，依靠当地的"发起人"群体以便实现此目的，而且还向觉得改变习惯有困难的人提供咨询服务。从2000年持续到2003年的"每天一个小决定"（One Small

148

Decision a Day）项目就是这样一种努力的例子。①通过自助群体，参与者在其生活方式一步步改变的过程中得到了伙伴群体的支持，结果也非常显著。

英国的一个保健团体遵循与芬兰同样的路线开展了一个项目。目标是减少肥胖，并随之减少心脏病和糖尿病的发病率。该团体预测，有糖尿病的人每减少一公斤体重，预期寿命便增加 3—4 个月。每增加一公斤体重，发展成糖尿病的可能性便增加 4.5%。该项目包括团体咨询服务，每周举行一次，探讨人们的习惯、动机和自信水平。12 周之后复查的 915 个人当中，76% 减少了体重，尽管他们在该项目开始之前就反复尝试又失败。几乎所有人都在 6 个月之后继续减少了体重。90% 的人增加了水果和蔬菜的摄取量，100% 的人在身体方面更加活跃。每位患者开展该项目的费用 12 个月仅为 113 英镑。②

如系安全带的情况一样，认为这些项目和途径多少限制了个人自由这种看法是错误的。自由存在于增强的行动自主中，存在于以有效方式抓住机会做出生活方式的决定中。对肥胖和相关疾病的研究证明，它们与成瘾行为之间的关系有多么密切，在成瘾行为中，个人实际上丧失了对其生活主要部分的控制。生活方式的模式改变几乎总会伴随着自尊的恢复。这些因素在来自贫困背景的人中间比来自较富裕背景的人中间更加重要。

或许增加生命的年限只会为社会积下问题。说到底，如果那些现在短寿之人活下去，变得羸弱不堪并且要人护理，会不会需要更多的医疗开销？只要大多数人坚持积极健康地生活到那个时候——而且一些人工作到超过现在的退休年龄，回答便是"不会"。据估计，1970—2000 年

---

① 芬兰 2003—2010 年 2 型糖尿病预防规划，可通过如下网址获得：http://www. diabetes. fi/English/prevention/programme/chapter 12_3. html。

② Diabetes UK，'Sharing practice in diabetes care'，可通过如下网址获得：http:// www. diabetes. org. uk/sharedpractice/spexample. asp. id = 1258。

间，寿命增长的福利收效相当于那期间整个的经济增长。①心脏病发病率的减少所获得的收效数倍于后期相关医疗费用。

针对大型食品公司展开的全国和国际运动已经表明，它们可以取得相当的成效。公司在生产和配送食品的途径方面有了重大的改变——这是一些原则上能够与公众教育和品味变化齐头并进的观念转变。也许这些政策应该比其现在表现得更加严厉。要推动这一点或许可以通过保险原则。例如，含有大量盐和糖的食物在对健康的有害影响方面会产生众所周知的结果，对于拒绝改变其产品的公司，可以将其置于责任法的框架之内。"污染者买单"这个环境原则在任何社会都还远未实现。但是，它可以成为远远超出狭义环境领域的政策改革的基础。不符合营养基本原则的食品——必须在法律中具体规定——如同吸烟的情况一样，可能受到保险条款的制约。 150

胆固醇的浓度直接受日常饮食的影响，而这些浓度继而又影响到局部缺血性心脏疾病的发病率。②局部缺血性心脏疾病的发病率可以通过胆固醇的平均浓度来加以预测。每增加 0.6 mmol/L，心脏病的死亡率就会上升 38%；胆固醇水平降低则会出现相反的结果。

心脏病专家汤姆·马歇尔（Tom Marshall）认为，税收可以用于推动生产者和消费者的变化。代用品相关价格的很小变化可以产生行为上的巨大变化。因此，英国施行含铅和不含铅汽油价格之间 10% 的差距导致了倾向使用不含铅燃料的重大转变，并且有助于激励制造商生产使用燃油对环境破坏较小的汽车。目前大部分食品不征收增值税。改变现存结构的一个简单途径便是把增值税扩大到有高含量饱和脂肪的食品。在英国，这有可能使得每年心脏病死亡数降低 2 500 例之多。③

---

① Henry J. Aaron, 'Longger life-spans: boon or burden?', *Daedalus*, Winter 2006, p.16.
② Tom Marshall, 'Exploring fiscal food policy', *British Medical Journal*；可通过如下网址获得：http://bmj.bmjjournals.com/cgi/content/full/320/7230/301。
③ 然而，Marshall 的建议受到了批判。参见 Eillen Kennedy and Suan Offutt, 'Attentive intuition outcomes using a fiscal food policy'，网址同前引。

预防性干预原则在健康领域的施行力度比在其他领域的力度要更大。当然，医疗专家总是在某种程度上倡导积极的健康。健身运动、身体训练课程和体育活动往往会列在议事日程上——尽管在战争年代会特别强调。然而，50 年前，健康状况与今天的情形大不相同。那时人们知道与生活方式有关的疾病所占比重较小，与老龄化有关的疾病也是如此。与病后护理有关的保健体系比预防性医疗体系发展得要快，这种关系亟须扭转。

151

人们常说，较贫穷的人之所以生活方式比较富有的人更加不健康，主要原因是他们支付不起健康饮食的费用。但情况并不是这么回事。美国进行的一项研究发现，1965 年，美国最贫穷群体吃得比富裕群体好得多。谷物、大豆和未经精加工的大米在其日常饮食中占主体。那时，他们吃不起红肉（red meat）和黄油等诸如此类的食物。①现在，穷人与富人之间的饮食差异也往往被夸大了。在所有群体中，出门吃饭越来越成为一种趋势，这样就会难以控制对脂肪、盐和糖分的摄入。在健康与死亡方面，阶级群体之间的差别可以用饮食习惯来部分地加以解释，但也反映着更高的运动平均水平和更低的吸烟程度。

在没有外人介入的情况下，我们有多大的自由来糟蹋自己的身体？答案是不言而喻的：我们必须享有这样做的自由。但是，这种自由必须是实质上的或真正的，而非形式上的。在这里，问题远不是那么简单。为什么大多数国家禁用海洛因？它不（一定）是因为一种固有的威权主义，而是因为这样的推断：与远离这类习惯的人相比，瘾君子更缺乏自由与自主。

第二个原因是，吸毒者潜在地给其他人造成负担。吸毒者为了满足其需要可能转向犯罪，可能变得暴力，可能无力形成稳定的社会关系，从而增加医疗成本。实际上很少有对身体的糟蹋不会把损失强加到其他

---

① Daniel Haney, 'Better US diets mean that everyone eats more like the poor'，可通过如下网址获得：http://archive.tri-cityherald.com/HEALTH/nutrition/nutris.html。

人身上。因此，应当鼓励沉溺于酗酒的人戒除该习惯，这种观点得到非常普遍的公众支持。在寻求限制这种现象的过程中，除了公共项目，自助团体也要充分发挥作用。实际上，酗酒者互诚协会（Alconolics Anonymous）就是第一批这样的世界性自助组织之一，而且证明在改变行为方面极为成功。

具有重要意义的是，自助团体通过帮助重构一个人的认同感以便重树自尊来开展工作。在团体会议中，个人开诚布公地讲述自己的生活经历，加入一个心理重构的共同过程。成瘾不仅仅是针对酒精之类而言，而且还反映出个人生活中的其他问题和不确定情况。尽管人们尚未普遍认同这种做法，但是，难道类似的方式不应该扩展到人们生活的其他有害习惯包括有害的饮食习惯中去吗？

这些观念和建议并不意味着一种新的清教主义，或一个由健康指导者和饮食学家管理的社会。对于美好生活而言，肯定存在比这更多的东西。19世纪法国作家让·布里亚-萨瓦兰（Jean Brillat-Savarin）指出，通向健康的路就是要摒弃糖类。他知道自己的告诫会带来什么样的反应。人们会说："这位教授是个什么无耻之徒……他禁止我们食用我们最喜爱的每一样东西，那些来自利梅（Limet）的白色小卷饼，阿沙尔（Achard）的蛋糕和小饼干，还有用面粉和黄油、用面粉和糖、用面粉和糖以及鸡蛋制作的上百样东西！"①

"上百样东西"只使生活改善那么一点点——而且萨瓦兰的观点离威胁一个社会的医疗服务能力所要应对的习惯还相差甚远。在欧洲的一些地方，既有的日常饮食众所周知是有益于健康的，包括著名的"地中海式饮食"。它们实际上并不缺少能使饮食津津有味的味道和感觉。我们应该普及这些东西而不是看着它们慢慢消失。人们对欧洲的价值观谈论甚多。难道一种与愉悦和饮食习惯结合在一起的有益于健康的饮食不

① Gina Kolata, 'Roasting the notion of low-fat diets', *Herald Tribune*, 16 February 2006.

应该列入这些价值观中吗?

153   # 环　境

健康与环境之间有着密切的关联。众所周知，环境污染会产生有害的效应。例如，空气污染会影响有哮喘或其他呼吸问题的人。环境因素可能在多大程度上影响健康是一个存在剧烈争议的问题。几年前，西奥·科尔博恩(Theo Colborn)及其合作者们写了一部名为《我们被盗的未来》的著作。①该书收录了当时美国副总统阿尔·戈尔(Al Gore)所撰写的前言。作者们认为，人造化工产品打乱了人类的激素形成过程，除了其他情况以外，会引起长期的男性生殖衰退，另外还会增加各种形式的癌症的发病率。他们的论点因证据不足和论证缺陷而受到抨击。然而，农药和其他化工产品可能对人类正常的功能带来不良影响，这种怀疑在科学界中仍然广泛存在。

环境不仅仅是"在那里"——由于我们与其有相互作用，在我们个人还有集体的人生历程中，它渗透到关于我们是谁和我们在做什么的许多方面。例如，这个论断就适用于我们吃的食物，即便是有机种植的食物也不再是"自然的"。在一个更深的层面上，它适用于所有的科学进步，过去一度认为在人类范围"之外"的东西变得更加"内在"了，基因工程只是这一现象的一个例子。

这些创新已成为我们生活的一部分，不可能违背它们。把科学和技术当作环境的敌人是一个极大的错误。没有这些东西，我们甚至无从了解一些重大的生态困境，当然就没有希望解决它们。多亏这个世界有绿色运动，它有助于强制将环境问题提上政治的议事日程。然而，关于其影响，人们必须提出一些保留意见。在许多时候，它往往表现为反科

---

① Theo Colburn et al., *Our Stolen Future*. New York: Dutton, 1996. [原书正文误作"Coulborn"，备考。——译者]

学、反市场还有（尤其在更早的时候）反增长。

"回归自然"的理念是一种不切实际的想法——"绿色"这个术语 154
就是建立在这一基础上的，因为何为"自然"与何为"人类"之间的界限如今正在持续不断地改变，而且还会继续如此。例如，单凭转基因（GM）作物"改变了"应该由"自然"来处理的东西就反对它，是行不通的。风险与机会的平衡必须要冷静客观地加以评估。转基因作物更多地"侵入"自然会降低对可能给环境造成破坏后果的农药和杀虫剂的依赖。

绿色运动分子往往对公民直面环境威胁时表现出的被动态度感到失望。正如他们当中的某位所说的那样："认为单凭资讯就能够拯救这个世界，这个陈旧的观点该下岗了。很长时间以来，绿色运动提供了大量的资讯，以为会使人们意识到威胁和问题、感到担忧并最后行动。"然而，这位作者继续说道："'普通'人做出的大多数生活方式决定主要都不是由对事实的理性思考来决定的。"①但"普通人"并不像这位作者认为的那样愚蠢。长期以来，许多关于环境危机所做的论断多存在争议，而不是变得像科学证据那么确定。罗马俱乐部②旨在限制增长的原初规划最终证明是错误的，但这一认识无济于事。享有声望的科学家们对环境保护主义者在20世纪70—80年代提出的主张进行了批判，仍有极少数——微不足道的少数——认为来自气候变化的威胁被夸大了。③只是在相当近的时间里，才有了压倒性的一致意见——当然，危险的征候也越来越清晰地呈现在公众面前。

面对这些进展，行为变化的动机几乎肯定是在日益增强。但是，行为变化指向什么？在此，我们需要进行比目前大多数情况更加全面的思

---

① 'Focus on public participation：the green-engage project and painting the town green'，可通过如下网址获得：http://www.transport2000.org.uk，p.2。
② 罗马俱乐部（Club of Rome）是一个研讨世界形势的全球组织，于1972年发表了《增长的极限》这一报告，预言了经济增长的极限性。——译者
③ 尤其参见围绕 Bjørn Lomborg 的争论，*The Skeptical Environmentalist*. Cambridge：Cambridge University Press，2001。

考。作为开始，我们可以对该概念以及一整套关于"成为绿色"或"变成绿色"的术语提出质疑。它们的意象和内涵几乎完全是错误的，正如它们所表明的那样是乡村而非城市的意象，意味着对"自然"的回归。绿色运动中为何有这么多人反对核能？当然，有令人信服的理由表明人们为何反对核能的散布，但部分敌视态度源于对科学和技术直觉上的不自在——尽管它们对于解决环境问题必然是至关重要的。

基于这种理由，我将抛弃大部分与"绿色性"（greenness）相关的概念——如"生态足迹"（ecological footprint），甚至是"可持续性"（[sustainability] 由于它固有的模糊性）。我们期待一种不同的环境意识，这种意识更容易与福利政治和公民身份等更广泛的框架联系在一起，并且与人们的日常生活决定直接关联。简言之，环境需要被置于权利与义务相结合的更加中心的位置，这些权利与义务界定了其他领域的福利和社会责任——同时形成自利与利他的类似结合。

如何实现这些目标？首先，必须有一种明确和普遍的危机意识，不是作为一种遥远潜在的将来，而是此时此地。来自气候变化的危险和来自地缘政治对能量供应威胁的危险在此汇合。应对风险对于各级政府来说是一个极端困难的问题，由于没完没了的危言耸听正在产生相反的结果。但是，毫无疑问，正如在其他领域中一样，公共信息运动在提高意识方面会是很有效的，尤其是在当地团体参与的基础上。

必须采取比当下任何国家都更加广泛的税收激励和惩罚措施，以影响人们的日常行为。环境再不能被当作一件免费的好东西来利用了，至少就人类行为具有破坏性这一面而言是这样。税收激励措施首先应该适应于市场力量，因为顾客需求的变化有助于促使制造商革新技术和变换产品。当然，有些国家实行了碳税（carbon taxes），欧盟则建立了"碳市场"（carbon markets），为了降低污染，可以买卖碳消费单位。这类安排有望通过《京都议定书》（Kyoto agreements）在全球范围内建立起各种机制。

改变日常习惯在能源需求和污染两方面可以形成巨大的不同。房屋完全隔热可以降低加热开支和对能源的消耗，降幅高达50%。节能灯泡比普通灯泡工作的时间要长十倍，减少能源消耗高达80%。这些东西应该用税额优惠来支持，但也要靠公民优良品行的明确义务来支撑。

我们应该尽可能地寻求政策革新，以使环境目标和其他生活目标相一致。革新有很多。城市拥堵收费（congestion charging）和其他限制交通的形式积极地改善了供他人享用的日常环境，同时带来了有益于健康的好处。锻炼对每个人的健康都有好处；步行而非乘坐机动交通工具有利于个人，也有利于社会。减少犯罪和改善居民区安全也会取得双重的效果——例如，让父母和孩子步行或乘公共交通去上学，而不是开汽车。

气候变化的冲击，能源的冲击

环境实践中的变化可能需要一种冲击来取得进展。这种冲击或多种冲击已经发生，它们可能足以激发日常态度的阶跃性变化（step-change）。谁也不知道飓风"卡特里娜"（Hurricane Katrina）是不是受到了全球变暖的影响，但看起来有可能，尤其是因为每年发生在加勒比海地区的飓风数量似乎在不断增加——这种情况与来自气候变化的预测是一致的。飓风卡特里娜给欧洲造成了巨大的影响，不管在地理距离上有多么遥远。它表明，世界上最富裕国家的一座重要海滨城市可以在几小时内被涌潮摧毁。它也表明，这样一次事件对穷国比对富国具有更大的毁灭性。

异常的洪涝灾害已经在欧洲几个地区发生了，如英国的博斯卡斯尔（Boscastle）和卡莱尔（Carlisle）。荷兰的公民惊慌了，他们也应该如此，因为该国的许多面积已处在海拔以下。2003年欧洲异常炎热的夏天是气候变化的结果吗？我们不知道，但所有迹象表明，情况确为如此，因为在过去20年间，欧洲异常炎热的夏季出现比率急剧上升。肯定的情况是，作为这种情况的直接结果，欧盟国家有大概7.5万人丧生，而医疗服务又没有充分的应对准备。

地方性气候状况似乎也在变化，与全球变暖的计算机预测相一致。

伦敦的平常年份现在比巴塞罗那还干燥。更充足的水供应已成为紧迫的事情，除非人们能够被说服改变其消费习惯。当人们想起环境保护主义者时，首先出现在脑海中的不是水务工程师。但是，确实需要更多的水务工程师，因为尽管环境研究的学位在增加，工程师和水科学家仍然稀缺。主要的难点之一在于要保证从事陆地、海洋和淡水生态系统研究的科学家密切合作，因为这些领域之间联系紧密。①

环境冲击与燃料供应冲击交汇在一起——这两者明显紧密相关，但这里的变化部分地具有地缘政治性。出于数种原因，布什政府发动了伊拉克战争，其中一个原因无疑是要使来自中东的石油供应更加有保障。该结果没有实现——恰恰相反——结果之一是对来自该地区的石油供应的担忧油然而生，尤其是在还需要考虑到伊朗周边地区的紧张状况时。通过提醒欧洲人关注自身对俄罗斯天然气的广泛依赖，普京总统或许帮了欧洲的忙。俄罗斯天然气工业股份公司（Gazprom）本质上是一个民族化的产业，因此有助于地缘政治的部署。此外，那些把石油和天然气运往欧洲的输油管道途经诸多不稳定和容易受国内冲突影响的国家。

158　　　　调查似乎表明，公众对环境责任的态度正发生决定性变化。例如，2004 年 8 月在英国东南部进行的民意调查表明，95%的被调查对象声称他们愿意更多地循环使用物品，有84%准备采取具体措施减少用水。5 人中有 4 人赞成其他生活方式改变的建议，82%的人愿意按照规定行事，减少污染。被调查对象中只有 5%的人表示关注环境问题不是他们的责任。②在欧洲民意调查中心（Eurobaromter）进行的调查中，73%的欧洲人现在认为，环境现状正在对他们的生活质量产生不良的影响。

欧盟 15 国在环境目标方面取得了显著的进展，至少与其他发达社会比起来是如此。尽管存在这样一种事实，主要的问题还是存在。2004

---

①　James Kingsland，'Eco soundings'，*New Scientist*，24 July 2004.

②　'People willing to change lifestyle to help the environment'，WWF-UK，27 August 2004，可通过如下网址获得：http://www.wwf.org.uk/news/n。

年，欧盟国家产生了13亿吨废弃物，其中大概有4 000万吨被归类为有害物质。1995—2004年，废弃物的总量实际上增加了10%。这个时期内，循环利用总体上增加了，其结果是，在垃圾填埋场处理的垃圾量下降了。然而，垃圾填埋仍然是最通行的做法，尽管这样会引起二度污染。2002年，欧盟国家的城市垃圾有56%填埋，17%焚烧，7%用其他方式处理，只有20%得以循环利用。

　　欧洲面临的三种主要环境挑战——高油价、供应保障和适应气候变化——将需要新的重大投入，还有生活方式方面的适应，而这种投入必须尽可能以加强而不是降低欧洲竞争力的方式来进行。[1]更高的油价可能反而是因祸得福(如果能够避免通货膨胀)，因为这样不但可能激发使用能源方式上的变化，而且使得不以油为基础的选择更具有竞争力。这种市场条件变化会产生重大的结果，因为欧洲的许多电力生产者依赖于矿物燃料；大多数电厂正在老化，在未来10年中需要更换。这种情况包括核能，因为现役核电站的使用年限将要用尽。我们还不清楚，对于经济竞争力而言，如此大规模的投入会产生什么样的后果，不过这个问题必须成为未来计划的基本部分。

　　关于现行环境政策对竞争力的影响，已经做了一定的工作，尽管结果并不完全有说服力。这个问题对于生态现代化至关重要。表述它的方式有两种。较弱的观点是，那些在环境方面处于领先地位的国家或地区就经济发展水平而言还没有受到损失。较强的观点是，这些国家或地区实际上改善了它们的相对竞争力。一名致力于这一问题的著名研究者得出结论说，较弱的观点与研究发现的结果更相一致，但这些结果并不证明较强的观点就不成立。[2]实行最严厉的环境政策的国家——最明显的

---

[1]　Dieter Helm, 'European energy policy：securing supplies and meeting the challenge of climate change', paper prepared for the UK Presidency of the EU, 2005.

[2]　Mans Lonnroth, 'The environment in the European social model', in Anthony Giddens, Patrick Diamond and Roger Liddle(ed.), *Global Europe*, *Social Europe*. Cambridge：Polity, 2006.

依旧是北欧国家——在经济上最成功。

获利是短期的事情。有什么样的激励措施是长期投入的呢？如果没有，那么，这类投入就应由政府来承担，主要承担涉及欧洲社会模式中的其他开支。这一问题要取得进展，途径之一可能是在养老基金中赢得董事和投资人的帮助。毕竟，这些基金按照定义具有长远的目标。养老基金实际上大都是以短期的方式来管理的，旨在利用市场上的日常变化。但是，养老基金的受益者应该关心他们将要继承的世界，尤其因为，如果没有行动，甚至在资金层面上，大部分遗产都将会被挥霍掉。如果一个世界不仅受到气候变化的重创，而且其福利开支也用在了处理这一问题上的话，30 年下来，这个世界将不会是一个宜居之所。

公民社会团体和非政府组织在处理大多数或所有这些问题的过程中应发挥重要的作用，不管这些团体是否与绿色运动存在关联。他们能够影响公众的态度，同时也能够影响政府的决策，尤其是帮助监督公司的活动。在这个世界中，对于那些希望把它变成这个样子的人而言，一切都是显而易见的。有些公司可能企图通过把其部分运作转移到别的地方来逃避世界上某一个地方的环境规约，这样的公司应该接受严格的审查。在那些压榨劳工血汗的公司里，或那些以别的方式违犯普遍持有的劳动规范的公司里，甚至在这些规范没有载入国际法的时候，这种情况就已经发生了。作为全球压力的结果，一些公司被迫对其行动做出重大的调整。与大公司相比，世界范围的非政府组织实际上占据着巨大的优势——他们有更优良的品牌形象，并且更为公众所信赖。

毫无疑问，施加在政府和公司身上的压力有助于使人们形成一种更强的环境公民身份（environmental citizenship）感。因为离开了这种身份感，将很难看到所取得的真正进步。当然，这种环境公民身份感的形成应该遍及工作场所和家庭环境。存在着多种值得探索的选择。例如，进一步用服务来代替产品可能会有所帮助。这里，增值并不是附加在产品本身，而是附加在它所具有的功能上。比方说，租借或租赁就可以促成消费模式的根本变化。因此，通过互联网进行的租借能够代替购买录像带或 DVD 光盘。可以开发有生态报偿的新的服务市场。与家庭洗熨相比，大批量洗涤和熨烫衣物能够省下 52% 的基本能源、73% 的水、85% 的洗涤剂。或许我们可以看到这么一天：已征服了一切的家用洗衣机将再次退出历史的舞台。

"功能体系"——其中服务被租赁而非购买——可能有助于协调生产者与消费者之间的各种利益取向。生产者感兴趣的是要保持产品的生命周期短暂，以便新的产品有人购买。消费者感兴趣的则通常是质量可靠、经久耐用的产品。然而，在以功能为基础时，这种利益区分便大大降低了。生产者关心的是产品的使用和再使用，有效地配送给消费者——还要使产品尽可能保留更长的时间。结果便是能耗和物耗的下降。

生产和家政服务中使用的固体物质的"非物质化"在 IT 与环境目标之间提供了一个重要的连接点。过去我们听到许多关于无纸化办公的事，但是，大多数办公室流通的纸量却有增无减——直到最近。电子信箱的到来确实改变了这种状况。对于商业领域中的每个人和家庭生活中的许多人，电子通讯的比率大大超过了传统邮政。

保留某些打印文本，但不需要运送设备——这是全世界邮政服务陷入财政困境或转向新业务的主要原因。很显然，很难勾画出这种变化在整个社会中的最终平衡情况。互联网能够使各种产品和服务直接送达客户家里。这种创新是因为这些新的配送服务而增加了纯能源消耗，还是由于人们更少驾车或乘公共交通前往商店而减少了？没人真正知道答案。

不过，地方性创新措施似乎能够取得成功。丹麦城市科灵（Kolding）制订了减少用纸的综合性计划。实际上送出的所有材料都是通过电子途径，但是以一种前瞻性的方式，即通过电子邮件或移动电话把有关情况的信息发送给公民，如当地的最新发展情况，以及公民如何才能获取相关信息，如果他们有这个意愿，又如何与参与其中的人直接互动等。布鲁塞尔地区也制订了范围广泛的"非物质化"计划，包括机关、学校和

161

家庭。它旨在理性地使用 IT，考虑和应对由此产生的废弃物水平，用服
162 务代替产品。启动这个工程的人期望，地方政府能够变得更加有效、反
应更加敏捷，以满足客户的需求。同时，用纸量可以减少 30% 以上，能
源消耗也减少大概同样的量。①

　　这些积极的行动或许能够在更大范围内普及——要取得重大成果，
就必须这样。要达到广泛的生活方式的改变，不仅公众必须持有紧迫
感，而且还要有实施奖惩的措施——这些东西应该能够反映环境破坏或
投入方面真正的使用成本。我认为：我们不应该再称之为"绿色税"
（green taxes），好像它们有什么特别的性质要与其他财政措施分开似的。
它们应该成为公民义务中核心而透明的部分，因为它们关乎社会共同体
中的每一个人。它们既涉及税额增长，也涉及税额优惠。生态现代化的
有利局面可能无法完全实现，但是，可以尽可能地实现，生活方式的改
变应该与积极福利的价值联系起来，而不单纯是一个自我否定的方案。

　　在所有国家中，汽车司机和制造商都有强大的游说能力。司机们往
往声称他们纳税过高，但没有任何地方是这么回事。小车和卡车的环境
开支很大，而且当然也发展成了地缘政治事件（和成本）。在城市里，拥
堵常常使交通几乎陷于停顿，可见汽车已经产生了相反的效果。污染和
相关的健康问题则是一种更加广泛而且非常现实的公共成本。城市拥堵
收费——收入可用于对公共交通的投入——必须广泛施行。提高燃料费
用有助于促使消费者放弃大引擎机动车辆，但必须建立幅度更大的激励
体制。如果巴西能够促成大量使用生物燃料的汽车，欧洲为何不能效仿
类似的模式呢？

　　人们如何能够把环境政策涉及的各种不同问题结合在一起？我们能
够看到它们与《里斯本议程》之间的明显联系吗？这类政策怎样才能产

----

① Municipality of Holding, 'Dematerialization：a special feature of the Third Waste Management Plan for the Brussels-Capital Region'，Kolding，Denmark；可通过如下网址获得：http://www.kolding.dk。

生社会公正的结果？最明显的途径便是，把它们与社会模式的关键问题　
紧密联系起来，尤其是公民身份情境下的保障和福利——这被定义为积
极福利。来自环境变化的风险不再是抽象的或只是长远的，而是具有即
时性特征，并与那些福利国家在传统上多会掩盖起来的健康、财产等风
险融为一体。它们也与经济事务(生产力和竞争力)密切相关。一些主要
的增长和开辟就业的可能性将会出现在与环境事务密切相关或直接涉及
的部门。

　　环境与能源问题要求国际合作。它们构造了一个主要领域，整个欧
盟的参与在其中至关重要。我拟在下一章讨论这种参与应当表现为什么
样的形式。

第六章

在欧盟层面上

　　本章标题所使用"欧盟"指的是欧洲联盟的诸管理机构。我不会把这些机构与成员国分得太开。前面所有章节涉及的都是各成员国合作解决共同问题这一更广泛意义上的"欧盟"和"欧洲"。然而，我拟在本章集中讨论欧盟机构如何以直接的方式对重塑社会模式有所作为。

　　我将首先对《里斯本议程》现在的状况进行评估。然后讨论欧洲范围内的社会和经济不平等问题，进而转向高等教育和革新。最后，仔细思考在欧盟层面上有关环境和能源所需做的事情。

对《里斯本议程》的评估

　　欧盟层面的决定可以通过多种途径对成员国福利体制产生直接的影响。"最低纲领主义"（minimalist）对社会政策的解释认为，成员国几乎完全控制了自身的福利，这是存在问题的。①欧盟的立法决议会直接影响成员国的福利供应。例如，欧洲法院裁定，退休年龄必须两性平等，这直接影响了国家的政策。如果该裁定溯及既往，将对一些国家产生重大的财政影响，但是，来自这些国家强烈的游说运动阻止了这种做法。法院就社会政策协调问题总共颁布了300多项决定。确实，有些观察者认为，由于这类立法的数量极大，应该设立一个专门的欧盟福利法庭。欧盟立法在就业、反歧视措施和社会保障权利转移诸领域最为重要。

　　然而，很显然，不管结果如何，就社会模式而论，在欧盟决策的核心存在一个结构上的不平衡。单一市场和单一货币正在国家经济中产生巨大的变化。在欧元区，关键的货币权力已经转移到了欧洲央行。然而，各成员国小心守护着他们在财政和社会政策中的自主权。①

《里斯本议程》中发明的开放协调法要纠正的正是这种不平衡现象。该协调法在《科克报告》中被描述为一个过程，由此，"成员国自愿同意在国家竞争力领域内合作，利用其他成员国的最佳实践模式，并使之习惯化以符合其特定的国情"。对持抗拒态度的成员国而言，"来自同等地位国的压力"（peer pressure）被认为起到了激励的作用。报告承认，许多成员国没有严肃地履行全部职责。报告涉及社会模式，谈到了"消除贫困"的问题，还提及"环境的可持续性"，论证了"推行生态创新措施和建立生态产业领导权"的必要性。②然而，报告提出的建议却极少直接针对这些问题，其重点坚持放在发展和就业上。报告提议要特别集中关注这两个方面，这种强调随后得到了欧委会的认可，从这个意义上来说，我们可以把这个报告看作弱化版《里斯本议程》。然而，《科克报告》的建议——应该更多地"指名、羞辱和扬名"③——却不 166 是。报告在结论部分直言不讳地指出了依然存在的问题。报告最后指出，《里斯本议程》的大部分进展最终都将有赖于国家的具体情况，该事实不容回避。

欧委会在认可《科克报告》的总体目标（还有《萨皮尔报告》中提出的建议）的过程中，于 2005 年 2 月发布了新的里斯本战略，重点强调经济增长和就业将催生"增长与就业之间的伙伴关系"，形成成员国在欧盟层面和国家层面的行动计划。里斯本战略应该"成为国家政治讨论的一部分"，参与讨论的成员既包括政治、商界和工会的领袖，也包括公民。这种新观点一经公布便引起了一些敌对的反应。《里斯本议程》涉

---

① Stephan Leibfried and Paul Pierson, 'Semi-sovereign welfare states', in Leibfried and Pierson(ed.), *European Social Policy*. Washington: Brookings Institution, 1995.

② Wim Kok, *Facing the Challenge*. Report of the High Level Group, November 2004, pp. 9 and 6.

③ Ibid, p. 43.

及的社会和环境方面对于批评者而言似乎暂时搁置了。欧委会主席若泽·曼努埃尔·巴罗佐(José Manuel Barroso)用下面的话来回应诋毁他的人：“如果我的孩子中有一个生病了，我会把注意力集中在这一个身上，但这并不等于说，我给予其他孩子的爱更少。”这是一个很妙的比喻，但不确切。在欧盟的情况中，所有三个“孩子”的健康——经济、社会和生态——都处于危险境地。

2006 年初，一个新的报告——《阿霍报告》(Aho Report)——发表了，该《报告》集中在研究与创新上，这一回是作为同年 10 月汉普顿法院峰会的一个结果。它是由前芬兰首相埃斯科·阿霍(Esko Aho)主持的一个小组草拟的。他们的《报告》提出了一个“研究与创新公约”。《报告》指出，《科克报告》提出的建议和欧委会对这些建议的反应不会产生作用。可供研究与开发的资源没有增加。他们提出的建议也无助于维持这种社会模式，由于资源在减少，该社会模式将被削弱。“公约”应该更加明确具体地集中在创新的某些方面，并认识到有必要就这些创新应该体现在哪些方面做出艰难的决断，而不是假定能通过提升最低的共同标准来取得进步。

《阿霍报告》指出，用于研究与创新的欧盟结构性基金的比率应该
167 从现在的 6% 提高到 20%。例如，就新成员国而言，这类投入将使其可以跨越经济和技术发展中的某些阶段。有许多领域应该优先考虑，尤其是电子健康(e-health)、能源、环境、交通、后勤以及安全保障。①

应该怎样看待围绕《里斯本议程》形成的持续不断的争论呢？冒着给《议程》浩如烟海的文件库再添一成的风险，我拟提出下列看法和建议。

首先，在知识层面上——从最初的学术著作宣告其问世以来大概有

---

① Esko Aho，*Creating an Innovative Europe: Report of the Independent Expert Group on R&D and Innovation Appointed Following the Hampton Court Summit*；可通过如下网址获得：http://europa. eu. int/invest-in-research/。

10 年了——《里斯本议程》很好地经受住了时间的考验。正如我在本书上文中想要表明的那样，2000 年的《里斯本议程》提出的建议，有许多与今天明显最佳的实践相一致。然而，用来提升竞争力的标准需要不断地加以审核，因为即便是几年前有根有据的预测或认识都有可能最终是错误的或误导性的。举一个具体的例子。20 世纪 90 年代后期，绝大多数商业分析家认为，旅行代理将会是发展最快的服务行业。事实上，该领域的就业岗位已明显缩减了，因为现在许多人在线办理业务——这种可能性在几年前甚至根本就不存在。

其次，开放协调法所带来的问题一定程度上源于它最初没有进行情境化考虑这一事实。该缺陷在欧盟实践的最近转变中浮出水面，这些实践涉及每个成员国所呈递的国家数据图表。不过目前尚不清楚这种反思是否足够深远。基准测量出来的效果比乍看上去要差。政治家和选民可以把欧盟国家的整体经济运作状况进行比较和对照，如它们的增长率或失业率。然而，要对政策和改革进行比较，远远没有那么容易，因为任何特定改革过程的影响都取决于诸多因素，其中许多是具体国家所特有的。此外，为了对代价做出正确的评价——例如，高就业率与"巨无霸电脑"工作岗位的存在——则需要更多的信息，而不仅仅是所公布的经济指标。

第三，《里斯本议程》是一份欧盟范围内的倡议，但其成功与否并不源于开放协调法，即便这种方法比现在更加成功。它不仅取决于国家的决策，甚至更加取决于国家的政治意愿。需要有国家的改革，而不仅仅是经济的影响。观察和期待必须是"策略"的一部分，但或许还要进行一些有益的干预。开放协调法基本上是自上而下的过程。可以鼓励各成员国（和地区）对经验进行比较，而且以更直接的"同水平"方式相互学习——不仅在政策方面，也是在消除政治壁垒方面。积极利用欧洲委员会或当地组织的资源，鼓励采取合作行动。

第四，正如法国经济学家让·皮萨尼-费里（Jean Pisani-Ferry）所指出的那样，一些改革行动应该集中在欧元区，由于该区域内的国家有一些

168

153

具体的共同需求。①在货币联盟内部，某一个比方说改革了劳动力市场和降低了失业率的国家会对没有进行这种改革的另一个国家产生中期的外在影响。作为 A 国改革的结果，总的结构性就业率降低了，但总的生产力提高了——两者结合在一起，导致通货膨胀降低。欧洲央行因此能够降低利率，提升 A 国以及没有进行改革的 B 国的国内需求。对 A 国而言，与如果各自控制其利率而出现的情况比起来，利率降幅要低些；对于 B 国而言，情况则相反。现在假定，除 B 国外的其他政府不愿意进行改革，因为他们处在这样一种境地：被迫用短期的成本来换取长远的收效——而他们往往就是这样做的。这里，可以使用宏观经济政策，这种政策可以通过促进新的平衡而改变成本与利益的分布。因此，它短期内可以减少改革的成本，而且使国家的政治领导人更容易做出心系改革的决策。货币联盟内的货币政策只能支持特定政府推进改革事业，以便为改善总体运行做出贡献。对于任何独立行动的政府而言，尤其是在存在如高额债务等限制的地方，改革的动力都会减少。离开了对改革协调一致的努力，这种情形将会陷入僵局，没有任何政府能够在这当中进行必要的改革。

第五，当前，《里斯本议程》似乎给人一种赶超的感觉（catch-up feel）——说到底，它旨在帮助欧盟超越美国经济所取得的某些成就。这可能是一种抱负，但有那么一种感觉，即它迎合的是欧洲的弱项而不是强项。其社会模式和环境记录（原则上）就是这样的两个强项，尽管极为重要的是，这些强项只出现在强大经济条件下。如果改革发生在适当的国家而且朝着正确的方向前进，欧盟应该有望取得超过其主要竞争者的成就。就环境政策而言，欧盟国家在许多方面走在了世界其他国家的前面。与社会公正比起来，有关环境问题方面的具体目标有更多的发展，部分原因是，欧盟是支持《京都议定书》的先行者。（尽管《京都议定

---

① Jean Pisani-Ferry, 'What's wrong with Lisbon？';可通过如下网址获得：http://www.bruegel.org/doc_pdf_47。

书》的目标被证明难以达到：目前，欧盟只有 5 个国家正在努力实现他们承诺的减少排放的标准。）在 1992—2002 年期间，所有欧盟 15 国保持或减少了能源强度。在爱尔兰，经济的高速增长与能源强度的改善同时出现，这个情况表明，经济基础起步低的国家在追赶较发达国家的过程中不一定非得大量消耗能源。当人们思考新成员国潜在的高水平增长时，这个例子很重要。然而，环境政策必须在国家和欧盟范围内与经济和社会方案更加紧密地联系起来——正如上文指出的那样。欧盟的思考集中在"社会排斥"上，根本没有涉及现在处于福利改革中心地位的生活方式变革的方案。

我的结论是，我们需要的不是弱化版《里斯本议程》，而是相反，要的是加强版《里斯本议程》。① 《里斯本议程》在两个核心领域从未充分展开或产生说服力：社会公正和环境。就前者而言，在欧洲和国家层面上（正如上文指出的那样），我们需要克服干扰改革努力的不恰当倾向（unfortunate polarity），社会公正的捍卫者们认为自己必须阻止旨在帮助运作较差的国家增强竞争力和开辟更多就业岗位的努力。他们不相信改革促进派提出的减少社会排斥的说法，担心更多关注市场而极少关注社会公正的"盎格鲁–撒克逊模式"会席卷欧洲。

我们必须提出并坚持这样的观点（正如我在本书中试图表明的那样）：里斯本式的改革会促进而不是有损于社会公正和福利。这种观点不能仅仅是抽象的或受价值驱动的观点：它必须详尽地加以阐述。事情不是尽善尽美的，必须指出需要做出的妥协和调整。在失败者那里，这个事实更需要明确指出，还要就如何才能改善其命运进行具体的分析。

酝酿中的全球调整基金（Global Adjustment Fund）至少朝正确方向迈进了一步，这一观点的某种版本已为《萨皮尔报告》所提出。这种观点

170

---

① 这个想法源于与 Roger Liddle 和 Patrick Diamond 的谈话。参见他们在下书中的文稿：Anthony Giddens, Patrick Diamond and Roger Liddle（ed.）, *Global Europe*, *Social Europe*. Cambridge：Polity, 2006。

在2005年12月的欧洲理事会会议上得到正式认可，并在法国和荷兰的"否决"票之后赢得了支持，因为对就业岗位可能流失的担忧在其中起了很大作用。调整基金限制在每年5亿英镑的预算之内，对因"世界贸易模式中的主要结构性变化"而失业的员工给予再培训和就业补贴，各成员国都能够利用这些资源。其中设立了严格的标准以保证申请者不会用这笔钱去维持濒临失败的产业。调整基金的设立表明，欧盟"关心"因经济变化而身处困境的国家。但它显然是徒有其表，因为其中的资源非常有限。

2008年将进行的特别预算审核应该用来确保资源配置中的真正变化——尽管从各国的不妥协态度来看，征兆不佳。《萨皮尔报告》和《阿霍报告》已经指出了所需要的东西。欧盟的预算应该从农业转向促进增长的项目，特别要强调创新。即便就近期的改革而言，欧盟共同农业政策（CAP）也是一个重大的时代错误（对绝大多数公正无私的观察者来说尤为如此）。超出40%的预算花在2%—3%的欧盟工作者身上。

地 区 性 差 异

《里斯本议程》直接涉及成员国之间和地区之间的社会、经济差异问题，这是从早期以来欧共体/欧盟关注的主要问题。"凝聚"和"趋同"（convergence）长期以来被看作整个欧洲的目标。《罗马条约》(Treaty of Rome)声称，欧盟的成功发展只有通过"改善弱势地区的落后面貌"才能实现。虽然趋同有时候被人们表述为较贫穷的成员国和地区向较富有的国家和地区靠拢的简单过程，但事情比这要复杂。自从欧盟成立，随着它的扩大，国内和国际间都注入了新的动力。

趋同和凝聚的目标本身可能存在冲突。趋同意为宏观经济的一体化过程，而凝聚则意指提升较贫穷国家和地区的生活水准以使其更加接近较富有国家和地区。为了推动趋同，各国可能不得不实行威胁到凝聚的政策。例如，他们可能必须在国内减少补贴，这样可能反过来恶化业已存在的收入或财富差异。

欧盟经历了连续 6 次扩张。国家间和地区间的经济不平等程度开始　172
时会随着这些扩张而加剧，1995 年奥地利、芬兰和瑞典的加盟是一个例
外。在 2004 年最近的一次扩张之前，每一次扩张都使整体上的经济差异
迅速下降。在 20 世纪 90 年代，离散程度（dispersion levels）只在最初 6 个
成员国中间提高了，而且是出于可以理解的原因：德国的统一，东德比
西德要贫穷得多。①

在 20 世纪 80 年代之前，欧盟 15 国最贫穷的 4 个国家中，爱尔兰是
运作最好的。该国从 1973 年人均 GDP 为欧盟平均数的 56% 发展到 2002
年的 110%。葡萄牙在 1985 年加盟时也是欧盟平均数的 56%，但 2002 年
只达到 72%。西班牙在政治上取得了令人瞩目的进步，但在相关经济方
面却进步较小——由 1985 年欧盟平均 GDP 的 74% 到 2002 年的 77%。然
而，欧盟最富有和最贫穷地区之间的差距在过去 30 年间实际上被拉大
了。1977 年，最不富裕地区的贫穷程度是最富裕地区的四倍。到 1996
年，贫穷程度超过五倍。更具说服力的数据是总体比率。1977—1996 年
间，欧盟 5 个最贫穷地区的人均收入在有关方面几乎没有变化。1977 年
为欧盟平均数的 44.5%；1996 年为平均数的 44.7%。相反，5 个最富裕
地区从 1977 年为欧盟平均数的 206% 增长到 1996 年的 224%。

最贫穷的地区并不总是存在于最贫穷的国家，而最富裕的地区也不
一定就存在于最富裕的国家。一些国家的地区延伸很广。欧盟最富裕的
地区在德国，但其最贫穷的地区比整个欧盟大多数其他地区还要穷，包
括西班牙、葡萄牙和希腊的一些地区。从个人收入分布方面来考量，德
国有理由称得上是一个平等主义的国家。然而，德国最富裕和最贫穷地
区之间的收入离散程度在欧盟 15 国中是最高的。

---

① Carol M. Glenn, 'Regional convergence and regional policy in the European Union',
Valdosta State University, GA, June 2000. http://www. eucenter. org/research/working%
20paper/papers/39. carol. m. glen. doc.

173 2004 年 10 个新成员国的加盟在很大程度上加大了地区差别。新成员国中大约有 92% 的人口生活在人均 GDP 处在欧盟 25 国平均数 76% 以下的地区，66% 的人口生活在人均 GDP 低于平均数 50% 以下的地区。①保加利亚和罗马尼亚的人均 GDP 还不足欧盟 25 国平均数的 30%。这两个国家的加盟大概会是在 2007 年或 2008 年②，届时生活在收入处于欧盟平均数 75% 以下的地区的人将比现在这个数字翻一番还要多。实际上，当欧盟人口从 7 300 万增加到 1.53 亿，欧盟的平均数与其人均 GDP 之间的差异也会翻番，从低于平均数的 30% 增加到低于 60%。

  结构基金（structural funds）和凝聚基金（cohesion funds）是可以用来帮助缩小国家和地区之间差异的主要共同体资源。凝聚基金于 1993 年引入，以帮助推动欧盟最贫穷国家的经济发展。GDP 低于欧盟平均数 90% 的国家有资格享用该基金。从结构基金和凝聚基金转来的资金使西班牙的投入增加了大约 3%，希腊和葡萄牙增加了 8%—9%。这些基金曾为前东德地区贡献了大约 4%，意大利南部地区为 7%。这些基金通过欧洲投资银行（European Investment Bank）的贷款来补充——2002 年总数为 200 亿欧元。这些不同的基金对地区和国家的经济发展起到了促进作用。1999 年西班牙的 GDP 估计比不存在干预时高出 1.5%，爱尔兰的相应数据为 3%，葡萄牙为 4.5%。

  欧盟尽管扩大到了 25 个成员国，但其预算收益却没有与成员国数量同步提高。因此，有资格接受资助的地区数量减少了，结构基金更多地投向了最贫穷的地区。然而，这个变化可能意味着，地区间差异的缩小
174 甚至更难实现。为什么地区差别明显如此根深蒂固？简单说来可能是，比较而言，涉及的基金量非常小——结构基金还不到欧盟 GDP 的

---

  ① European Union, 'Third Report on Economic and Social Cohesion（Executive Summary）'，p. iv；可通过如下网址获得：http://www.northsea.org/nsc/documents/eu_policies_beyond_2006/cohesion3_summary_en.pdf。

  ② 本书英文版发行于 2007 年，作者成书之际尚未及确认这一变化。保加利亚与罗马尼亚实际于 2007 年 1 月 1 日加入欧盟。——译者

0.5%。各国实行的政策具有更加潜在和实际的影响——这些政策并不总是会起到缩小地区性差异的作用。例如，一项涉及欧盟15国的研究发现，一些主要用于改善竞争力的国家政策——如促进研发的政策——会向其特定国家内较富裕的地区倾斜。一个地区越是富裕，政府投入用于促进其研发的资金就越多；该地区越是贫穷，投入也就越少。虽然这些投入应该促进经济增长，结果却反而扩大了业已存在的地区性差异。①

贫困地区之所以如此，存在着各种不同的原因。在较富裕的国家，贫困的往往是一些工业衰退的地区——制造业的衰落和知识/服务经济的兴起是明显的表现。这种衰落往往伴随着城市的荒废——例如，在英国北部某些地区，一些街道或小型居民区的资产实际上已毫无价值。在北欧国家，比较而言，较贫困的地区在乡村——这些地区人口稀少，气候条件恶劣。在意大利南部，贫困地区包括了城市和乡村——其贫困源于经济发展不足，加上传统的家族主义。在分配结构基金时我们已经发现了这些区别，但是，鉴于问题的广泛性和资源的有限性，基金的影响力也一定是有限的。在欧盟的所有地区，意大利南部似乎是最不容易改变的。2002年，年龄在18—65岁的人口中仅有43%的人有工作，这不仅在欧盟15国中是最低的，在欧盟25国也是如此。

国家和地区之间收入水平上的巨大区别意味着，在那些有时候试图拉平欧盟水准的想法中，实施全欧洲范围内最低工资（正如第一章中强调的那样）是不切实际的。有些人建议，欧洲最低收入可以在各个成员国内加以计算。②然而，这个建议绝不是真正意义上的最低工资，因为差别会很大。强制实施普遍的最低工资是一个无法针对国家之间巨大的制度区别和其经济性质方面差别的策略；由于地区性问题将进一步加剧，普适

175

① Luc Soete, 'A knowledge economy paradigm and its consequences', in Anthony Giddens, Patrick Diamond and Roger Liddle(ed.), *Global Europe*, *Social Europe*. Cambridge: Polity, 2006.

② Dominique Strauss-Kahn, *A Sustainable Project for Tomorrow's Europe*. Project presented to Romano Prodi, 2004.

(one-size-fits-all)政策往往会导致相反的结果。

我们可以从上述思考中得出什么政策性结论呢？以下是一些建议。首先，国家内部和欧盟层面的决策者应该更多考虑欧盟本身就是一个经济分歧的来源。不单是欧盟的政策，如开放单一市场，还有政策和社会经济变化的相互作用，也能够影响国家内和地区间社会公正的目标。欧盟不是一个国家，也不单纯是一个自由贸易区域。其身份存在争议，因为它具有进行中的试验性质。但是，这种情况意味着，它作为一种体制的动态没有得到很好的理解，因为这些动态不一定与民族国家的动态相一致。例如，地区不再仅仅属于国家，也属于一个超国家的实体。

在泛欧洲层面上，变化中的生活方式与不平等之间相互关联。例如，收入水平的提高使出国旅行变得更加容易，这得益于《申根协定》(Schengen agreements)这类安排的促进，签署这些协议的国家已经取消了边境控制（共有 15 个国家①，包括欧盟之外的挪威和爱尔兰）。欧盟反垄断条例加上各国国有航空公司的私有化，使得在欧洲以及世界范围内的航空旅行变得更加低廉。在英国出现的一个结果是海滨城镇的贫困化。如英国南部海岸的黑斯廷斯(Hastings)和布罗德斯泰斯(Broadstairs)这些在 20 世纪 60 年代相对富裕的城镇，现已进入该国最贫困的行列。过去常常光顾这些地方的度假者主要来自下层社会经济群体，现在这些人都到西班牙、葡萄牙或希腊度假去了。同时，上述国家中曾经贫穷的度假地已变得越来越富有了。贫困的海滨城镇和海岸后方地区比起从前的制造业地区而言，可能更难以复兴，因为可转移的技术储备更小。在某种意义上说，他们离开了大多数其他领域，完成了逆向流动。他们已经身在服务经济中，但他们提供的服务已经被接替和取代了。

其次，与在国家层面上一样，在欧盟层面上，我们应该记住，贫困各有不同，并不是一种简单和独立的现象——正如上述例子所表明的那样。就如个人贫困的情况一样，仅仅专注于贫困地区本身并不能解决问

---

① 截至 2012 年 1 月 1 日，申根成员国已发展为 26 个。——译者

题。有些政策可以集中在外在于这些地区的影响上——其他政策可以反过来集中在其微观动态上面。鉴于在缩小贫穷与富裕地区之间不平等方面进展甚微的情况，在欧盟和国家层面上似乎迫切需要一种新的政策导向。部分问题在于，我们根本没有相关的研究材料。如果可以利用时间序列方面和国际方面的数据，对于个人和地方贫困状况的研究也将转变，但这种数据在泛欧洲层面上并不存在。

第三个结论是，对结构基金的利用应该与良好的治理结合起来。在欠发达国家，长期的经验表明，有可能吸收了大量的资金却看不见明显的变化。如治理没有改善，任何外部的援助或投入都不可能产生效果——如意大利南部的情况。良好的治理不仅意味着高效和不腐败的政治领导层，而且意味着有一个活跃的公民社会——积极有效的第三部门组织。对于地区、城市以及其中的分支单位，情况也是如此。西班牙的一些自治地区的成功是一个很有启发的例子，这些地区有的还创立了过去并不存在的地区性认同。自尊不仅仅是在个人层面上重要。各地区和地方为自己的身份认同而自豪，这既能促进变化，又能对外树立自身的形象。

在打破可能建立起来的地区优势圈方面，良好的治理可能至关重 177
要。尽管对社会倾销的担心广泛存在，但国外的直接投资往往会流向较富裕的国家和地区，而非较贫穷的国家和地区——更不要说最贫穷的。爱尔兰比过去富裕多了，部分原因是其所吸收到的国外投资，而且投资还在源源不断地流向该国。1999—2001 年，投资的流入占爱尔兰 GDP 大约21%，现在该国已成为欧盟人均 GDP 第二高的国家。丹麦的相应数据是 15%，荷兰是 13%。投资流入最少的是那些穷国：西班牙(1.5%)、意大利(1%)和希腊(不到1%)。①

在各地区中间发现了几乎一致的模式。投资流入最低的是那些最需

---

① Pervez Ghauri and Lars Oxelheim, *European Union and the Race for Foreign Direct Investment in Europe*. London：Elsevier，2006.

要直接投入的地区。前东德——如果不算柏林——在 1998—2000 年之间只吸收了流向德国的投资总额的 2%。在意大利，流向南部的投入（在任何情况下都是非常小的数目）不到 4%。不过，这种情况在新成员国部分得到了扭转。

创 新 与 研 发

我们必须希望，同"落后"国家一样，一些贫穷地区将能够直接跨入知识/服务经济的发达部门。要实现这一点，他们需要在 IT 行业和教育方面的大量投资。当然，《里斯本议程》在其针对欧洲经济复兴的方案中，对教育给予了非常明确的强调，尤其是高等教育，加上研究与开发。对该战略的中期评估继续强调"知识与创新——可持续发展的发动机"。与其他领域的情况一样，设定的正式目标现在并没有实现。欧盟关于研发的预算估计到 2010 年要占 GDP 的 3%。商业研发的开支拟上升到总投资的三分之二，美国的情况已经如此；目前这两方面都严重落后。

然而，批判者们指出，设定百分比的目标是一种有问题的方法。[①] 3% 的目标构成情况是，国家拿出 1%，私营产业出 2%。拟扩大的部分恰恰是政府不能控制的部分。这些目标并不聚焦于结果。如果是出于自身的原因，公司为什么会有兴趣增加研发的开支比例？如果他们真的做了新的投资，那是因为他们相信科学进步和理念有助于自身更好地运行。然而，如果可能，公司也会把应用于研发的经济理性同样应用于其他活动领域。他们会尽可能削减研发开支以降低成本，或许还会把研发外包给高水平的小型公司。

在与美国进行比较的基础上，3% 的目标说明不了美国与欧盟之间的经济差异。美国的利润和收入所得税管理体制不同于大多数欧盟国家，

---

① Soete, 'A knowledge economy paradigm'.

牵涉到不同的法规和激励措施。此外，在美国进行的一些与商业有关的研究是国家资助的——尤其是有潜在军事意义的研发。

《里斯本议程》对涉及知识/服务经济方面的研发给予了解释，人们对此持保留意见，这其中还有其他原因。卢克·泽特（Luc Soete）令人信服地指出，研究、创新与社会经济发展之间的关系随着知识/服务经济的成熟而发生着变化。[①] "旧式"研发不再像过去那样意义重大，内生性研发也不再那么重要了。如何理解创新过程这一问题在近些年发生了明显的变化。虽然看似激进，《里斯本议程》对研发的态度中包含着一种令人质疑的立场。该立场建立在工业模式的基础上，为公司投资用于提升劳动力内在素质提供激励，但同时又假定公司与大学或其他高等教育机构之间存在着一种密切的联系。

因此，讨论集中在知识创造的技术方面、科学家和工程师短缺，以及研究中的欧洲一体化要求上。这些可能是可取的目标，但泽特指出，它们缺少知识/服务经济所必需的一些核心"知识"种类。这种新经济中的"知识"肯定在一定程度上是科学和技术的——正如信息技术的影响所表明的那样。但是，更为重要的是创造性、对新观念的检验和根据需求的变化模式开辟新的市场。例如，星巴克（Starbucks）的成功并没有什么特别的技术可言，而是或满足了一种潜在的兴趣，或培养了这种兴趣，或两者兼而有之。许多成功企业或新服务行业在一定程度上依赖于技术，技术极少甚至从不曾是市场成功的唯一驱动力。iPods 利用了主要的技术进步，但其开辟的新市场很大程度上是由于风格上的吸引力、精巧的设计和有效的市场营销。

这里存在着一个与激活劳动力市场政策相关的核心问题。"知识"的生产越来越多地在网络上进行，这种生产可能分布极为广泛，而非在等级森严的公司中进行（这类公司的权威系统本身也将精简）。或许，正如金特·施密德指出的那样，同更加传统的科学和技术性职业一样，艺

179

---

①　Soete, ibid.

术和媒介的劳动力市场可能是未来的先兆。①大多数艺术和创造性活动的工作者处在一个结构松散的网络中，而不是处在依赖于就业的固定关系中。资历原则只起很小的作用，与标准就业合同的情况相比，按固定工作小时付报酬远远没那么重要。旧式职业需要连贯和特定的技术，但以知识为基础的较新的职业却更具弹性。人们对新奇性和独创性似乎存在无尽的欲望，品味的变换同时激发了创新。这种创新又不是线性的，而是由对预先规定的处事方式的各种"突破"驱动。

美国的创意经济从 20 世纪 80 年代以来增加了 2 000 万个净工作岗位；这与其说是表明了诸如此类的技术进步，不如说是解释了美国经济成功的很大部分原因。创意经济现在占总工资的近一半。娱乐业开辟的就业岗位是工程业的两倍。显而易见，鉴于劳动力的短缺，各公司现在正在采取措施提高雇员的素质，消除低技术员工进步的障碍。百思买（Best Buy）便是一个例证，这是一家向顾客销售电子产品的零售公司。鼓励获取技术的方案使雇员能够从店面销售员迅速提升为管理层成员。

还有一个问题需要考虑。我们应该在多大程度上依赖于欧洲特定背景下的研发？目前尚不清楚国家或欧盟的研发百分比是否对经济运作有任何真正的意义。②随着公司发展出更加复杂的跨国劳动分工，研发和其他新思想资源将越来越多地来源于全世界。随着更具全球性的专利管理制度的建立，各种创新成果得以广泛使用——以及当今通讯体系带来的即时性吸收——相关的研发可能对它在其中诞生的国内经济影响甚微。各公司将不会从当地视角而是从全球视角来考虑其投入。

具备在当地利用创新成果的专门知识，这肯定关系重大——对科学、技术和创新资源的投入毫无疑问非常重要。但是，有效地利用科技进步成果的能力可能往往跟实际创造这些成果一样意义重大。此外，由

---

① Schmid, 'Towards a theory of transitional labour markets', in Bernard Gazier and Günther Schmid(ed.), *The Dynamics of Full Employment: Social Integration Through Transitional Labour Markets.* Cheltenham Edward Elgar Publishing, 2002.

② Soete, 'A knowledge economy paradigm'.

于激烈竞争已经更多地转移到全球范围内，无论是以物品还是以服务形式的产品周期都比过去变得更短。

旧体制建立在知识生产者与商业情境中的知识应用者之间的简单区分上面——一方是研发实验中心和大学，另一方则是商业公司。从这个角度来看，知识生产者的动机主要不在于创造诸如此类的新思想或新发现，而是提供能够合理快速地投入实际运用的产品。这些模式在更具工业特征的背景中持续存在，诸如化工、制药、家电等工业，但不存在于发展迅猛的服务部门。于后者而言，效率的获得或新市场的开发，更多地依赖于灵活的网络以及技术与其他创造形式的融合。在服务供给领域，经济运作相关研究的成功可能更多地源于对知识资源的全球性利用、共同标准的开发，甚至往往是新产品向发展中国家的扩散。致力于应对气候变化的节能技术与资源的研究提供了一个显而易见的例证。

欧洲委员会最近指出，欧盟国家用于研发的费用从目前的趋势来看，到 2010 年可能会上升到 2.2%。中国正以两位数的比率增加研发投入，而且从目前的趋势来看，到 2010 年将超过欧盟的比率。这种情况本身并不特别令人担忧，因为中国正忙于弥补先前存在的差距。中国在一定程度上将会在发达国家已大体放弃的领域内竞争，不过，由于上文指出的原因，这种情况在迅速变化。欧盟社会必须通过建立更加牢固的研究机构来保持领先地位，但更为重要的是，在产品开发和市场创新方面保持领先。令人不安的是，在许多情况下以及在欧盟的许多国家中，这些进程的发展似乎甚至还比不上传统研发。

高 等 教 育

研究与开发需要高等教育。人们越来越意识到大学和学院的经济意义，这首先是促成《里斯本议程》产生的因素之一。一些分析者认为，以校园为基础的大学将日益过时，因为未来的大多数学习活动将在互联网上进行。许多以互联网为基础的新大学已经建立，有些位于国家界限不明确的领域，大多数是私人倡导建立的。一部分——以不那么依赖于校园的凤凰大学（University of Phoenix）为典型——极为成功，但大多数都半途而废。

互联网大学的相对失败——至少目前如此——十分清楚地指出了一些重要的教训。大学的品牌是极难树立的。世界上最好的大学都是那些最古老的大学。其中的一个原因是，大学里的人才是以群体出现的。一个一流学者要向另一位学者了解他或她所在院系的情况，第一个问题便会是："那儿还有谁？"——系里还有哪些别的著名学者？从国家和全球的角度来看，大学的影响力有赖于研究，不管学者们花在教学上的时间有多少。最后，排名影响力会创造市场价值。例如，一个从哈佛大学、巴黎索邦大学或伦敦政治经济学院得到的学位在哪儿都受到重视，这类学位的市场价值还取决于其稀有性。

欧洲委员会主席若泽·曼努埃尔·巴罗佐 2005 年在格拉斯哥所做的讲演中指出，"大学在欧洲委员会的议程中从未占据过这样崇高的地位"。①欧洲委员会坚持按这种说法行事，出版了一份大学通讯赠与成员国。它确认了里斯本策略中高等教育的中心地位，具体划定了需要进一步完善的领域（数量相当可观）。

多少有点晦涩难解的欧洲共同市场官方语言被用来表明欧盟在高等教育领域所付出的努力。存在着一个欧洲"高等教育空间"。1999 年签署的《博洛尼亚宣言》（Bologna Declaration）通过一系列目标设立了这个"空间"的参数。成员国之间拟设立"易读性"和比较性学位，以促进教育的流动、帮助劳动力市场一体化并增强欧洲高等教育的国际竞争力。后来还加进了其他目标，包括鼓励拓展终身学习。《博洛尼亚宣言》是各国政府所做的承诺，该《宣言》认可，普通教育以及高等教育

---

① José Manuel Barroso, 'Strong universities for Europe. Speech at the European Universities Convention', Glasgow, 2 April 2005;可通过如下网址获得：http://www.eua. be/eua/jsp/en/upload/Barroso_speec. 1112693429657. pdf。

不属于欧洲共同政策的范围，共同体的作用局限于鼓励成员国之间的合作。

　　连同《里斯本议程》在内，总共设立了 5 组目标。所有成员国均赞同以 2000 年为起始点，到 2010 年，数学、科学和技术专业的毕业生中，性别不平衡现象要降低一半。年龄在 25—29 岁的年轻人受过高中教育的比率至少要达到 80% 或更高。此外，年龄在 25—64 岁的人中平均有 15% 或以上的人参与终身学习，这项比率在任何国家都不得低于 10%。

　　人们普遍承认，欧盟的大学在各个层面上都落后于美国。用研究的标准来衡量，极少欧洲大学进入世界前 100 强。在欧盟许多国家，大学人数过多，教职员工动力不强，报酬很低。由于这些原因，一些一流学者和研究人员源源不断地流向美国，而且大多数都一去不返。在知识/服务经济方面，一些欧盟国家关于大学的政策中明显存在矛盾。大学的学生数量到处都在迅速增加，但经费投入大体上原地不动；所以，能提供的教育质量往往很差。此外，调查表明，大学、研究机构和研发企业之间的日常联系一般都比美国弱。

　　大学不仅仅是作为商业的附属物或作为经济的一个来源而存在的，我们必须思考大学更广泛的使命，以及关于大学的管理。欧洲人已经很习惯于美国大学比他们自己的要高出一筹的警告，所以值得指出的是，美国的高等教育并非一切都好。过去一些年对那儿大学现状的批评不绝于耳。有人认为，美国的高等教育"把自己改造成了一个巨大的就业培训项目"，①它倾向于"促进对生产性公民群体（productive citizenry）的需求，而不是批判性的、具备社会责任感的、反思性的个体"。有位作者甚至谈到了"毁灭中的大学"。②

184

---

① 前教育部长助理 Diane Ravitch 引自 Richard Herch，'The liberal arts college'，*Liberal Education*，Summer 1997。

② Eric Gould，*The University in a Corporate Culture*. New Haven，CT：Yale University Press，2003；Bill Readings，*The University in Ruins*. Cambridge，MA：Harvard University Press，1997.

与普遍持有的观点相反的是，美国的大学严重依赖于国家支持，无论是联邦政府还是地方的州政府。在近期的一项分析中，结论表明，极少公立大学能够"私有化"。许多"私立"大学和学院以充足的研究资源的形式，严重依赖于国家财政。当大学从企业吸纳到可观资金投入的时候，出现了严重的担忧，担心这种情形在多大程度上会危及研究的独立性。然而，只有极少数接纳了大量资助的大学能够返还大量外来资金。

政府想把大学变成国家经济的优势，这时候，大学必须保持相对于国家的自治。这样做的一条途径便是，重申大学之所以存在的价值。高等教育的扩张并不仅仅是旨在应对新经济的需求，它也要培养公民适应一个多样化的和变化的世界。非职业性的科目应该继续充实其应开的课程，对知识的无私追求应该成为研究型大学的首要功能。美国面临的问题表明，解决这些问题任重而道远。

美国的大学还存在其他问题。一流私立学院的学费已提得很高，超出了绝大多数美国家庭的预算。奖学金广泛施行，但只有在一小部分富裕机构里，奖学金才足以保证向那些家境较贫困但符合入学资格的学生提供。在美国一流高等教育行列中，来自这类家庭背景的学生所占比率正在下降。

185 对于欧洲而言，这有着各种不同的含义。在大多数欧盟国家，高等教育再不能完全或几乎完全由政府来承办。以前，低比率的年轻人上大学——上了年纪的人则不可能——似乎合情合理，但当这一比率上升到超过40%，而且目标比率甚至还更高的时候，就不再是那么回事了。学生必须支付他们所受教育的成本。只要钱是直接交给大学，它就有助于支持大学自治，而且还为支付更高的薪水和为教职员准备更优越的研究环境提供了资源。问题是要确保来自不利家庭背景的学生不犯难。英国和澳大利亚推行的体制，目的就是要试图实现这一点。支付学费不是先期的，就像美国的情况那样，而是推至毕业之后，那些收入在一定水平之下的人一分钱都不用还。额外资源不仅用来提高工资和改善工作条件，也会设立奖学金，提供其他用以帮助来自不利家庭背景的学生的资源。实际上，存在从较富裕学生到不那么富裕学生的再分配。

欧盟无力确保成员国实行为高等教育而提供更多元资金的措施。但可以启动一场辩论。人们广泛赞同，养老金改革和保健体制改革势在必行。高等教育（和继续教育）也是如此，其在经济方面的资本周转数现在大得惊人。只集中在科学和技术上是一个错误。建议设立的欧洲技术研究院（European Institute of Technology，这是《萨皮尔报告》的一个后续措施），只有在可投入其中的资源足以使其与世界一流研究院竞争的情况下才值得坚持去办——但这些资源来自何方？

最佳方案应当是下列要点的结合：（1）知识/服务经济中创造性的需要；（2）在大学中保持科学、技术以及艺术、人文和哲学等多种学科；（3）恢复欧洲一流大学的世界级地位。创造性本身无法传授，但肯定是一流大学教育的产品之一；根本没有理由认为：大学只应限于科学，大学只应扎根于商业研究。

因此，部分总体性的政策结论如下：　　　　　　　　　　　　186

（一）为研发设定一个整体目标没有太多意义，尤其是在针对该目标的主要行动应当来自企业的情况下。

（二）旧式研发——集中在科学和技术上，把企业（还有公共机构）与研究院（所）和大学联系起来——仍然极为重要。但是，对技术的接受和市场开发利用得以发生的条件，几乎要吸引同样多的注意力。如果赋予适当的条件，大小国家都会越来越能够在全球层面上利用技术。

（三）大学和学院在知识/服务经济中起着关键作用。实际上，有些人称之为"知识经济的工厂"。简而言之，在这种新经济中，适应性和全球性眼界——在许多情况下，还有计算能力——呈现出新的重要性。扩大高等教育非常合理——而欧盟制定的

80% 的年轻人接受高等教育的目标并不过分。

（四）改善欧盟国家大学地位的措施势在必行，虽然其中大部分必须在国家和地区的层面上进行。尤其重要的是提升顶尖大学的水平，这不是出于精英主义，而是因为一流大学往往给其他大学定下了发展的基调，同时因为这些大学对于创新研究至关重要。

（五）欧盟可以从美国高等教育体制中学习很多东西，而且要竭尽全力扭转一流研究人员跨越大西洋脱离欧洲的流失现象。或许可以仿效加拿大的做法。在加拿大，有影响的席位由政府出钱设立，在工资和工作条件方面给予高额投入。大学可以申请这些席位，以便吸引顶尖学者。这个方案似乎有助于扭转加拿大人才流向美国的现象。这种方案可以由一些成员国或欧盟或两者共同来实施。然而，美国的高等教育也存在很大的压力，这些教训不应该被忽视。事实上，有些教训集中在大学与企业日益强化的关系上，另一些则集中在资金投入上。关于大众化的高等教育应该如何投入资金的问题，不存在万能的答案。不过，显而易见的是，学生的贡献必须算入其中。

（六）高等教育的扩张给社会公正带来了明显的问题。它本应给家境较贫困的学生提供更多的社会流动途径，但是，证据表明，这种情况并未出现。需要有政策措施来使高等教育进入那些人所能及的范围，他们也许本来没有想到会有这种可能性；也需要给那些特别贫困的人提供扶持。我们还必须努力缩小接受过与没有接受过高等教育的人之间的差距。

（七）高等教育本身是一项非常宏大的事业，它越来越多地引入了自己独立的收入——如来自非欧盟学生的收入。这种收入-生产（revenue-generation）必须作为因素计入对其扩张的成本和效益的任何整体评估当中。

生 态 现 代 化

欧洲能够引领世界潮流的一个领域在于进一步推进生态现代化。很可能，与其说会进一步降低竞争力，还不如说开发新的生态技术——还有同样重要的生活方式——会刺激和恢复竞争力。过去30年，信息技术已改变了我们的经济和生活。或许在环境/能源领域内的未来30年，某种关键的发现或一系列发现将同样改变我们的生活。随着矿物燃料越来越成为问题，气候变化现象越来越严重，创新的压力将真真切切地摆在面前。

目前，日本而非欧盟或美国必须被视为先导。日本在20世纪70年代便开始着手环境创新工作。那时候，日本的净化空气政策大大领先于其他地方——其本身是应对某种危机的措施，因为日本的城市先前处于世界上污染最严重的城市行列。在20世纪70年代的石油危机之后，日本人极力减少能源消耗。世界燃油消耗稳步上升，而日本尽管经济增长翻了三番，其燃油消耗量却从1975年以来一直保持稳定。[1]该国不仅成功地推行了保护主义文化，而且实现了能源的多样化。在日本，21%的汽车安装了低排量发动机，这个比率比其他地方要高得多。主要城市中的"智能机器"会在售票机、电梯、升降机和其他机械没有投入运行时将它们关闭。

2008年立法要求空调重新设计，以使耗电量比现在平均减少60%，其他类型的办公和家用电器也必须如此。这项立法已经使制造必须符合这个标准的产品的公司纷纷行动起来了。迄今为止，大部分这类产品的成本比它们取代产品的成本都要高，所以在世界市场上没有竞争力。但是，随着价格下降或其他国家开始真正着手于节能行动，它们会有竞争

---

[1] Anthony Faiola, 'Turn off the heat — how Japan made energy-saving an art form', *Guardian*, 17 February 2006.

力的。

日本人均能源消耗现在只是美国的一半——是德国、法国或英国的三分之二。10 个大型日本钢铁公司中有 5 个烧的是回收物，如家庭生活垃圾。从 1974 以来，这些公司对燃油的依赖减少了 85%。生产一吨钢比美国同行要少耗费 20% 的燃料。造纸行业现在从垃圾回收资源或其他可再生能源资源中获取 38% 的动力。

丰田公司今年成为世界最大的汽车制造商。该公司对未来的设想是：生产防事故的生态汽车，用能够主动净化其周围空气的发动机作动力，行驶在没有拥堵的道路上。在该集团 1 100 亿美元的销售额中，有4%—5% 被投入到开发非矿物燃料汽车当中。主要的问题不是技术，而是成本。丰田海外业务主管认为，该公司的环保资质是其超过美国大型汽车制造商的主要原因。①

有迹象表明，美国终于严肃对待其"燃油瘾"了。2005 年，由自然资源保护委员会（Natural Resources Defense Council）递交的一份报告称对燃油的依赖是"美国经济的软肋"——也是其国家安全的软肋。②美国现在已知石油储量还不到3%，60% 的燃油依赖于进口。自然资源保护委员会预测，通过采取一系列简单的措施和使用可利用的技术，美国的燃油消耗到 2025 年将减少40%。相反，如果保持现在的趋势，该国到那时消耗的燃油比现在还要多出 40%。

2006 年 2 月，瑞典政府宣布有意成为第一个到 2020 年完全放弃使用汽油和天然气的发达经济体。③同日本一样，瑞典在 20 世纪 70 年代对上升的石油价格做出了强有力的反应。现在，其几乎所有的电力都来自非矿物燃料资源（目前包括核能）。机动车辆是矿物燃料的主要消耗物。该国把对石油的依赖从 1970 年占总能源消耗的 77% 减少到 2003 年的

---

① David Gow, 'Ten years down the road', *Guardian*, 31 March 2006.

② Natural Resources Defense Council, *Securing America*. Issue Paper, February 2005.

③ John Vidal, 'Sweden plans to be world's first oil-free economy', *Guardian*, 8 February 2006.

32%。同一年，总耗费能源的 26% 来自可再生性资源——与此形成对照的是，欧盟 15 国平均仅为 6%。该国打算仿效巴西，在相当短的时间内将其大部分机动车辆改用生物燃料。按照瑞典可持续发展部部长莫娜·萨林(Mona Sahlin)的说法，瑞典相对较少依赖石油这一事实是该国工业的一个重要竞争优势。从 1994 年以来，住宅和服务部门耗费的燃油减少了 15%。①

葡萄牙最近宣布要建设欧洲最大的风力发电厂之一。该工程将生产 190 出相当于欧盟国家使用的总风力发电量的 25%。该国正在打算建设世界上第一座商业波浪能发电厂(wave farm)，同时还积极推广利用太阳能。莫拉(Moura)镇附近一座新太阳能厂的能源产量比欧洲现在最大的太阳能厂要高十二倍。

欧盟的可持续发展策略确认，"欧洲人均资源和能源消耗超过任何能够可持续的水平"。②从全球意义上来说，拥有世界人口 7% 的欧盟每年消耗了世界资源的 17%。该环境策略计划与里斯本进程相结合，虽然说野心不小，却几乎没有给出实施的办法。2006 年 3 月 8 日，欧洲委员会发表了《能源绿皮书》。③《绿皮书》指出，在接下来的 20 年中，需要 1 万亿欧元来更新老化的工厂。对进口的依赖在增加，而不是减少。按照目前的趋势判断，在未来 20 年，欧盟 70% 的能源将需要进口，与之相对应的是，现在为 50%。促进更大的能源效益有以下六个优先选项：

（一）开辟适于竞争的电力和燃气市场，以降低价格和保障供应。

（二）改善供应保障，以便使某个基础设施遭到破坏的国家能够得到

---

① Mona Sahlin, 'Sweden first to break dependence on oil！', Government Offices of Sweden, 可通过如下网址获得：http://www.sweden.gov.se。

② European Commission, Communication from the Commission to the Council and the European Parliament on the review of the Sustainable Development Strategy. 可通过如下网址获得：http://europa.eu.int/eur-lex/lex/LexUrisServ/site/en/com/2005/com2005_0658 en01.pdf.

③ European Commission, *Green Paper on Energy*, 8 March 2006.

其他国家的帮助或能够从共有资源库中提取。

（三）开发一种更倾向于再生性和多元化的能源混合物。

（四）改善能源效率，应对气候变化。

（五）鼓励开发新的能源技术。

（六）制定连贯的对外能源政策以便同生产者、中转国和其他国际机构建立伙伴关系。尤其包括对俄罗斯这一最重要能源供应者的新举措。

当 20 世纪 90 年代后期《里斯本议程》还在规划中的时候，世界能源价格很低，而且大多数成员国实际上都有超额支付的能力。2000 年，大概在里斯本策略发表的同时，能源价格上升了。正如往常的情况一样，石油和天然气与地缘政治的安全缠绕在了一起，但安全问题的性质发生了变化。随着各国力争减少对中东地区燃料的依赖，俄罗斯和中亚已更多地被列入了考虑范围。曾作为石油和天然气有效来源的北海油田现在逐渐资源枯竭了。

欧盟和前苏联国家对来自俄罗斯的天然气需求有望每年增长大约 3% 。然而，俄罗斯最大的公司俄罗斯天然气工业股份公司四分之三的产量来自资源正在枯竭的气田。离开了更多的技术性投入，到 2010 年，价格可能翻番。目前，这种投入似乎不大可能出现。大部分投入将必须是私营的，但外国公司必要的投入机会目前遭到了拒绝。

我们还得在这些新的劣势上加上国际恐怖主义。2006 年 2 月，自杀式炸弹袭击者袭击了世界上最大的石油生产商艾卜盖格（Abqaiq）加工厂。有位分析者说道："损坏这些设施……将会刮起一场席卷世界的飓风。几天之内，所有政府会（不得不）协同努力着手减少消耗。"①这次袭击涉及几辆满载炸弹的汽车。其中有一辆穿过了安全警戒的外围防

---

① Carola Hoyas and William Wallis, 'Bombers foiled in Saudi oil plant raid', *Financial Times*, 25 February 2006.

线，在离大型工厂仅一英里远的地方爆炸，万一进了工厂更会造成大面积的破坏。该厂出口提供了超过10%的每日世界燃油需求。不难想象，大规模袭击——或许同时对准几个工厂和输油管道——会造成什么样的后果。

根据欧盟的政策，欧洲的能源市场现已广泛地自由化和私有化了。 　192
实际上并不存在联合的市场，有的是一系列双边协定——这是从能源便宜和充足的时代遗留下来的。贸易受到限制，每个国家都尚有余力。关于自由化(liberalization)，言辞与实际之间差异巨大。收购(takeover)和收购投标很多。例如，2006年1月，德国最大的能源公司意昂集团(EON)进行了一次对西班牙电力公司恩德萨(Endesa)的(不成功的)竞标。如果竞标成功，意昂集团将会是世界上最大的电力和燃气公司。但是，当意大利国家电力公司(Enel)露出口风要收购法国的电力和水务集团苏伊士(Suez)公司时，法国政府通过宣布苏伊士公司与国家控制的法国燃气公司(Gaz de France)合并，试图阻止这件事。法国不希望有"外国的"收购，其他国家也往往有同感。

更大程度的相互联系既会降低费用，也会带来更多的安全保障。战后时期的电力被当作一种国家物品(national good)。法国等一些国家实行国家垄断，德国等其他国家则在国有与私有生产商之间存在由国家规管的协议。20世纪80年代后期，欧洲委员会推行几个指令，建议实行更高的价格透明度和成员国之间的合作投资。但实行自由化的努力在欧盟理事会和欧洲议会进一步遭到几次挫折，结果在欧洲出现了不同的能源政策。①(应该注意的是，这种状况与美国并没有什么特别的不同，美国各州之间极少存在标准化。)然而，由于电力供应是以网络体系的形式运行的，把电力供应扩展到欧洲范围是切合实际的。确实可以认为，若不这

---

① Atle Midttuh, 'Path dependent national systems or European convergence?' in Marie-Laure Djelic and Sigrid Quack(eds.), *Globalization and Institutions*. Cheltenham: Elgar, 2003, p.161.

样，单一能源市场不可能存在。

电力不可以储存，但燃气可以。欧洲层面上的储存值得严肃考虑。正如赫尔姆(Helm)指出的那样，与石油不同的是，燃气是一种地区性的能源，因此，安全保障也应该在地区层面上加以考虑。这样一种措施并不一定意味着成员国会进一步让出权力——它可以通过政府间的方式进行组织。①

欧盟的可持续发展策略很恰当地把能源问题与气候变化联系在了一起，而且实际上已开始着手制定一份针对两者的"路线图"。就气候变化来说，路线图设立了短期、中期和长期性目标。较近的目标是要实现可再生能源指标。到 2010 年，整个欧盟有 12% 的家庭能源消耗要来自可再生资源，21% 来自电力。整体能源效率每年要有 2.5% 的改善，国有部门则要达到 3.5%。在为国际气候变化形势的第二阶段商讨国际协定的过程中，欧盟为自己保留了领导者的地位。

在中期，欧盟设定的目标是，与 1990 年的程度相比，到 2020 年减少温室气体排放至少达到 30%。同年，至少 25% 的能源来自可再生资源，33% 来自电力供应。与 1990 年相比，能源消耗要减少 20%。到 21 世纪中叶，温室气体排放要下降至少 80%，以配合届时实现完全脱碳经济(decarbonized economy)的目标。在 2030—2050 年间，对生产资料和废弃物(包括家庭生活垃圾)的回收率要达到 95%——这意味着未经处理就送到填埋场去的废弃物为零。到 2010 年，交通定价系统要到位，真实反映各种形式的机动车辆旅行对社会所造成的成本。设定这个系统的目的是要在 2030 年之前将内部旅行的能源消耗减少一半。实现这些目的的方法已公布，但实现的机制还未有很好的具体规定——这又一次反映了欧盟在做这类决策时对成员国的控制力有限。例如，需要"把对能

① Dieter Helm, 'European Energy Policy: Securing supplies and meeting the challenge of climate change', 25 October 2005；可通过如下网址获得：http://www.fco.gov.uk/Files/kfile/PN per cent20papers_per cent20energy.pdf.

源效益的要求和激励因素结合在一起"——但只有成员国才能完成这一结合。

欧盟的排放交易体系怎样才能得到深化？目前，该计划要到 2008 年才能落实，正在进行的谈判拟将其延续到 2012 年。即便是后者也过于紧迫了，难以进入各公司投资和研发的计划范围内。2012 年后的框架需要马上进行积极考虑。这样，碳的可能成本才能在新的能源计划中被未来的投资者作为因素计算在内。

在现有的关于可再生能源的欧盟指令中，欧盟国家所采取的积极措施大都针对风能。需要进一步促进对其他可再生资源的利用，并探讨它们如何实实在在地与减少排放的目标结合起来。生物燃料看起来前景远大，可以同欧盟的发展目标联系在一起。例如，有人建议，在拉丁美洲的哥伦比亚投资开辟大规模甘蔗种植园，用来生产生物燃料，尤其是在那些与游击队实现了停火的地区。这个办法有助于稳定那些地区，同时还可以给欧盟带来能源。洁净煤（clean coal）技术是一种极为重要的可能性，特别是因为这种技术发展迅速。不管有什么样的反对意见，对核能的投资很可能会发生。极为重要的是，要考虑到在整个欧洲层面上会产生什么样的影响。核电站的安全保障问题不仅仅是其所在国家要担心的事情。明智可取的做法是建立泛欧洲的准许制度，考虑一致通过的安全标准和一旦出现核电站遭受恐怖袭击的情况时可能的相互救助。

要实现欧盟自己设定的这些目标，必须找到所需巨额投资的激励途径，大部分投资必须来自私营部门。能源投资具有一些特殊性质。这类投资往往是长期的，而且容易受到不可预测的未来变化的影响，如政治意识形态和技术发展方面的变化。对相关方而言，除非这些风险得到担保或至少降至可接受的程度，他们才肯投资。这就需要草拟新形式的长期合同，投资者和保险公司在这当中要共同合作，但要在欧盟和国家整体监管的框架之内。随着单一市场的开放，迄今为止的竞争政策主要集中在短期市场竞争上。修改针对垄断的欧盟政策，对于投资成本已经足够大的公司而言，可能势在必行，因为巨额投资成本是重大能源投资所必需的。

针对创立有利于投资者的管理体制同时又保持或强化竞争的问题，赫尔姆提出了数种方案。①需要有能源部门的实质性监管。目前在欧洲基础上运行的能源公司面临相当多的附加成本，这源于每个成员国都有其自身的监管体系这一事实。赫尔姆指出，欧盟应该建立一种连贯的审核制度，这将分析每个国家的管理负担，确认其管理体系究竟是增加了能源部门的成本还是减少了竞争。

当然，环境领域的政策导致的结果超出了这里所讨论的主题，至少从一般意义上理解的"环境"是这样的。不过，气候变化、空气污染和能源保障显然是最重要的方面，因为它们所带来的实际和潜在后果都是巨大的。前面讨论的一些核心政策含义可以陈述如下——从某种程度上说，它们概括了整本书的论点：

（一）生态问题，尤其是与气候变化相关的问题，现在必须被置于社会福利理论与实践的核心地位。公民身份的权利与义务不再仅仅依附于福利国家的古典框架，因为在该框架中，环境是一个外在物。与生活方式改变相联系的积极福利方式是一种进步的途径——不只是事后的风险应对，而且是改善生活质量的更具前瞻性的策略。

（二）生态现代化提供了一个整体导向。它意味着从对环境有好处的创新中谋求获利的机会，或通过技术革新，或通过增强竞争力。然而，政府的政策——不管是在国家还是国际层面上——必须起到核心作用。政策包括了直接影响生活方式的改变、为研发提供有利的条件和为此建立起适当的税收体制，加上长期投资。

196　（三）环境议题必须摆脱绿色运动的掌控，因为它们似乎被某个或某

---

① Dieter Helm, ibid.

些特别的利益集团所掌握。绿色概念及其一般术语应该被认为是值得怀疑的，尤其是在它们牵涉到回归"大自然"以及敌视科学和技术或竞争性市场的情况下。

（四）我们不能再把气候变化仅仅当作未来的一种可能性。我们应该认识到，它已经正在发生，而且甚至在短期内，其影响会恶化。这就要求我们现在采取措施以应对已知或可能的危险——例如，保护容易遭受洪涝灾害和遭受比已知更加极端的气候条件影响的地区，考虑保险和对健康的影响。欧盟应该全面摸清薄弱点，形成国家和泛欧洲的行动计划，尽快投入实施。

（五）在生态现代化的框架内，存在明显的改进和修订能源政策的机会。年代较久的工程无论如何需要更新。为所需投资创造条件需要欧盟层面上的积极措施和国家的政策。在物理上将电网与燃气保障和储存计划结合在一起，应该起到重要的作用。

（六）欧盟已公布的满足欧洲能源需求和应对气候变化的计划可谓雄心勃勃，尤其是在更长远的意义上。目前，它们缺乏有效的实施手段，而且还要做大量细致的工作。但在更短期的意义上，人们可能会问这些计划是不是表明了足够的雄心。欧洲的一些国家正计划迈出更快的步伐，但他们会取得多大成功还有待密切关注。

（七）欧盟的环保行动能够对安全做出重要的贡献。气候变化和能源管理从这个意义上说是围绕诸如禽流感和国际犯罪等一系列威胁的更广泛议程的一部分，应对这一切需要欧盟已经能够提供的或需要进一步发展的国际合作。

本章讨论的所有领域都是这么一些情况：欧盟能够在未来几年为其 198 公民生活带来明显的变化，这是重建其合法性的关键贡献。这些领域还反映了人们真实的关注点。在欧洲宪法被否决之后，欧洲委员会确立了"民主、对话和辩论"的运行方式，在这一过程中，有来自成员国的 2.5 万人接受了访谈。对欧盟扩张带来的经济影响和有效社会保护的担心成为人们最关注的热点，这进一步承认了社会模式的核心重要性。大多数公民仍然赞成欧洲工程，该工程是通过对教育和创新、公共健康、环境保护和促进安全保障等领域的投入得到界定的。①

197

6.1 欧盟层面上的政策

（一）《里斯本议程》加强版：《里斯本议程》应该与促进社会公正的有效方案和环境公民身份相结合。这些关注点不能仅仅添加在里斯本标准已经非常冗杂的清单上，还必须对准某些核心领域。"全球调整基金"是这个正确方向下的一个方面。

（二）"趋同"通常被看作一个单向的过程，即缩小国家和地区社会经济差异的过程。但在考察欧盟新的活力如何影响那些差异这一方面，包括横向和纵向的一体化，仍缺乏足够的研究。

（三）地区之间的不平等仍是成员国内外的一个主要问题。现存的政策没有产生效用。投资基金应该跟良好的管理标准更加紧密地结合起来。

（四）"旧式的"研发投资仍然非常重要。然而，知识/服务经济的成功更加依赖于科学和技术的创新，尤其是市场的创新。

（五）在涉及经济繁荣和公民身份方面，整个欧盟可以做更多的事情来推动高等教育。然而，高等教育远不仅是另一项事业。研究型大学的经典目标——非功利性地探求知识，涉及人文与社会科学范畴的广泛课程设置——必须保持。

（六）生态现代化为加强欧盟的竞争力和应对气候变化与能源冲击的混合挑战提供了可能的基础。对能源市场实行"有管制的自由化"（managed liberalization）能够为进一步实现这些目标起到关键性作用。

（七）欧盟能够为应对新的威胁做出重要贡献，尤其是对那些具有全球性质的威胁，为此，十分需要集体性行动和合作。

① Special Eurobarometer Report 21, *The Future of Europe*. Brussels： European Commission， 2006.

第七章

关于欧洲未来的八大论点

我最近到了加利福尼亚州的圣巴巴拉（Santa Barbara），那儿旧书店很 多。在这样一家书店的一个不起眼的角落，我发现了一本书，并以一美元的优惠价格买下了。作者是约翰·根室（John Gunther），书名为《欧洲内幕》（*Inside Europe*）。根室写了大量关于世界上不同国家和地区的书。他在本书中描述了自己游历欧洲多个不同国家的情况，访谈了政治领袖和普通民众。

本书出版于 1961 年。阅读该书令我深切地感受到从那时以来这 40 多年间这片次大陆所发生的巨变。那时候，冷战还不是很冷。德国被作者描绘成了"欧洲躁动的心脏"（fiery heart of Europe）。①欧洲虽然分裂，但柏林墙尚不存在：4 万柏林人住在东德，但每个工作日都在西德上班；有 7 000 人情况恰恰相反。到那时为止，有 350 万人逃离了东德，永久性地生活在德意志联邦共和国。苏联被刻画成一个"不可改变的国家"，比美国更稳定——它对东欧的控制也被看成如此。西欧有三个国家处在半法西斯独裁统治者的控制之下：葡萄牙、西班牙和希腊。葡萄牙有萨拉查（Salazar），西班牙有佛朗哥，而希腊则有军政府（the Colonels）。

根室的书大概有 600 页，但只有 4—5 页是描述欧洲经济共同体的，它被看作一种有趣的发展，但很不起眼。根室的观点在当时很典型，只 有极少数与众不同的预见者。只有通过这样一个时间距离来回望，我们才能清楚地认识到，1957 年签订的《罗马条约》是那么重要。它建立的其中一个共同体——欧洲原子能共同体（European Atomic Energy

Community)，其实际结果是胎死腹中，所以，根室的观点在一定程度上并未偏离事实太远。

欧盟还有欧洲战后的许多史实，被描述成仿佛持续不断地朝着更多的民主和更大的经济成就演进。实际上，马克·马佐尔（Mark Mazower）使用的"黑暗大陆"（dark continent）这个说法更加合适。正如马佐尔强调指出的那样，20世纪欧洲的历史既是进步的历史，也是断裂和倒退的历史。欧洲可能看上去是由古老的国家和民族构成的，但在许多方面并不是。相反，它是"新的，整个世纪都在创造和再创造自己"——正如马佐尔指出的，往往通过"剧烈的转变"。②1918年之后，从北欧到巴尔干地区的一系列国家确立了议会民主。他们制定了体现最新自由原则的宪法。詹姆斯·乔伊斯（James Joyce）在《现代民主》（*Modern Democracies*）这部著作中谈到，"人们把民主广泛认定为正常和自然的政府形式"。③然而，从1918年起的20年，刚发展起来的民主国家消失了，取而代之的是专制主义政体。

值得一提的是，我在上文中表示过异议的福利国家"黄金时代"并不为当时的大多数观察者所认可。例如，在20世纪60年代早期，理查德·蒂特马斯（Richard Titmus）谈到，对于福利体制的发展，人们有一种与日俱增的幻灭感。他曾写道："所有20世纪40年代那种再创造、再建设和再计划的冲动和理想现在都消失了。"④

所有这一切把我引向论点之一：不仅仅是在整个欧洲的历史上，而且尤其在欧盟的历史上，1989年标志着一种断裂。东欧以及当时苏联的解体当然影响了整个世界，这是一个长期以来受两极时代束缚的世界。欧洲、德国和柏林处在最前线，是冷战时期"躁动的心脏"，有几度都可能燃起战火。欧共体/欧盟从本质上说是冷战时期的创造物，其身份源

201

---

① John Gunther, *Inside Europe*. New York：Harper, 1961, p.11.
② Mark Mazower, *Dark Continent*. London：Vintage, 2000.
③ Cited in ibid, p.4.
④ Cited in ibid, p.301.

自相互比照的两方面：一方面是美国的市场自由主义，另一方面是国家社会主义。1989 年的事件多少完全改变了欧盟的性质，而不仅仅是那些脱离了社会主义阵营的国家。

然而，人们从欧盟的官方公告中了解不到这一点。值得称道的是，欧盟立刻把注意力投向了东欧国家，但却用其传统的措辞风格向这些国家展示了加盟的可能性，即所谓"东扩"。欧盟经过了几次东扩，每一次都很重要——尤其是苦于专制统治的地中海国家的加盟。但是，向东方开放不仅仅是另一次扩张，欧盟绝不可能再像 1989 年之前那样了——不仅因为吸收了新成员国或者成员国的数量增加了，这些新成员国比欧洲的平均水平要贫困得多，而且其社会经济结构也不相同，而是因为，随着边境线向东方同时也向巴尔干地区开放，欧盟的身份认同与性质变得成问题了。

扩张的话题很大程度上掩盖了这一点，与提议中的欧盟宪法一样。这部宪法被欧盟官员和大多数政治领袖看作巩固业已存在的欧洲工程的一种手段。但这种态度并不真诚。因为，显而易见——至少对公众而言——有更多的激烈变化正在发生，对此每个人都必须适应。社会主义欧洲也许会构成威胁，但同时也稳定了欧盟东部的问题，这些问题是苏联的责任。现在，欧盟与白俄罗斯、摩尔多瓦、乌克兰、格鲁吉亚和亚美尼亚以及中东地区接壤或相距不远。长期以来，土耳其的加盟是一个"原则性"问题，但 1989 年之后，这成了一件需要实际考虑的事情。

一些已加入欧盟的国家是些新成立的国家，这证实了马佐尔关于持续变化的观点。这些国家包括欧盟内的捷克共和国、斯洛伐克、斯洛文尼亚、拉脱维亚和立陶宛（不过后面这两个国家在 1919 年和 1939 年就曾存在过）。在欧盟之外，实际上所有巴尔干地区的国家都是新建立的，这一群体中的国家与俄罗斯接壤。甚至连俄罗斯都是"新建立的"。与欧洲的情况相比，美国倒是个"古老"的国家！据计算，自 1989 年以来，仅中欧和东欧就出现了 8 000 英里的新边界线。这些结果绝不是人们喜闻乐见的事。只有很小一部分生活在西欧的人认为他们的边境"未定"。

在中欧和东欧，从"有一片领土属于我们"这个意义上说，有一半以上的人这样认为。①

7.1　为何欧盟面对的是一个新世界

（一）向东方开放边境——新的地区环境。

（二）扩张成了无止境的。

（三）新的安全问题——新形式的恐怖主义、流行疾病和其他重要风险因素的兴起。

（四）北约的模糊处境——大西洋联盟更成问题。

（五）世界环境危险进一步恶化。

（六）法德轴心失去了作为支配性驱动力的地位。

（七）一些主要的贸易竞争者位于发展中世界。

　　提议中的宪法没有规定在这种语境下欧盟应该如何重构自己。由最近一次"扩张"（2004 年）所引起的问题不止于给欧盟一个系统的法律身份、改善决策程序或给对外政策更多关注等范围——尽管这些都非常重要，下文我还将论及。以这种方式来看，或许并不奇怪，法国和荷兰的"否决"者们没有纠缠在宪法问题上，而是表达了更为广泛的担忧。

　　导致 1989 年事态和苏联解体的力量与当今欧盟所必须面对的力量是一样的。它们包括我在本书集中论述过的两组结构性变化——给日常生活造成影响的变化和加速全球化带来的变化。日常生活民主化不仅仅限于西方国家，而是一种所有地方都能感受到的影响。由于现代通讯的便捷，封闭的社会要继续存在下去实际上已不可能。有那么一两个继续如此的社会，如朝鲜和缅甸，正处于风雨飘摇中。

203

7.2　实际上 7.1 中的每一个因素都可以给欧盟增添力量

（一）向东方开放边境不仅包含有一种地方性的作用，而且还有一种更广的地缘政治作用。

（二）欧盟是一支影响民主化、法律作用和市场经济扩张的强大力量。

（三）欧盟层面上的合作保护了公民免受新的全球风险的冲击。

（四）欧盟承担了更多的防御责任，同时发展了在别处快速反应的能力。

---

①　Jan Zielonka, *Europe Unbound*. London：Routledge，2002.

（五）欧盟在减少气候变化带来的风险中将起到主要作用。
（六）成员国中更加平等地分享权力。
（七）欧洲社会模式成功地"走向全球"。

1989 年 11 月 11 日，柏林墙开放的那个晚上，我在柏林。从城东拥到城西来的人们向我们展示了他们的城市地图。地图上整个西柏林都不存在——只是一片空白。但他们都知道柏林另一边的情况，因为他们看西边的电视节目。日常生活民主化跟消费不是一回事。当然，许多东欧和苏联人希望得到西方人享有的消费品和整体富足。但是，正如调查显示的，他们也想在日常生活中享有更大的流动性和自主权——简单来说就是自由。

随着全球化的推进，苏联早期高效的指挥系统出现了机能障碍。西方的情况也是如此，尽管后者的那些系统以更加松散和更少专制主义的形式存在。例如，直到进入 20 世纪 80 年代，泰勒模式的影响在西方管理中还很明显。加上信息技术的进步，全球化给管理的弹性体制和扁平化的阶层结构的发展带来了强大的压力，不能适应的公司便倒闭了。

苏联的解体和西方凯恩斯主义的终结——后者对福利国家有特别重要的影响——与这些变化有直接的关系。两者都指向国家需求管理（national demand management），这是一种随着经济全球化的发展而无法进一步维持的管理视角。这些结果在西方不像在东方那样具有破坏性，由于前者的中央计划和整体经济控制程度远比后者低。中国的社会主义政体生存了下来，只是因为国家取消了对大部分市场机制的控制——但是该体制有多稳定还须拭目以待。

论点二：　根据这些转变，我们（欧盟的支持者）必须重新制定欧盟的目标指向，并且说服现在焦虑不安的公众。眼下"为什么"与"怎么样"同样重要。

当前或早期形态的欧盟在欧洲开创了和平，再说这些已经不够了。

204

再则，这种观点无论如何都令人怀疑。德国和法国的经济一体化构成了早期欧盟形成的动机之一。德国在同意成为一个更大合作实体的一部分时抛弃了任何残留的帝国野心。然而，对1945年后的欧洲(西欧)形成真正威胁的不再是德国，而是苏联。分裂的德国是这种威胁的焦点，而不是其根源。与欧共体/欧盟相比，北约的出现大概更能维持欧洲的和平。此外，在1989年后欧洲出现的战争中，发生在南斯拉夫的内战，欧盟建树甚少。发生在波斯尼亚和科索沃的冲突还是分别靠了美国人和北约的干预才解决的。只有在阻止马其顿发生冲突的案例中，欧盟才有权称得上成功遏制了军事暴力行动。

全球时代国家主权的性质正在发生变化，其结果之一是，与过去相比，国与国之间争夺领土的战争发生的可能性更小了。在撒哈拉以南的非洲地区，武装冲突仍然存在。有武装的非国家集团在欧洲追求领土目标，尤其是爱尔兰共和军(IRA)和埃塔组织(ETA)。而在世界其他地区也有危险的战争爆发点。巴基斯坦和印度两个拥有核武器的国家相互对抗，克什米尔问题悬而未决。如果伊朗拥有核武器，中东地区可能酿成一场军备竞赛；而在东亚地区，台湾地区问题仍然悬而未决。

但是，对于大多数国家而言，不太可能有哪个国家会去侵占他们的领土，或确实有这样做的兴趣。实际上，北美洲、中美洲和南美洲的所有国家都属于这种类型。欧盟、北非、俄罗斯、中亚和东亚以及澳大拉西亚(Australasia)①的那些国家也是如此。现在，弱国而非强国带来了世界必须要应对的问题中的大部分。当今的大部分国家面临着危机和风险，但不是来自其他国家侵略的威胁。世界恐怖主义是这些风险中的一种。它不同于与北爱尔兰和巴斯克地区相关的那种恐怖主义。爱尔兰共和军和埃塔组织旨在建立民族国家——前者旨在把一个分裂的国家统一起来，后者则旨在在一个没有国家的民族内创立民族国家。

---

① 一个不明确的地理名词，一般指澳大利亚、新西兰及附近南太平洋诸岛，有时也泛指大洋洲和太平洋岛屿。——译者

这种新型恐怖主义是地缘政治性的，是全球化和大众通讯的产物。与其他圣战组织一样，基地组织（Al Qaeda）在许多国家设有基层组织。其目的非常普通，而且极为雄心勃勃——至少是在从巴基斯坦到北非甚至南部西班牙（前安达卢斯，现称安达卢西亚）的这些国家和地区中恢复伊斯兰宗教的控制。此外，只要可能，毫不犹豫地大规模使用暴力。在最坏的情况下，纽约和华盛顿在"9·11"事件中死亡人数本来可能达6万人，而不是实际上的3 000人。基地组织的目的是领土方面的，但它不是一个国家。它更像一个邪恶的非政府组织，受到使命感的驱动。它说不上是一支侵略力量，但与其他激进团体合在一起则是对许多国家造成风险的主要根源——尤其是万一核恐怖主义成为切实的可能的话，更是如此。

在过去，民族认同是在与他者的对抗中形成和维持的——换句话说，他者就是敌国或这类国家的联盟。冷战时期的分化是这种动力的最新形式。包括欧盟各国在内，许多国家现在必须以不同的方式确定其认同。这并不等于说民族国家行将消亡，因为它们并未消亡。也可能我们正在经历世界范围内的向民族国家的回归。毕竟，美国在现行的政府体制下，毫不含糊地把其自身的利益放在首位，而且积极否定多边原则。正如康多莉扎·赖斯（Condoleezza Rice）指出的那样，美国应该根据"民族利益的牢固基础而非虚幻的国际共同体的利益"来行事。[1]地缘政治关系几乎就同主要国家的领袖们对于它的定义一样。通过把国际体制诠释为基于武力和暴力的东西，布什政府在一定程度上帮助其成为现实。此外，两个正在崛起的国家——中国和印度——是民族国家（也是拥有核武器的国家）。

然而，随着日常生活民主化的推进，以及全球化的加强，新的横向

---

[1] Condoleezza Rice, 'How to promote the national interest', *Foreign Affairs*, January 2000. 可通过如下网址获得：http://www. foreignaffairs, org/20000101faessay5-p0/condoleezza-rice/campaign-2000-promoting-the-natonal-interest. html. p. 4。

网络建立了；城市和地区努力争取更多的自主权，而国家发展的只是共同利益。从现在开始的若干年后，中国和印度都可能出现不同的政治形式。从拉丁美洲到非洲再到亚洲，到处都出现了跨国地区主义（transnational regionalism）的明显迹象。拉丁美洲的南方共同市场（Mercosur）可能遭到挫折，但是，拉丁美洲国家还在持续参与其他网络（包括与欧盟）。东盟（ASEAN）加上韩国、日本和中国，已经发布了一个联合报告，建议加强政治、经济、环境和文化合作。①非洲国家也正在谋求联合。

207

论点三：　一旦我们理解了欧盟现在必须与其保持一致的这个世界的性质，欧盟的"为什么"就很容易说明清楚了。

早年欧盟的经典作用仍然十分重要，尽管它正在被重新定义。也就是说，欧盟的存在是要为其成员国带来他们本来不会有的经济利益。一些小型或中型国家和地区能够在全球经济中取得繁荣——看一看中国台湾、韩国、新加坡、智利和澳大利亚。然而，单一市场带来了较孤立国家错过的好处。这些好处首先不是与即刻的经济收益挂钩，因为无论如何都难以估算，最重要的一点是进入一个巨大而稳定的市场——该市场即便在 IT 占主导地位的时代也很有价值。这就是为何没有成为欧盟成员国的欧洲发达国家——挪威、冰岛和瑞典——仍然与欧盟有如此紧密和复杂的关系。他们不是单纯的搭车客，因为对于那些将影响到自身的决策，他们具有一种内在劣势，即不能对这些决策形成直接影响。

社会模式（以其多样性）是欧盟存在理由的基本部分。哈贝马斯和德里达关于这一点的看法是正确的（参见第一章）。一开始，这种观点听起来有点怪，因为欧洲的福利制度主要不是依赖欧盟的机构发展起来的，

①　Association of South-East Asian Nations, *Towards an East Asian Community*, *Report of the East Asia Vision Group*, 2001；可通过如下网址获得：http://www.mofa.go.jp/region/asia-paci/report2001.pdf。

欧盟还不具备控制它们的权力。然而，正如调查表明的那样，作为整体的欧洲人把福利供应给予的关怀和保护看作他们生活中至关重要的东西。美国进行的研究表明，那儿的态度大不一样。因此，社会模式是"欧洲性"（Europeanness）的关键部分，但却是逐渐演变而来的。在冷战时期的欧洲——而且是在全球化加强之前——由于本书所探索过的原因，福利国家起到了与今天所需不同的作用。它是在凯恩斯主义的指导之下组织的，建立在传统的工作/家庭模式基础之上，其整体的经济效果 208 不是其逻辑依据的部分。正如我努力想要做到的，欧洲的福利制度能够为后工业语境下的竞争力做出积极的贡献，对此必须强有力地加以证明。正如哈贝马斯和德里达指出的那样，保护公民免受市场伤害不再成为一个问题。国家——还有欧盟——有时候必须进行干预，以促进市场交易，或使其更加有效。这样的创新对于进一步促进社会公正和社会福利至关重要，而远不是与其相悖。

主权的联合就是主权的赢得，这个主张具有实际意义——被世界社会中出现的各种趋势强化而非弱化了。我们知道，权力不是一场零和博弈。正如塔尔科特·帕森斯（Talcott Parsons）很久以前指出的那样，与货币一样，新制度安排可以滋生出比先前更多的权力；因此也像货币一样，到时会有更多可以重新分配。①欧盟主要的合法性原则应该是，通过合作和把资源集中在一起，成员国获得了比他们本来有的更多（真实的而非形式上的）主权。

就外部主权而言，在许多例子中有一个是关于欧盟在贸易政策中所具有的杠杆作用。在关贸总协定（GATT）时期就已经是这么回事了，由于当时其创建成员集体贸易的重要性，欧共体是最重要的伙伴。据说，在20世纪60年代，由欧共体委员会代表的6国谈判力（negotiating power）相当于美国，"因此标志着战后国际贸易体系中美国无挑战的领导地位时

---

① Talcott Parsons, *Talcott Parsons on Institutions and Social Evolution: Selected Writings*. Chicago：University of Chicago Press, 1985.

期的结束"。①然而，在当今扩张的市场上，欧盟有更加广泛的作用要发挥，尤其是在 WTO 的情境之下更是如此。

欧盟能够为其公民提供的安全保障大大超过单个国家能够提供的任何东西。当前，欧盟别无选择，只有以不同于先前的方式扮演地缘政治行动者。这完全是因为目前这一轮的"欧盟扩张"大不同于从前。在欧盟发展的早期阶段，加盟的条件相对简单，由于签约加入的国家在经济和政治发展方面或多或少处在同一水平上。许多国家过去和现在希望加盟的理由与最初成员国的理由不一样，但西班牙、葡萄牙和希腊是部分例外。这些理由在性质上发生了巨大的变化。加盟准备阶段发生的情况与加盟本身一样重要。各国想要加盟以便获准进入现在庞大的欧洲市场，享受到可供他们使用的资金，成为一个有世界影响的组织的一部分，还想为自己确保政治和法律上的稳定性。

在欧盟内部及其周围保持一个和平区域，尽管在巴尔干国家区域还有待完全实施，却不失为当务之急。然而，欧盟能够而且应该在保护公民免遭新形式的风险方面起到最重要的作用，它们包括源于气候变化、世界恐怖主义、流行疾病和国际犯罪等的风险。与其成员国可能的单独行动相比，欧盟可以更加有效地把这些风险降至最低限度。

欧盟坚持它所体现和捍卫的普遍价值。我把这些普遍价值理解为：在欧盟内外培植和保护民主；在多样性中开创统一性，这个说法绝不只是口号，它实际上指的是欧盟的世界主义性质；促进欧盟内外的团结在上文区分过的该术语的不同意义上而言；承诺在外部威胁面前齐心合作；以及积极关注更广泛的世界问题和冲突。这些价值实质上把上文论述的问题结合在了一起。

20 世纪 70 年代以来，由欧盟引导的对民主的传播无论如何都是一个巨大的成功范例。尽管战前有过类似的例子，但过去从未有过这样的情

---

① Loukas Tsoukalis, *What Kind of Europe*? Oxford：Oxford University Press, 2005, p. 70.

形：如此众多的欧洲国家成为自由民主国家。此外，他们还是同一共同体中的组成部分，享有同样的权利，承担同样的义务。正如蒂莫西·加顿-阿什（Timothy Garton-Ash）所言："如果这都算不上是件值得自豪的事，还有什么能算？"①然而，随着边界向东方开放，欧盟的扩张该在哪儿停止，现在已经根本搞不清楚了——对此，公民要求进一步弄清这些情况，是有道理的。　　210

　　论点四：由于上述理由，欧盟必须是一项政治规划。要决定是哪一种政治规划，我们必须超越联邦主义者（federalists）与政府间主义者（inter-governmentalists）的对立。从某种程度上说，我们可以从两种占主导地位的看法开始思考问题。有一种观点认为欧盟应该成为一个联邦制国家，这种观点可以追溯到欧共体本身建立之前——实际上是二战之前。②今天仍有其支持者。③近年来，这种观点最著名的版本是 2000 年 5 月德国前外交部长约施卡·费舍尔（Joschka Fischer）在柏林发表的演讲。④

　　联邦主义（我将在下文中加以论述）是当代世界中一种陈旧的思维模式，而不是设计欧盟未来如何发展的最佳方式。然而，从对立的立场来看，欧洲不可能只是由"独立主权国家之间的心甘情愿和积极主动的合作"所推动的，像玛格丽特·撒切尔（Margaret Thatcher）想要看到的那样。⑤欧盟的发展已经超越了这种局面。欧盟不能被看作只是由多个国家组成的理事会，一种有经济权力要求的地区性联合国。单一市场和单一货币呈现出一体化，就像欧盟建立的法律体系一样。欧盟不是一个超级

---

　　①　Timothy Garton-Ash, *Free World*. London：Allen Lane, 2004.

　　②　Arthur Salter, *The United States of Europe*. London：Allen and Unwin, 1931.

　　③　Guy Verhofstadt, *A United States of Europe*. London：The Federal Trust for Education and Research, 2006.

　　④　Joschka Fishcher, 'From confederacy fot federation — thoughts on the finality of European integration'. 2000 年 5 月 12 日在柏林洪堡大学所做的演讲；可通过如下网址获得：http://europa. eu. int/constitutio/futuram/documents/speech/sp120500_en. pdf。

　　⑤　Margaret Thatcher, 'The Bruges Speech'；可通过如下网址获得：http://www. margaret-thatcher. org/speeches/displaydocument. asp？docid = 107332。

国家，而且也不会成为一个超级国家。同时，欧盟不是也不会成为一个超级大国，至少从该术语在冷战时期所具意义来说是如此。超级大国是一个能够在世界范围内部署其军队和保护其利益的机构。美国是唯一一个能够在不确定的未来这样做的行为者。欧洲人必须服从于这样的事实：欧洲不再是全球关注的中心。从这个意义上来说，几个世纪的世界历史已经结束了。然而，欧洲能够并且应该致力于成为一支发达的地区性力量，在世界事务中有相当的影响力。

211

7.3　欧盟是（以及应该是）什么

（一）一支地区性力量，而不是一个超级国家或超级大国。

（二）一个半主权国家的民主协会，利用集体的能力。

（三）欧盟的民主性质主要不是代表性的，而是审议性的。

（四）寻求在其自身功能和世界舞台上部署网络政府的力量。

（五）成员国接受宪法原则是一种"自治法案"，而不是一种从属于更高权威的法案。

（六）欧盟已有的宪法安排是其跨国性质的坚实基础。其基本的机构形式建立在欧洲委员会、欧洲理事会和欧洲议会三位一体的基础上，除某些边缘性内容以外，这将不会改变。

（七）在其对与全球时代相关变化的适应力方面，欧盟"走向了全球"。

（八）坚持多边主义立场不动摇。

（九）说到底，欧盟是欧洲的！——因为（1）其地理位置，（2）其文化遗存以及（3）其标志。

关于欧盟是什么和应该是什么的问题，存在着意见和观点上的分歧。有些分歧与"三大"国家有关系。英国的官方路线长期以来是政府间主义的路线，尽管近些年来不像撒切尔夫人所坚持的路线那么极端。德国最重要的政治家和思想家倾向于按照类似于他们自己国家的联邦模式来看待欧洲。法国领导人则倾向于支持更加中心化的欧盟，不过他们认为欧盟仍然是在维持国家利益。传统上他们把欧洲利益与法国利益视为一致（现在稍有减弱）。一些小的成员国赞成联邦制的观点，但大多数对其持谨慎态度，认为他们的影响力因这种观点而受到威胁和减少。新的成员国是坚定的政府间主义者：由于刚刚摆脱了苏联的束缚，他们无

212

意支持另一个超级国家。这些观点之间分歧很多，所以，要实现协调一致似乎不可能。以其惯常的形式来协调它们是不可能的，我们应该学会以一种新的方式来思考每一种观点。

联邦主义（在我看来）是一个过时的方案，但是，联邦主义者可以教给我们一些东西，那便是决策和领导权的重要性。如果这些特质不能进一步加强，欧盟就可能停滞不前，而且在世界事务中相对而言不起作用。改善的领导地位和决策与联邦主义不是一回事，而且不需要完全成熟的联邦体制这种形式，便可实现。

一个政府间色彩太强的欧洲（目前的情况就是这样）存在严重的局限。这样往往使得国家利益超越共同利益；较大的国家通常支配了较小的国家。国家领导人在国内把欧盟所取得的积极成就揽到自己身上，同时又将国家出的差错推给欧盟，这一常见模式有所增强。欧洲委员会及其领导层必须掌握重要的权力。如果在欧洲理事会和欧洲委员会没有有效的领导，便会导致放任自流和不思进取。监督欧洲委员会各项活动和各种建议的是欧洲议会，而不仅仅是各个国家。

欧盟是一个无国家政府的试验。为政治上的欧洲找到处方，同革新社会模式一样是当务之急，而且也确实与其相互关联。安德鲁·莫劳夫奇克（Andrew Moravcsik）令人信服地指出已经存在着基于制度平衡的"欧洲的宪法安排"。①他认为，提议中的宪法不会在这上面添加多少东西。欧盟主要是一种审议性的民主形式，而且还会保持这样。其民主的性质 213 主要源于这一事实：所提议的政策必须以公开的方式加以讨论，决策必须尽可能地通过一致意见来达成。正如有位学者指出的那样："欧盟的制度应该被理解为审议理想的超国家版本，并从弥补立宪民族国家的某些缺陷的角度加以诠释。"②

---

① Andrew Moravcsik, 'In defence of the democratic deficit: reassessing legitimacy in the European Union', *Journal of Common Market Studies*, 40/4(2002).

② Christopher Lord, *Democracy in the European Union*. Sheffield: Sheffield Academic Press, 1998.

欧盟的宪法性质在法学理论家约瑟夫·韦勒（Joseph Weiler）所提出的说法中得到了最好的理解。韦勒清楚地说明了欧盟为何既不是一个超级国家又不是一个主权国家的联盟。这里值得较为详细地引述他的话：

> 成员国中宪法的执行者接受欧洲的宪法原则，不是因为像联邦制国家那样，视之为法律原理方面的问题，后者从属于根据联邦原则的规范（即宪法民众）建立起来的主权和权威。但在欧洲控制的各个领域，他们是视之为一种自主自愿行为而接受它的，并在每一个从属的场合不停地更新，这是其他意愿、政治认同和政治共同体的集中表现。①

服从是"一种自主自愿的行为"，这个事实并不等于说，欧盟做出的每一个决定都必须获得所有有关各方的同意，这是不可能的。它是指，所服从的法令和被建立起来的合法性机关必须体现平等。韦勒指出，欧洲必然是世界主义的，因为欧洲由不同的民族和文化构成。然而，欧盟的公民习惯了由成员国集体意志创立的法律和规范。这些规范的获得是通过欧盟本身的运作，而不是通过抽象的理念。我们已准备好服从由"他者"（others）构成的政体所做出的决定，因为坚信他们持有类似的价值观。因此，欧盟"是一个旨在促进包容和博爱的组织"。②

论点五：不应再回到诸如此类的宪法上去。由于已经指出的原因，我是以对该宪法持矛盾态度者的身份来写作的。它在很大程度上忽略了对1989年后的欧盟提供一种新解释的必要性，忽略了应对许多人为"欧

---

① Joseph Weiler, 'Europe's *Sonderweg*', in K. Nicolaidis and Robert Howse（ed.）, *The Federal Vision*. Oxford：Oxford University Press，p.68. 关于同一引文还有一个有趣讨论，不过，作者得出的结论与我的不同，参见 Glyn Morgan, *The Idea of a European Superstate*. Princeton：Princeton Univesity Press，2005，pp.114-120。
② Joseph Weiler, *The Constitution of Europe*. Cambridge：Cambridge University Press，1999，p.301.

盟扩张"而感到忧虑的必要性。再则,似乎无人能够断定,该宪法是一个重要的新尝试,还是一个相对无关紧要的尝试。它对欧洲而言是一个政治上的突破,或者仅仅是根据兴趣爱好完成的一项收拾整理任务。

无论如何,它的失败会是一件很严重的事情。关于下一步该如何做,成员国内没有统一的意见。有些想要继续开展正式批准的活动——自从法国和荷兰公投以来,有 5 个国家这样做了。不过其意图难以揣测。法国和荷兰的政治领导人坚持认为,不管是要求其公民再一次投票表决,还是在议会正式批准这部宪法,都不是可选项——正如有人说的那样,这有点"不可思议"。在执行正式批准的国家当中,有些反对任何带有再协商色彩的东西。"挑肥拣瘦"(cherry-picking)是不行的。面对这些困难,其他人提出要恢复两种速度的欧洲这一设想,即一个内部群体走在其他国家的前面。这个策略要如何应对两个置身局外的创立国,还不明确。

然而,最近出现了一种新的处理方式。法国和荷兰否决了欧洲宪法,这在很大程度上是因为,他们担心在就业和社会保障方面出现的情况。实际上,该宪法关于这类情况极少涉及,或根本就没有涉及。为什么不就这些问题增加一些条款,并且把整个事情向投票人解释清楚? [1]可以在现有文本中加入一个"社会草案"。它将保证不同国家的社会保障体系中的某些基本方面。例如,它保证法国公共服务传统的持续。然而,该观念不完全是强制性的。某些社会供应阻碍着各国和欧洲的前进步伐,要在欧洲范围内保留一些这样的社会供应,并不是一个切合实际的向前推进的办法。

该怎么办? 情况并不像看起来那么困难。宪法性文件中的内容有大约90%已经以各种协议的形式存在并得以实施。所以,就剩下另外10%要我们集中应对。"挑肥拣瘦"是对这一过程的错误描述,因为能够举

---

[1]　Angelica Schwall-Düren, *The Way out of Europe's Constitutional Crisis*. Berlin: Friedrich Ebert Stiftung, April 2006.

出来的东西都是很简单而且内在一致的。

可以有一个简短的、意见一致的目标宣言（如由欧洲委员会发表以纪念《罗马条约》签署 50 周年）来回答在 1989 年后背景下"欧盟为何存在？"的问题，同时将宪法修改建议纳入其中，那将会有所帮助。欧洲宪法被否决之后进行的调查表明，支持欧盟的欧洲公民比率很高，但当问到欧盟为何存在的问题时，却没几个人有答案。

对于未来而言，最重要的变化必须是在决策方面。在尼斯（Nice）制定的程序太费时而且缺乏效率。如果少数人想要阻止决策，他们也能够办到。欧盟主席国每 6 个月轮换一次，说得客气一点，这一章程在确保连贯和有力的领导方面几无益处。有关领导层更大程度的持续性的措施将在 2007 年 1 月实行，到时德国、葡萄牙和斯洛文尼亚将组织起来担任欧盟理事会的"联合"轮值主席。宪法建议理事会新的主席每两年半由成员国选举，这肯定是一种更加理想的安排。

顺着这个方向再进一步，对于欧盟理事会主席和欧洲委员会主席合署办公，我并不感到厌恶。这种想法在欧洲宪法的预备期因为被认为过于"联邦主义"而被拒绝了，尽管在我看来，它与联邦主义不存在丝毫的内在联系。宪法中建议把外交与安全政策的高级代表同负责对外关系的执行委员这两个职位合二为一，该建议也是切实可行的，而且必须在

216

7.4 2006 年欧盟的结构性问题

（一）欧洲宪法是不适当时候的不适当策略，但否决是一个严重的挫折。留下了决策过程中的重要缺陷。

（二）振兴的经济活力是恢复合法性和欧盟在世界上的权力的关键。但是，欧盟的管理机构只是对所需要的改革掌握了有限的控制权。

（三）国家的政府往往迎合国内的民众。

（四）启用欧元并未对增长起到推动作用。

（五）关于社会模式的争论被极端化了，制造了市场与社会公正之间的虚假对抗。

（六）大国与小国之间、富国与穷国之间关系紧张。

（七）公民不愿意在防御上多花钱。

（八）预算中的经费开支模式与欧盟的投资需求不同步。

一定的时机加以实施。我认为，如果欧盟继续保持过强的政府间色彩，那是不会有什么实质性前途的。我认为持这种观点不会使我变成一个"联邦主义者"。欧盟不会变成一个扩大的民族国家。然而，确实需要明确的决策机制和领导层。与现行的体制相比，问责制将是更好的制度选择。例如，目前在欧洲理事会中，没有一个能够负责到底的席位。6个月的轮值主席制度意味着问责制本身很难落实。

因此，欧盟是什么？我认为，任其性质悬而不定并不是件好事——正如雅克·德洛尔（Jacques Delors）那句著名的俏皮话说的那样，将其看成是"不明飞行物"（UFO）。只是从欧盟不是什么来定义它是不够的——它不是一个迈向联邦主义的组织，不是一种政府间主义的形式。我认为，把欧盟比作一辆前行时只能保持笔直的自行车也不行。

217

我把欧盟定义为一个半主权国家的民主联盟（或共同体）。我不认为"半主权"是一个有争议的术语。它绝不是不可分的主权，无论是对内还是对外，其主权的性质都总是局部的。欧盟是一个联盟，因为任何成员国都可以离开（尽管这种权利只是在宪法中正式有效）。欧盟不是一个后国家实体，因为作为组成部分的国家并未消失，而且这些国家保持了巨大的独立行动能力。然而，欧盟不同于联合国，因为形式上的主权被集中在了一起，所以每个成员国都执行欧盟法院下发的决定。欧盟是民主的，但主要是从审议民主这个意义上说的。

约施卡·费舍尔在其2000年的演讲中①谈到了欧盟的"终极形式"（finality），但其版本却是我认为不切实际和不可取的。那么，欧盟的终极形式可能是什么——到了那一点，它将不再出现对其基本形式的某些变化和修正？以下是我对它的理解。终极形式可能涉及比现在更发达的审议民主形式，在一定程度上也可以肯定是为了适应电子通讯。它将是这样的一种体制：有望使动态和有效的领导与保持——实际上是加

---

① Fischer, 'From confederacy to federation'.

强——国家和地区的民主之间实现平衡。保护民主至关重要。"黑暗大陆"历史太动荡，不能认为未来将会是一路坦途。

在写作本书的过程中，我意识到人们在使用"欧洲"这一术语时是多么随意。"欧洲"有几种不同的含义。它可以指作为整体的次大陆，因此包括了挪威、瑞典或塞尔维亚这样的国家。它可以指欧盟的管理机构——欧洲委员会、欧洲理事会等。或者，它可以指欧盟成员国集体。其中第三种含义或许在该术语中是用得最少的，但是在一些情况下，它是最重要的。"欧洲"可以变成政治学和经济学中交换思想和实践的"学习机器"。

协同开放法从某种意义上说是实现这一点的一个尝试，但它仍然只是在欧洲委员会与成员国之间的交点上起作用。为何不进行涉及一系列团体和组织的平面形式的更多对话和决策？这些可能是议题网络，就像J•F•理查德(J. F. Richard)在其著作《全盛时期》(*High Noon*)中建议的全球层面的议题网络一样。①他们包括来自成员国政府的代表、公民社会群体和企业，通过欧洲委员会组织起来。在涉及诸如降低对矿物燃料的依赖的问题时，他们提出这样的问题："所需变化的时间表是什么？""从现在算起20年后我们希望会在哪儿？""有哪些选项？"

可以在权力下放(devolution)或公民日常参与方面进行真正的尝试，而不只是一些关于辅助性原则的空谈。这和试验自下而上参与的可能不一样，不会那么需要向国家归还特定的权力。"新治理理论"(new governance theory)提出，有不少使相关公民直接参与到政府工作中来的途径——包括地方层面的审议民主、电子民主、公众对话、参与式预算和替代性争论解决办法等。②例如，在美国的几个州，新治理过程的使用有

---

① Jean-François Rischard, *High Noon: 20 Global Probllems*, *20 Years to Solve Them*. New York：Basic Books，2003.

② L. M. Salomon, *The Tools of Government: A Guide to the New Governance*. Oxford：Oxford University Press，2002.

了明显的增加。

终极形式意味着一个发达的欧洲公共领域,不管当前进展是多么缓慢。为了实现这一点,必须在共同语言方面达成一致,所有公民都要习得这种语言。这种语言必须是英语。英语不再是特定国家的语言了。它是一种全球性语言。终极形式要求给欧盟设定边界,而且确认这些边界不可能更改,下面我还会详细谈到这一问题。它意味着要掌握足够的权力,以使欧盟在世界政治中发挥重大的作用,不单纯是诸多大国中的一个,而是作为一个跨国管理的先行者。 219

论点六: 导致大小国家为其认同伤脑筋的因素同样适合于欧盟。例如,考虑一下美国的情况。近些年出版了大量的书籍,想要解答美国"是"什么和美国应该代表什么。[①]

塞缪尔·亨廷顿(Samuel Huntington)确认了一系列可以归诸美国的可能的身份认同。他问,我们是一个体现和表达了全人类共有价值的"普遍国家"吗?

> 还是一个由我们的欧洲传统和制度定义我们的认同的西方国家?或者正如我们历史上"美国例外论"的拥护者们所认为的,我们因自己独特的文明而独一无二?我们从根本上说是一个政治共同体,其认同仅存在于体现在《独立宣言》及其他建国文件中的社会契约里?我们是多元文化的、双文化的还是单一文化的,是一幅镶嵌画或一个大熔炉?[②]

或者正如其他人所指出的那样,美国不是上述形象中的任何一种,而是

---

① Peter Brimlow, *Alien Nation: Common Sense About America's Immigration Disaster*. New York: Harper Perennial, 1996.

② Samuel Huntington, *Who Are We?* New York: Free Press, 2004, p.9.

个新帝国？①

迈克尔·沃尔泽(Michael Walzer)指出，每个美国人都还有另一种身份。②谁也不单纯是一个美国人。他们是爱尔兰裔美国人、拉丁裔美国人、非洲裔美国人等。没有任何人处于这种双重性之外，因为"英裔美国人"也是一种身份——尽管在像亨廷顿这样的作家看来，不单纯是众多其他身份中的一种。归化入籍的身份已开始在欧洲国家出现了——如"亚裔英国人"或"加勒比裔英国人"——人们只能假定，这些身份将会变得更加普遍。

220　　但是，我们没有欧洲层面上的归化入籍身份。当人们说他们很高兴自己既是德国人又是欧洲人，或者同时是巴伐利亚人、德国人和欧洲人，这些话是有重要价值的。他们是在发布一个世界主义的宣言。但没人会把自己定义为"德裔欧洲人"，这种自我描述看起来也不大可能会在将来变得更加盛行。不管"欧洲性"是什么，它不会模仿成"美国人"，或以同样的方式来处理多重身份。

于尔根·哈贝马斯企图根据一整套抽象原则来定义欧洲身份，他称之为"宪政爱国主义"(constitutional patriotism)。欧盟建立在自由、民主、尊重人权和法治诸原则的基础上。③他承认，早期欧盟存在的理由——控制德国的权力和结束国家之间的战争——在当下已不再充分了。然而，他所确认的原则可以从其最初发展起来的民族国家中分离出来，从而转向跨国家层面。

宪政爱国主义的论点受到了广泛的批评，在我看来，并不冤枉。它企图回避所有的共同团体和归属概念。不管人们怎么看待亨廷顿关于构成美国认同的因素的说法，他令人信服地抛弃了它只能建立在道德/法律

① Niall Ferguson, *Colossus: The Rise and Fall of the Ameican Empire*. New York：Penguin, 2004.

② Michael Walzer, 'What does it mean to be an American？', *Social Research*, 71/3 (1990).

③ Habermas, *The Postnational Constellation*. Cambridge：Polity, 2000.

规范基础上的观点。或许并不奇怪，哈贝马斯近期似乎多少有点改变了自己的立场。他现在说，欧洲必须要有"一种对特别精神气质的情感依附"，这种精神气质乃是"一种特定的生活方式"。①这里我们兜了个圈子又回到了原处。这种生活方式是什么？对，它正是由欧洲社会模式所定义的东西。然而，他的思路是常见的一种，即社会模式是对全球化的一种"防御"，我认为这种观点是错误的。

在我看来，欧洲想要繁荣，必须有某种公民得以归属的东西，这种东西必然是一个共同体。经历了各种不同的特殊阶段，欧盟一以贯之地把自己称作一个共同体，这不是偶然的。一个共同体可能是世界主义的，欧盟肯定如此。它能够而且确实拥有普遍共享的价值——这一点在整个欧洲的调查中很容易发现。一个共同体应该有一种对目标的整体认识，一种逻辑依据。1989 年之后，这一点可能是什么，我已在前面提出过了。

221

7.5　欧盟该做什么

● 避免恢复宪法条约的企图；
● 新的目标宣言，指向 1989 年后的世界；
● 条理清晰的决策过程，加上大多数人决策的延伸；
● 欧洲理事会／欧洲委员会有更强的领导能力；
● 单一的外交大臣；
● 军事力量真正合并，以拥有快速反应的能力；
● 实施关于最终目的的艰难决策，包括边界，制定协调一致的地区政策；
● 推行"新治理"程序，以结合更高的透明度；
● 从根本上重构欧盟的预算。

要创立未来更加一体化的欧洲身份，关键之一可能是教育，尤其是继续教育和高等教育。自从单一市场建立以来，在本国以外获取资格的欧洲人数量增加了。公司和政府都想要富有旅行经验、见过世面的员

---

① Habermas, 'Why does Europe need a constitution?', *European Union Institute*, 2001, p. 8.

工。在这个意义上，欧洲认同是很独特的，它必须与民族文化共同培养——民族文化内部也是多元的和相互竞争的。如在经济和政治领域中一样，这不是一场零和博弈。一种身份本身并不会颠覆另一种。

一个共同体必须有某些包容原则，当然，也有排斥原则。界限从某种意义来说是不可避免的。一定存在有"他者"，但这并不等于说，与他者的关系必然是敌视的，或必须通过对抗来加以定义。友好的邻居跟不友好的邻居同样是邻居。但是，欧盟应该使用什么排斥原则呢？

222   "欧洲工程"可以从无限扩张的角度来加以定义，如同事实上遵循宪政爱国主义的思想一样，它似乎没有设定界限。欧洲理事会包括了俄罗斯和乌克兰。如果欧洲只认原则，那处在欧洲边界之外的国家的成员资格在将来为什么要被否决，同时那些边界为什么不可以无限延展？如果成功的宪政民主某个时候会在格鲁吉亚或亚美尼亚出现，那为什么就不能包括它们呢？摩洛哥于1986年申请加入欧盟，结果因其不是欧洲国家这个理由而被拒绝了。但是，说不是欧洲国家其实并非显而易见的理由。毕竟，"欧洲"多少个世纪以来主要集中在地中海一带，包括现在非洲的大部分地方。

有意思的是，没有人说要向西边扩张（或只有极少人说①），尽管从通讯方面来说，大西洋几乎不再存在。如果原则是定义欧盟的一切，那么，美国、加拿大比乌克兰或俄罗斯更像是成员国——作为国家，其大部分历史是"欧洲性的"。这种可能性不予考虑的事实表明，欧盟已经有了一个人们普遍认可的边界。

眼下，事实上的边界正在欧盟以东和以南一带出现。有一系列国家，如果他们提出申请，不会被拒绝成为加盟的候选国。这些国家包括冰岛、挪威、瑞典和所有巴尔干地区的国家，只要他们取得足够的进

---

    ①   Jeremy Rifkin 提到了这样的可能性，加拿大可能最终加入欧盟，就像夏威夷尽管与美国本土距离遥远，但却是美国的一个州一样。Jeremy Rifkin, *The European Dream*. Cambridge：Polity，2004.

步。欧盟已经向保加利亚、罗马尼亚和土耳其做出了承诺。目前还没有近期想要加盟的其他国家，这会给欧盟留出进行必要整理的时间。

最终的外部边界或许应该是上述国家群，或许有一天还要加上乌克兰、摩尔多瓦和白俄罗斯——但不会扩大到高加索地区，或超出土耳其（因此不包括以色列），或扩大到北非。为什么？不是因为从某种历史或文化意义上说的，"欧洲在此结束"，而是由于一系列其他原因。欧盟不能无限期地将其外交政策建立在吸引可能的成员国的基础上。欧盟不能这么干，否则，其与近邻的关系就会过于混乱。此外，欧盟必须保持——并且进一步发展——其作为一个政治行动者的能力，只有具备了有效的决策才能实现这一点。如果无限扩张，这种能力将萎缩而不是增强。

不过，欧盟在设定其边界的过程中面临重大的问题。如果该联盟要成为一个共同体而不只是一套宪法原则和协议，就不能无限扩张。然而，要"宣告"其未来的外部边界应该划在哪儿，并非易事。欧盟能够说，我们坚守我们所在的地方——在可预见的未来，没有更多的国家渴望加盟。乌克兰、摩尔多瓦和白俄罗斯不可能成为正式成员国。

这种态度可能受到俄罗斯的欢迎，但会严重阻碍这三个前苏维埃共和国在政治和经济上实现现代化的机会。相反，如果欧盟公开声称，这三个共和国要某个时候加盟，是有路可走的，俄罗斯或许还有其他邻国会把这种告示当作帝国主义。这一两难处境十分棘手，因为现状完全无法令人满意——正如前面强调指出的那样，它传递了一个复杂的信息。我们已经领略了其影响，俄罗斯采取行动削减对乌克兰的燃气供应，而且要求该国迅速转为按完整的市场价格支付。这些行动源于橙色革命（Orange Revolution）和该国公开表示的加入欧盟的意向。

边界问题目前正在由欧盟领导人在"吸纳能力"的议题下讨论着——欧盟还能吸纳多少国家而又不会引起严重的混乱。不过，该讨论没有真正集中在前苏维埃的各个省上，而是或隐或现地集中在土耳其。该国的加盟因各种不同原因而在现有欧盟国家内引起分歧——包括其幅

223

员、地理位置、低水平的经济发展和以伊斯兰教为主导的社会等事实。目前的最大危险是，欧盟领导人对待土耳其反复无常的态度将导致最坏的情况。

224　　　欧盟应该更加真诚地支持其已做出的决定：接受土耳其为加盟国。在土耳其国内，来自不同政治派别的人因欧盟表现出的半心半意的接纳态度而感到失望。土耳其是除欧盟本身之外的所有欧洲组织的成员，而且是北约长期以来的成员。可以肯定，在土耳其真正加盟之前，要克服重重障碍，包括其对塞浦路斯前途的漠视。然而，要是欧盟在这个时候对土耳其不管不问，结果可能会导致其国内经济增长减缓、政治两极化和社会状况恶化、亲近东方而非西方。那些目前仍在讨论要在土耳其的前进道路上设置障碍的人应该考虑到，他们是不是真的希望自己的家门口出现一个充满争斗、四分五裂并且可能是敌对的国家。一个作为欧盟成员国的民主、自由、繁荣的土耳其，比起一个在外面看起来衰败不堪的土耳其，是一种远远更为诱人的前景。

　　论点七：在追求其地缘政治目标的过程中，欧盟应该求助于各种不同形式的力量。美国评论家罗伯特·卡根（Robert Kagan）通过力量（美国）与软弱（欧盟）之间的对比，谈了对欧洲的一些感觉。①一个有力量的机构（美国）会利用力量，而一个极少或不具备力量的机构（欧盟）则会将其软弱上升到崇高的合作原则。正如卡根根据约翰·格雷（John Gray）有关男女态度描述的畅销书所指出的那样，欧洲人来自金星，美国人来自火星。②美国"阳刚"，是因为使用力量，而且不害怕使用力量来实现其目的。欧洲试图通过说服和诱导这类"阴柔"的艺术来行事（因为别无选择）。

----

① Robert Kagan, 'Power and weakness', *Policy Review*, 113(2002).
② John Gray, *Men are from Mars*, *Women are from Venus*. London: Harper Collins, 1993.

然而，以这种狭隘的方式定义"力量"，特别是将其与"软弱"作对比，那是错误的。接受国际法与合作，限制气候变化带来的影响——这些本身就是力量的形式。不通过协商而使用暴力并不能解决问题，或者充其量是有限的解决，因为它无法促成稳定（正如我们在伊拉克的情形中所看到的那样）。然而，离开了有效惩罚的可能性，说服在本质上也是有限的，就像至少在本书写作时，欧盟在劝伊朗不要发展核项目方面失败的情况所表明的那样。

225

卡根的区分与约瑟夫·奈(Joseph Nye)有关硬实力和软实力之间的区分相当。硬实力是指使用惩罚手段来获得顺从，包括威胁或实际使用武力。奈把软实力定义为，一个国家或其他组织实现其想要的结果，是"因为其他国家想对其效仿，钦佩其价值观，教育人们以其为榜样"。①但这种区分还是具有误导性的。说它误导，部分是因为该术语。"软"意味着软弱和脆弱。然而，归于软实力类型中的活动形式不一定非要这样不可。例如，在 WTO 情境下坚定的谈判又怎么能算是软呢？如发生在伊拉克的情况，军事干预造成了一个受国内分裂困扰而垮塌的社会，这根本就没有什么"硬"可言。

然而，我对软硬区分的主要反对意见是，它把太多东西归纳在单一的二分法之内。顺从，以及相应的力量使用——下面列出的所有类型都是力量或潜在形式的力量——是能够通过这些类型来实现的：

- 提供一种模式，以便对方模仿；
- 外交介入，使用说服的手段；
- 自愿合作以实现共同目标；
- 施行激励措施；
- 使对方加入一个合法的或受法规约束的体系（如 WTO）；

---

① Joseph Nye, *The Paradox of American Power*. Oxford: Oxford University Press, 2002, p. 8.

- 使用强制性的惩罚（诸如经济制裁）；
- 威胁或使用暴力。

实际上，这些类型之间并不总是分离的。有些是以其他类型为前提的。
226 例如，法规如果不在一定意义上由强制性惩处来支撑便通常没有效果。
多边主义——受磋商和说服支配——是欧盟的一个内在特征，而且也是
相互依赖的世界中广泛运用的原则。然而，认为应该把使用武力的能力
留给他人，这种观点是没有道理的。欧盟应该采取的立场可以称之为坚
定的多边主义——这种观点强调国际法则、协商谈判和调停和解的重要
性，但承认威胁使用武力可能是达到上述情况所必需的。多边主义极少
是个绝对不让步的东西。世界上绝大多数国家看法一致的情况只会偶尔
出现。欧盟也将必须为"原则性的双边主义"（principled bilateralism）留
有空间——在这种情境中，一个或更多的成员国实施得到整个欧盟支持
的干预措施（例如，2000 年英国在塞拉利昂所采取的行动①）。

这种观点并不是说，欧盟应该成为具有同等影响的机构之间新的力
量平衡中的一个因素。欧盟很大程度上不是一个民族国家，关键在于不
要成为对美国、其他国家或国家群体起一种平衡作用的力量。欧盟在率
先尝试一种国际性的政府制度，原则上世界的其他地区也可以汲取这种
制度——或者，在出现错误或陷入绝境时，成为前车之鉴。

欧盟必须拥有军事力量，尽管历经尝试，但这仍然是未能解决的问
题之一。欧盟的现役军人比美国要多，但技术能力却严重滞后。20 世纪
90 年代后期，北约的防御能力行动（Defence Capabilities Initiative）开始启
动，并进行了一系列尝试以提升欧洲的防御能力。在科索沃冲突中，美

---

① 指 2000 年 9 月 10 日，英国驻塞拉利昂的三军联合维和部队对塞拉利昂"西部男
孩"叛军组织营地发动突然袭击，击毙 25 名叛军人员，并成功解救了 6 名被扣押的英国维
和士兵和 1 名塞拉利昂政府军军官。这是自 1990 年海湾战争以来，英国在海外发起的最大
规模的军事行动，也再次显示了隐蔽而突然的武装袭击在解决人质危机时的关键性作用。
——译者

国军方认为，欧盟国家在精确打击、动员、情报、控制与通讯方面特别低效。①美国参议员杰西·赫尔姆斯（Jesse Helms）当时评论说，欧盟"不能从一个湿纸袋中打通一条出路"。

欧盟已成功做出了某些调整。1999年，欧盟15国政府组建了一支联合部队，能够于60天内部署在非欧盟领土上，而且能够维持12个月之久。2004年，该行动（尚未完全实现）与成立一系列"战斗群"的建议结合在一起，这些群能够快速和持久地部署，每一个群大概由1 200—1 500名士兵组成。②2003—2004年，除北约的行动之外，大概有6万—7万名欧洲士兵被部署在欧盟范围之外。

由外交政策高级代表哈维尔·索拉纳（Javier Solana）于2003年制定的《欧洲安全策略》（European Security Strategy）是一份意义重大的文件。它是确认1989年后世界中欧盟面临风险的第一次系统尝试。它确认了世界社会相互依赖的新程度，并且罗列了针对欧盟安全的主要威胁：新型恐怖主义、核扩散、地区性冲突、国家失败（state failure）和跨国犯罪。③并坦承，有时候需要武装力量与其他策略来共同对付这些问题。

然而，它未能开辟解决新问题的完全有效的途径，也未能充当对抗这些问题的力量。强调维护和平和国家建设很好，但是，重建过程中若没有维持和平的力量，那必然是不够的。卡根挖苦说，美国人洗盘子，欧洲人擦干，这一评价还是切中要害的。（另一种说法是美国"踹门"，欧盟"打扫屋子"。）④

这种情况跟没有经过改革的欧洲社会模式一样不稳定，它与后者实

---

① Hans-Christian Magman, *European Crisis Management and Defence*. Oxford： Oxford University Press， 2002.

② William Wallace, *Is There a European Approach to Wars?* London： European Foreign Policy Unit Working Paper， March 2005.

③ 关于分析，参见 François Heisbourg, 'The "European security strategy"： Is it for real？'，ESF Working Paper No.14， 2003。

④ François Heisbourg, 'The "European security strategy is not a security strategy"'，in Steven Everts et al.， *A European Way of War*. London： Centre for European Reform， 2004.

际上关系密切。1989 年前，欧洲是一个受保护的区域，能够全力投身于自己的社会经济发展；旧有的习惯难以消除。欧洲的外交政策主要表现为扩张和吸引邻国加盟。我已经指出，至少作为一种不断扩张的原则，这种政策是顺其自然的。《里斯本议程》应当有相应的外交政策规定，而且这些规定必须翻译成广大公众能理解的文本。

228

欧盟能够在实际上制定出协调一致又综合完整的外交政策吗？在这一方面，成员国毕竟倾向于维护自己的行动自主性，就像在税收和福利领域一样。然而，如果欧盟的治理发生了变化，我们可以指望有比欧盟迄今所行更加有效的外交政策。伊拉克战争所形成的分歧，不大可能在欧盟必须面对的大多数外交政策领域重现。欧盟不具有超越其成员国集体或个体决定的联邦权威，这种情况可能既是问题也是力量的源泉。它会阻碍危机状况下的快速决策，但寻求一致意见的必要性也能够避免不负责任的冒进。

然而，要在更加广阔的世界中扩大欧盟的作用必须把所谓的欧洲虚伪（euro-hypocrisy）降到最低限度，目前这一现象正在令人不安地广泛蔓延。这种现象至少在三个领域非常明显，如果说在欧洲人自身眼中不总是这样，至少在外人看来是如此。首先，欧洲人心甘情愿地习惯（正如卡根指出的）躲在美国军事力量的后面——同时又准备因美国人的失败而严厉批评他们。欧洲国家的选民不乐意为其军队和武器系统的现代化投资，所以欧洲的福利制度在一定程度上也因这种态度而受到嘲笑。

其次是欧洲国家未能重新审视其殖民史，尤其是根据自己新建立的文化多样性来加以审视。欧洲人长期以来是世界社会的侵略者。对于世界上那些位于欠发达地区的人们来说，谈到欧洲的价值观可能听起来很空洞，因为他们仍然在与殖民主义的长期残余斗争。当民主在欧洲发展而且持续到 20 世纪 60 年代后，它已明确自己不再是殖民的主体。

非洲、中东和亚洲的一些地区或多或少曾被欧洲殖民国家恣意瓜分过。他们当前的许多困难都根源于这一遗产，这种遗产又以无缝隙的方式被冷战所取代。两个超级大国之间的战争由代理者在世界上的这些地

区打响。欧洲的未来在很大程度上取决于其建设多元社会和制止种族主 229
义的能力。我并不是说，前殖民国家都要为其历史公开道歉。但是，如
果不实际承认欧洲冒险主义丑恶的一面，那么，今天对于欧洲价值的宣
传是不会成功的。正如克里斯·帕滕（Chris Patten）指出的那样，我们必
须避免听起来像是"那么一些领导人，他们建议我们去幻想一个道德水
平更高的欧洲……便于设法将毒气室、古拉格（gulags）①、公开或隐蔽的
反犹主义和恐伊斯兰症的基督教传统进行归档和遗忘"。②

最后，对发展中世界的虚伪在欧洲的农业保护主义和其对待变化的
迟疑态度中表现得很明显。欧盟想要成为帮助世界较贫困地区发展的一
支主要力量。然而，欧盟共同农业政策的持续，即便有了对第三世界生
产者的让步，传出的也是不同的信息。

最后论点：与表面现象相反，这是个给欧洲带来机会的时代——经
济恢复和成为变革先锋的机会。在许多人看来欧洲工程似乎出差错了，
就连在该方案最忠实的支持者中都有些人存有疑虑或犹豫。因此，有人
评论说，多年来，他一直对欧盟的未来抱乐观态度，而且注意到它是如
何引起了全世界的兴趣。但是，"如今，有的时候，"他说，"我已不那
么有信心……乌云密布，暴风雨也许就要来了。"欧洲事业现在"缺乏
刺激"。③

其他人已经走得更远了。例如，历史学家尼尔·弗格森（Niall
Ferguson）指出，欧盟"是一个处在衰落边缘的实体，或许最后要发展到
毁灭的边缘"。它不会消逝，短时间内肯定不会，但可能衰落到相当不
起眼的地步。他指出，这就是经合组织这类团体所发生的情况，该组织
现在是一个经济分析和报告机构，但多年以前，它曾是按照《马歇尔援

---

① 古拉格是俄文"劳动改造营总管理局"的缩写音译。——译者
② Chris Patten, *Not Quite the Diplomat*. London：Allen Lane, 2005.
③ Pascal Lamy, *Towards World Democracy*. London：Policy Network, 2005, pp. 27
and 31.

230　助计划》进行欧洲重建的典范。将来有一天，欧盟也可能"只是个微不足道的数据收集机构，在布鲁塞尔或其他什么城市设有昂贵但作用不大的办公机构"。①弗格森指出，欧盟面临的问题，涉及经济、政治和组织等方面，简直多如牛毛。

　　这是一些真真切切的问题。就像马克思对资本主义所下的断言一样，欧盟可能也会在自身矛盾的重负下垮塌。资本主义没有垮塌，而是继续呈现新的力量。考虑到欧盟所具有的改革意识，这种情况也可能出现。正如本书所描述的，恢复欧盟合法性的唯一重要因素是成功重塑其社会模式。我已试图表明，这绝不是一项不可能的任务。原则上说，更加发达的欧盟国家在新的全球竞争舞台上存在许多竞争优势。经常有这样一种观念，认为欧盟很大程度上是精英的产物，而不是人民意志的结果。对于这一问题，我的看法是，欧盟是民主选举的政府所建立或同意的，并且是以渐进的方式发展起来的。我不是要转而反对精英，而是出现了别的情况。这种情况就是，欧盟的持续发展进程——在1989年之后——事实上已出现了断裂。

---

①　Niall Ferguson, 'The end of Europe? ', American Enterprise Institute Bradley Lecture, Washington, 1 March 2004, p. 2.

附　录

关于欧洲未来的公开信

本信为与乌尔里希·贝克（Ulrich Beck）合写，在 2005 年 6 月间大约 3 个星期内由欧盟国家和其他地方 30 家以上的报纸刊发。从某种程度上说，这是我们对本书一开始提到的于尔根·哈贝马斯和雅克·德里达公开信的回应。与他们的信一样，本信也引起了热烈的讨论。

处于提议阶段的《欧洲宪法》已死。法国和荷兰的人民已经发话了。但是，在法国人说"non"和荷兰人说"nee"的背后蕴含着什么样的情感？可能是信念与情绪混淆在了一起："帮帮忙吧，我们已经无法理解欧洲了。""欧洲的边界在何处？""欧洲为我们做得不够。""我们的生活方式被淹没了。"

《欧洲宪法》已死……万岁！什么？话得由欧盟拥护者来说。我们不应该让欧盟怀疑者占据议程。我们必须以积极和建设性的方式来对"不"做出反应和应对。

欧盟是自二战以来在政治制度建设中最早和最成功的实验。它在柏林墙倒塌之后把欧洲统一起来了。它影响了远至乌克兰和土耳其的政治变革——不是像过去那样通过军事力量，而是通过和平的手段。通过经济创新，欧盟发挥作用给千百万人带来了繁荣，尽管其近期的经济增长不尽如人意。它帮助爱尔兰这个欧洲最贫困的国家之一跨入了最富裕的国家行列。它还出力将民主引入了西班牙、葡萄牙和希腊，这都是些先前为独裁统治的国家。

　　欧盟支持者们常说，欧盟维持欧洲和平超过 50 年之久。这个说法靠不住。北约和美国人的出现极为重要。但是，事实上欧盟所取得的成就意义更加深远。它把欧洲历史上的恶劣影响——国家主义、殖民主义、军事冒险主义——给翻过来了。它设立或支持各种机构——诸如欧洲人权法院（European Court of Human Rights）——这些机构不仅拒绝而且制定法律禁止那些标志着欧洲自身历史的野蛮行为。

　　给人民造成苦恼的不是欧盟的失败，而是其成功。东西欧洲的统一在不到 20 年前似乎还是一个不可能圆的梦。但是，即便在新成员国中，人们都会问："所有这一切，何处是尽头？"这些情绪往往会促使人们在情感上回归到国家这个明显安全的港湾。然而，如果欧盟一夜之间被取消，人们在民族和文化认同方面产生的安全感只会更少，而非更多。比方说，假设英国的欧洲怀疑者心愿得遂，英国完全脱离欧盟。这时候，英国人就会有更加清晰的认同感吗？他们会有更多的主权来处理其自身的事务吗？

　　不，并不会。这就是对这两个问题的回答。苏格兰人和威尔士人几乎肯定会继续依靠欧盟，这或许会导致联合王国的解体。如果主权指的是影响更广阔的世界的真实权力，不列颠——或英格兰——会失去而不是获得主权。因为当今的众多问题源于民族国家层面之上，而且不可能在民族国家的界限内获得解决。

　　自相矛盾的是，在当代世界，国家主义和孤立主义思想可能是国家及其利益的最糟糕的敌人。欧盟是个竞争的舞台，形式上的主权可以在此换取真实权力，民族文化可以在此得到培植，经济可以得到改善。与国家孤立的行动相比，欧盟可以更好地推进国家利益：在商业、移民、法律和秩序、环境以及众多其他领域内。

233　　让我们开始考虑不要把欧盟当作一个"未完成的国家"或一个"不完整的联邦国家"，而是相反，把它当作一个新型的世界主义工程（cosmopolitan project）。人们担心可能会出现联邦超级国家，这也是有道理的。一个复兴的欧洲不可能矗立在国家的废墟上。国家的持续存在是世界主义欧洲的条件；当前，由于刚刚指出的原因，相反的情况也是存在的。长时间以来，欧洲一体化的过程主要是通过消除差异的手段进行的。但是，统一性（unity）和同一性（uniformity）不是一回事。从世界主义的角度来看，多样性不是问题，它是解决问题的途径。

随着欧洲宪法的受阻，欧盟的未来突然看起来模糊不定了。但它不应该这样！欧盟的支持者们应该问自己三个问题：我们想要一个在广大世界中坚持其价值的欧洲吗？我们想要一个经济强大的欧洲吗？我们想要一个公平和社会公正的欧洲吗？这些问题近似于反问修辞，因为每个希望欧盟成功的人都会对所有三个问题做肯定的回答。

各种不同的具体结果随之而来。如果欧洲要在世界范围内得到关注和看重，我们便不能突然宣布扩张结束，也不能任欧盟的治理体制保持现状。欧盟是扩大和平、民主和开放市场的途径。例如，如果加入欧盟的前景被中断，稳定巴尔干地区的希望就完全不存在了。进一步冲突的爆发便会是灾难性的。如果欧盟决定把土耳其排除在外，那么欧盟在地缘政治上就会丧失巨大的影响力。

类似的考虑适用于治理方面。离开了更具政治意义的创新，欧盟不可能扮演有效的全球角色。改革欧洲理事会的领导层，配备单一的欧盟外交部长，这些建议应该付诸实施。需要更多共同决策的有效手段，而不是《尼斯协定》留下的迟缓不畅的方法。欧洲宪法中提出在欧盟政策付诸实施之前要更多地与各国议会协商，这些建议肯定是民主的，也是切实可行的。

然而，政治和外交的影响总是反映出经济的实力。这里首要的是，欧盟支持者们必须敦促欧洲委员会和成员国的领导们采取行动。我们知 234
道，法国和荷兰的"否决"投票在很大程度上受社会和经济上的焦虑感驱使——这些焦虑感滋长成为上面提到的更大恐惧。尽管欧盟取得了其他方面的成功，但它在经济上根本就运行不佳。其增长水平比美国的要低得多，更不用提印度和中国这类欠发达国家。

欧洲必须适应变革。但是，在改革的同时，我们必须保持而且确实要加深对社会公正的关注。英国首相托尼·布莱尔已呼吁就这一问题进行欧洲范围内的讨论。我们相信他这样做是对的。一些国家在将发展经济与高水平的社会保障和平等结合起来这一方面明显很成功——尤其是北欧国家。我们要看看欧洲的其他国家能够从他们那里以及从世界上其他国家那里学到什么。

对欧洲宪法的否决确实让——我们希望它迫使——欧洲人直面一些基本的现实，并且对其做出反应。欧盟可以成为 21 世纪全球舞台上的主要力量。这就是欧盟支持者们希望出现的情况。让我们为之努力吧。

索　引

（译名后的数字为原书页码,即本书边码）

图书在版编目(CIP)数据

全球时代的欧洲/(英)吉登斯(Giddens, A.)著;潘华凌译;郭忠华校.
—上海:上海译文出版社,2015.1
(大学译丛)
书名原文:Europe in the Global Age
ISBN 978 - 7 - 5327 - 6714 - 4

Ⅰ. ①全… Ⅱ. ①吉… ②潘… ③郭… Ⅲ. ①福利国
家—福利制度—研究—欧洲 Ⅳ. ①D57

中国版本图书馆 CIP 数据核字(2014)第 140362 号

本书由上海文化发展基金会图书出版专项基金资助出版

Anthony Giddens
Europe in the Global Age
Copyright ⓒ Polity Press, 2007
ALL RIGHTS RESERVED
This edition is published by arrangement with Polity Press Ltd. , Cambridge

图字: 09 - 2007 - 551 号

全球时代的欧洲

[英] 安东尼·吉登斯 著 潘华凌 译 郭忠华 校
责任编辑/莫晓敏 装帧设计/未氓设计工作室

上海世纪出版股份有限公司
上海译文出版社出版
网址:www. yiwen. com. cn
上海世纪出版股份有限公司发行中心发行
200001 上海福建中路 193 号 www. ewen. co
常熟市文化印刷有限公司印刷

开本 890×1240 1/32 印张 8.75 插页 2 字数 200,000
2015 年 1 月第 1 版 2015 年 1 月第 1 次印刷
印数:0,001—4,000 册

ISBN 978 - 7 - 5327 - 6714 - 4/C·061
定价:45.00 元

大学译丛 书目